하브루타
Havruta

하브루타 Havruta

초판1쇄 인쇄 2017년 9월 25일
초판1쇄 발행 2017년 10월 1일

지은이 : 박종신
펴낸이 : 박종신
펴낸곳 : 성경암송학교(BRS)
디자인 : 최종명
인쇄처 : 영진문원
교정 : 이경실 장희원 양미화 김윤정
등록 : 제357-2510020114000005호(2014.4.10)
주소 : 인천광역시 강화군 하점면 강화서로 953번길30 성경암송학교
전화 : 032) 934-0694 / 010-3018-0693
팩스 : 032) 934-0695
홈페이지 : www.amsong.kr

ISBN 979-11-88552-00-9 03230

* 책 가격은 뒷 표지에 있습니다.
* 이 출판물은 저작권법에 의해 보호받는 저작물로 무단전재와 복제를 절대 금합니다.
* 잘못 만들어진 책은 구입하신 서점에서 교환해 드립니다.

> 성경암송학교(BRS)는 복음적이고 성경적인 선교단체로서, 신명기 6장 4-9절의 말씀에 근거하여 이 땅의 모든 교회와 목회자, 그리고 성도들이 하나님의 말씀을 암송하고 하브루타하여 하나님의 말씀을 적용하고 실천하도록 돕는 기독교 교육기관입니다.

박종신 지음

성경암송학교(BRS)
KOREA BIBLE RECITATION SCHOOL

목차 | CONTENTS

프롤로그   8

01 | 하브루타의 민족 유대인   21

1. 노벨상의 힘   27
2. E.T와 할리우드   33
3. 유대인이 돈을 잘 버는 이유   39
4. 유대인은 돈을 이렇게 불리기 시작한다   44
5. 의술의 대가인 유대인   48
6. 백화점업계의 큰 별 유대인   53
7. 비달 사순(Vidal Sassoon)을 비롯한 감각경영의 승부사들   59
8. 의류 디자인의 최초, 최대, 최고를 기록한 유대인들   65
9. 세계 식량시장을 지배한 유대인들   71
10. 소송에서 이기려면 유대인 변호사를 찾아라   79
11. 록펠러가 만들어 놓은 석유왕국   85

02 | 하브루타는 무엇인가?   95

1. 하브루타는 혁명(Revolution)이다   119
2. 하브루타는 전 세계에서 가장 탁월한 학습법이다   122
3. 하브루타는 전 세계 선진국들이 벤치마킹하여 사용하는 선진학습법이다   125
4. 하브루타는 대화를 통해 겸손과 내면의 성숙이 이루어지는 학습법이다   129
5. 하브루타는 생각의 근육을 키우는 고도의 학습법이다   130
6. 창의력을 키우는 학습법이다   134
7. 하브루타는 분노 및 감정을 절제하게 만드는 학습법이다   137
8. 하브루타는 바보를 천재로 만드는 학습법이다   139
9. 하브루타는 대화의 기술을 계발하는 학습법이다   141
10. 한국교회의 교회학교, 학생회, 청년회에 꼭 적용해야 할 학습법이다   143

03 | 왜 하브루타를 해야 하는가?   149

1. 말씀의 진의를 깨닫고 적용 및 실천하기 위함이다   180
2. 틀림이 아닌 다름을 생각할 수 있는 능력을 갖게 하기 위함이다   185
3. 성경암송과 학업에 지속적인 흥미를 불러일으키기 위함이다   189
4. 창의력과 상상력을 배양하기 위함이다   192
5. 시끄러움 속에 학습효과를 극대화하기 위함이다   194
6. 설득의 능력, 관계의 능력, 소통의 능력을 극대화하여 법조계, 언론계, 정계, 문화계, 학계, 경제계, 금융계를 장악하기 위함이다.   196
7. 감성적, 직관적인 한국인(우뇌형)들을 입과 논리적, 분석적(좌뇌형)을 고르게 발전시키기 위함이다   198

04 | 하브루타를 성공하기 위한 전제조건   203

1. 성경암송   209
2. 탈무드(Talmud)   217
3. 테필린(Tefillin)   226
4. 독서   240

05 | 이렇게 하브루타 하라   247

1. 하브루타의 출발은 성경암송이다.   248
2. 적용 및 실천을 위해선 탈무드를 읽어야 한다.   254
3. 하브루타의 장소는 가정에서 시작한다.   258
4. 하브루타의 교사는 아버지이다.   268
5. 하브루타를 위해선 부모가 먼저 변해야 한다.   272
6. 하브루타는 주입식 교육이 아닌 대화식 교육이다.   275
7. 스스로 질문하고 생각하도록 한다.   278
8. 절대로 흥분하거나 인신공격을 해선 안 된다.   282

06 | 하브루타 스킬 287

1. 코칭 스킬(Coaching Skill) 290
1) 칭찬 스킬(Praise Skill) 291
2) 제스처 스킬(Gesture Skill) 294

2. 반응 스킬(Reactive Skill) 299
1) 경청 스킬(Listening Skill) 300
2) 호기심 스킬(Curiosity Skill) 302
3) 열린 사고 스킬(Open Mind Skill) 305
4) 질문스킬(Questioning Skill) 310

3. 창의적 표현스킬(Creative Skill) 318
1) 지식세우기 스킬(Knowledge Building Skill) 319
2) 발표 스킬(Presentation Skill) 321
3) 협상 스킬(Negotiation Skill) 329

07 | 하브루타 원리적요소 7단계 335

1. 진술(Testimony)/ 2. 질문(Question)/ 3. 대답(Reply)/ 4. 반박(Rebuttal)/ 341
5. 증거(Evidence)/ 6 갈등(Conflict)/ 7. 해결(Resolution)

08 | 하브루타 실습 347

1. 둘씩, 둘씩 짝을 짓는다 350
2. 가능한 가장 편안한 자세를 갖는다 350
3. 함께 기도하는 시간을 갖는다 351
4. 상대방을 눈을 바라보면서 시작한다 351
5. 서로 간단하게 자신을 소개하며 근황을 이야기한다 352
6. 주어진 본문을 펴고 하브루타의 원리에 따라 본문을 읽는다 352
7. 하브루타를 실시한다 354
8. 하브루타를 한 내용을 발표한다. 354
9. 쉬우르를 통해 그날의 하브루타를 정리해본다 355
10. 자신의 감정을 절제, 또 절제한다 355

09 | 하브루타 결과 — 359

1. 공부가 즐거워진다. — 363
2. 창의력이 향상된다. — 365
3. 경청능력이 향상된다. — 366
4. 발표력이 향상된다. — 369
5. 의사소통능력이 향상된다. — 372

10 | 실전 하브루타 — 377

실전 하브루타01 : 초대교회의 모습은 어떠했습니까?(사도행전 2:42-27) — 378
실전 하브루타02 : 다 거두지 말고 다 따지 말아야 하는 이유는 무엇입니까? (레위기 19:9-10) — 380
실전 하브루타03 : 행함이 없는 믿음이 죽은 믿음인 이유는 무엇입니까?(야고보서 2:14-17) — 382
실전 하브루타04 : 그리스도인의 사역의 자세는 무엇입니까?(빌립보서 2:1-4) — 384
실전 하브루타05 : 왜 십일조를 해야 합니까?(말라기 3:8-10) — 386
실전 하브루타06 : 소금과 빛의 목표는 무엇입니까?(마태복음 5:13-16) — 388
실전 하브루타07 : 평탄과 형통의 길을 어떻게 얻습니까?(여호수아 1:7-8) — 390
실전 하브루타08 : 당신은 복 있는 사람입니까? 복 없는 사람입니까?(시편 1:1-3) — 392
실전 하브루타09 : 영적예배를 드리고 있습니까?(로마서 12:1-2) — 394
실전 하브루타10 : 좁은 문을 선택하셨습니까?(1)(마태복음 7:13-20) — 396
실전 하브루타11 : 좁은 문을 선택하셨습니까?(2)(마태복음 7:21-23) — 398
실전 하브루타12 : 기뻐하고 감사하십니까?(1)(빌립보서 4:4-7) — 400
실전 하브루타13 : 기뻐하고 감사하십니까?(2)(하박국 3:17-18) — 402
실전 하브루타14 : 일체의 비결을 배우셨습니까?(빌립보서 4:11-13) — 404
실전 하브루타15 : 부족함이 없는 이유는 무엇입니까?(시편 23:1-6) — 406
실전 하브루타16 : 아직도 젖을 먹고 있습니까?(히브리서 5:12-14) — 408

프롤로그

"티쿤 올람!"(Tikkun Olam!)
"나의 작은 실천이 세상을 치유한다!"

티쿤 올람이란 무엇인가?

티쿤 올람은 유대인의 사상이며 삶의 방식(Life Style)이다. '티쿤'은 '세상'을 의미하며, '올람'은 '고친다'로, 유대인의 방식대로 의역하자면 '나의 작은 실천이 세상을 치유한다'는 의미이다. 유대인들은 '하나님이 세상을 창조해 세상 속에 사람을 보냈다면, 사람은 세상을 더 좋은 곳으로 만들어야 하며 하나님을 도와서 창조의 역사를 완성해야 한다. 이것이 바로 하나님의 뜻이자 사람의 의무이다'라고 생각한다.

유대인들은 하나님의 계획에 자기들이 유용한 도구로 동참하는 협력자임을 믿어 의심치 않는다. 그들이 이 땅에 태어난 목적은 하나님의 빛을 만방에 보여주기 위함이라고 믿는다. 그런데 그 빛을 만방에 보여주기 위해선 반드시 필요한 것이 있다.

빛의 전달자로서의 하브루타 교육

위대한 하나님의 빛을 전달하는 사람이 되기 위해서는 교육을 받아야 한다. 유대인들은 교육을 받지 않고서는 결단코 빛의 전달자가 될 수 없다고 생각한다. 왜냐하면 자신이 무지와 어둠 속에 있으면서 다른 사람들을 빛 속으로 인도할 수가 없기 때문이다.

사람이 하나님의 사역에 동참하기 위해서는 먼저 하나님의 섭리를 열심히 배워야 한다. 열심히 배워 하나님의 섭리를 자신의 속에 담아야 한다. 유대인은 하나님의 섭리를 배우는 것을 의무로 여긴다. 유대교의 오랜 전통에 의하면, 하나님을 사랑한다는 것은, 하나님의 섭리를 배우는 것과 같은 뜻으로 받아들인다.

하나님의 모든 섭리는 토라에 기록되어 있다. 그래서 그들은 열심히 토라를 배운다. 토라는 그들이 어떻게 빛의 전달자가 되어야 하는지를 알려준다. 토라를 배우면서 그들의 정체성이 형성 되고 세계관이 형성 되고, 가치관이 형성된다. 그 공식은 다음과 같다.

토라(Torah)는 영원불변한 하나님의 말씀이다.
토라를 배우는 과정에서 주석하고 적용한 것이 바로 탈무드(Talmud)이다.
학습법은 하브루타(Havruta)이다.
그리고 학습의 자세는 토라 리쉬마(Torah Lishmah)이다.

유대인들이 토라와 탈무드를 배우는 목적은, 천재가 되기 위해, 노벨상을 받기 위해, 돈을 벌기 위해, 아이비리그를 비롯한 명문대학에 진학하기 위해, 정치, 경제, 사회, 문화를 장악하기 위해서가 아니다.

그들은 그런 목적으로 토라와 탈무드를 배우지 않는다. 그들이 배우는 목적은 빛을 찾아 전달하기 위함이다. 하나님이 맡겨주신 사명은 작은 실천을 통해 세상을 치유하는 것이다. 하나님의 빛을 만방에 보여주기 위한 빛의 전달자가 되기 위함이다.

그래서 그들은 살아 있는 동안에 하나님의 빛을 열심히 찾아냈다. 전구를 찾아냈고, 페니실린을 찾아냈고, 소아마비 백신을 찾아냈고, 혈액형을 찾아냈고, 스트렙토마이신을 찾아냈고, 디자인을 찾아냈고, 철학을 찾아냈고, 영화를 찾아냈고, 컴퓨터를 찾아냈고, 법을 찾아냈고, 하브루타를 찾아냈고, 심지어 초콜릿과 도넛을 찾아냈다. 지금 이 순간도 그들은 또 다른 빛을 찾아내기 위해 열심히 토라를 공부한다.

토라 리쉬마

유대인들의 최고의 학습기관인 '예쉬바'(Yeshiba)의 학습법을 하브루타라고 한다. 하브루타는 지금은 모든 유대인의 전통적 학습법이 되었지만, 원래 하브루타는 예쉬바에서 교육하던 학습법이었다.

하브루타란 짝을 지어 질문하고 대답하고 토론하는 교육이다. 하브루타는 '토라 리쉬마' 교육으로 이루어진다. 토라 리쉬마란 '토라를 위한 토라', '토라공부 자체를 위한 공부'라는 뜻이다. 토라 리쉬마는 예쉬바 학생들이 지적, 영적인 만족의 근원을 오직 토라와 탈무드의 공부에 두게 한다. 진리를 발견하고 진정한 영적자유와 즐거움을 누릴 것을 강조하는 것이 토라 리쉬마이다.

유대인들은 하브루타를 할 때 토라 리쉬마를 실현하고 있다. 공부 자체가 즐거워 즐기는 공부를 한다는 의미이다. 이런 순수한 목적의 공부는 깊고, 넓은 공부의 세계로 들어가게 한다. 돈을 많이 벌기 위해 공부하는 것이 아니다. 좋은 대학에 가기 위해 공부하는 것이 아니다. 명예를 얻기 위해 공부하는 것이 아니다. 높은 자리에 올라가기 위해 공부하는 것이 아니다. 이러한 목적은 진정한 의미에서 공부가 아니다. 순수한 목적을 출발점으로 심을 수 있는 공부가 최고의 공부이다. 이것이 가능한 공부는 토라, 즉 성경밖에 없다.

굶어죽지 않는다

그럼 토라 리쉬마의 공부를 하면 굶어죽을까? 좋은 대학에 진학하지 못할까? 명예를 얻지 못할까? 노벨상을 받지 못할까? 아니다. 토라 리쉬마의 공부가 되면 돈과 명예와 좋은 대학은 덤으로 얻어지는 것이다.

실제로 놀라운 결과들이 나타난다. 유대인들은 토라를 위한 토라, 토라 공부 자체를 위한 공부만으로 세계에서 가장 뛰어난 결과를 도출해 낸 것이다. 노벨상을 석권하고, 정치, 경제, 사회, 문화, 예술, 디자인, 철학, 의학 등 전 부분에서 가장 뛰어난 인재들을 배출하였다.

과연 그렇다면 그 비결이 무엇일까? 그것은 그들의 가정에서부터 하브루타를 통해 토라 리쉬마를 실현했기 때문이다. 유대인들은 어릴 때부터 어머니를 통해 철저하게 토라(모세오경)를 암송한다. 토라암송은 토라 리쉬마의 첫 번째 발걸음이다. 얼마나 철저하게 암송을 하는지 지금도 유대인 랍비 3명 정도만 모이면 각자가 암송한 것을 모아 구약성경을 완성할 수 있다고 한다.

어머니가 자녀들의 암송을 책임진다면, 아빠는 가정의 랍비로서 하브루타를 책임진다. 하브루타는 질문하고 대답하는 대화식 학습법이다. 유대인들은 오랜 시간 동안 하브루타의 방법으로 하나님의 말씀인 토라와 그 말씀을 주석한 탈무드를 공부했다. 그들은 하브루타를 통해 토라 리쉬마의 비전을 실현해왔다. 이것이 바로 유대인의 사상이며 교육이다. 누가 이를 반박할 수 있겠는가?

유대인은 이렇다

유대인의 교육은 철저한 신본주의 교육이다. 그들의 교육의 목적은 오로지 하나님의 사역에 동역하는 것에 있다. 자신의 비전을 위해 배우는 것이 아니다. 그들이 토라를 공부하는 것도, 그들이 탈무드를 공부하는 것도 하브루타를 통해 진의를 발견하려는 것도 오직 하나님의 영광을 위해서이다.

물론 유대인들이 다 그런 것이 아니다. 유대인의 잘못 때문에 수많은 사람들에게 고통을 안겨줬다. 그들의 위선은 회칠한 무덤과 같다고 예수님께 책망을 받았다. 예수님을 십자가에 못 박은 것은 유대인에게 영원한 오점이 되었다. "백성이 다 대답하여 이르되 그 피를 우리와 우리 자손에게 돌릴지어다"(마 27:25)라고 소리쳤던 것을 그들은 피눈물로 회개해야만 했다. 나는 그들의 악행도 이 책에 함께 소개할 것이다.

그럼에도 유대인의 사상은 위대하다. 그 사상은 사람의 사상이 아닌 토라의 사상이기 때문이다. 하나님의 빛의 전달자가 되어 그 빛을 만방에 전달하기 위한 그들의 사명은 위대하다. 유대인들은 이런 사명감 속에서 태어나고, 사명감 속에서 교육을 받고, 사명감 속에서 빛을 전달하고, 이 세상에서의 사명을 완수하고 하나님이 계신 천국으로 다시 돌아간다고 믿고 있다.

이같이 너희 빛이 사람 앞에 비치게 하여 그들로 너희 착한 행실을 보고 하늘에 계신 너희 아버지께 영광을 돌리게 하라(마 5:16)

유대인들은 메시아로서 예수님을 인정하지 않지만, 그들의 삶을 보면 마치 예수님의 말씀을 실천하고 있는 것 같다. 예수님은 우리에게 '너희 빛이 사람 앞에 비치게 하라'고 하셨던 것을 마치 알고 있었던 것처럼 그들은 빛의 전달자가 되기 위해 헌신한다.

한국인은 이렇다

크리스천인 우리에게 과연 이런 사명감이 있었는가? 유대인을 연구하면서 점점 내 자신이 부끄러워짐을 느꼈다. 기도를 하던 무엇을 하던 모두 내 자신만의 유익을 구하는 유아기적 신앙에 머물고 있지 않았는지, 사명도 없고 소명의식도 없이 유아기의 신앙에서 벗어나지 못한 채 자기의 배만 부르러 하다가 인생을 마감하는 무리 속에서 살아오지 않았는지…

유아기 아이들은 모든 것이 '내 것'임을 주장한다. 그래서 이것도 달라고 하고, 저것도 달라고 한다. 그것이 손에 쥐어지지 않으면 울며 소리를 친다. 그런 본능적 사고로 세상을 해석한다. '오로지 내 자식'이고, '오로지 내 가정'이고, 오로지 '내 사업장'이고, '오로지 내 집'이고, '오로지 내 교회'이고, '오로지 내 목사님'이다. 그 이상도 그 이하도 없다. 그 외의 것은 무시의 대상이고, 비교의 대상이고, 관심 밖의 대상이다. 하나님의 나라와 하나님의 의는 구호에 불과했다.

오로지 자신과 관계된 것만 인정하고 다른 것은 터부시한다. 오로지 자기만 잘 되기를 구한다. 자기 자식은 중요하지만 다른 자식은 비교대상이고 경쟁대상일 뿐이다. 자기 교회는 중요하지만 다른 교회는 비교대상이고 경쟁대상일 뿐이다. 자기 담임목사는 존귀하지만 다른 목사님은 천하게 여긴다. 이런 것을 누가 교육시켰는가? 한국교육이 그러했고, 한국교회의 교육이 그러했다.

심지어 기독교 교육전문가들조차 신본적 하브루타를 인본적 하브루타로 전락시키고 있다. 천재를 만들기 위해, 좋은 대학에 진학하기 위해, 공부를 잘하기 위해, 돈을 많이 벌기 위해, 명예를 얻기 위해 하브루타를 하라고 공공연하게 말한다. 하나님의 말씀을 배우기 위한 목적이 아닌 오로지 세상적 유익을 위해 하브루타를 이용하는 것이다. 알맹이는 쏙 빼먹고 껍데기만 흉내 내는 것이다. 일부 쉐마교육도 마찬가지이다.

한국인들은 왜 그럴까? 한국인들은 유대인과 동일하게 매우 강한 민족성과 함께 국가의식을 지닌 민족임에 틀림없다. 아쉬운 점은 바로 세계 역사 속에서 자기인식과 정체성이 부족하다. 쉽게 말하면 세계 역사뿐만 아니라 세계사를 아우르는 하나님의 역사 속에서의 자기인식과 올바른 정체성이 형성되지 않았기 때문이다.

크리스천인 우리에게 올바른 정체성이 있었는가

크리스천의 입장에서 말하자면 세계와 종교적인 역사 속에서 역사의 주인은 누구시며, 성경은 뭐라고 말씀하시며, 나는 어떤 사명자로 살아야 하는지에 대한 분명한 자기정체성이 있어야 한다는 것이다. 무엇보다 '나'라는 울타리를 넘어 이 넓고 넓은 세계 속에 크리스천으로서, 교육적, 철학적 차원에서의 포괄적인 자기 정체성을 찾아가야 한다는 것이다.

쉽게 말하자면, 내 기준으로 세상을 살아가는 것이 아닌 올바른 정체성의 기준으로 세상을 살아가느냐 하는 것이다. 크리스천의 입장에서 말한다면 성경이라는 텍스트가 내 삶에 핵심적인 역할을 하고 있느냐 하는 것이다. 성경은 이렇게 명령한다.

그런즉 너희가 먹든지 마시든지 무엇을 하든지 다 하나님의 영광을 위하여 하라(고전 10:31)

과연 우리는 하나님의 영광을 위해 살아가고 있는가? 먹는 것도, 마시는 것도, 무엇을 하는 것도 다 하나님의 영광을 위해 해야 한다는 것이 일관된 성경의 입장이다. 그러나 우리에게는 하나님의 영광은 관심이 없다. 기도를 해도, 예배를 드려도, 봉사를 해도, 구제를 해도, 선교를 해도, 무엇을 해도 사람의 영광을 구한다. 가정에서나 교회에서 그렇게 교육했고 또 그렇게 하는 것을 당연시해왔다. 성경이 뭐라고 하든지 모두 자신의 영광을 위한 마이웨이(My way)를 갈 뿐이다. 이것이 한국 크리스천의 현주소 아닌가.

그들은 사람의 영광을 하나님의 영광보다 더 사랑하였더라(요 12:43)

그러고도 복 받기를 원한다. 잘 되기를 원한다. 자식이 잘 되고 교회가 부흥되길 원한다. 성경의 말씀을 정면으로 위배하면서도 자신을 신실한 크리스천이라고 생각한다. 왜 그럴까? 성경에 대한 진지한 고찰이 없기 때문이다. 하브루타가 필요한 이유가 여기에 있다. 하브루타를 통해 마이동풍(馬耳東風)처럼 여기던 성경의 진리를 찾아내야 한다. 성경의 빛을 찾아야 한다. 지금까지 성경의 말씀을 새겨듣지 않고 귓등으로 흘리는 것에서 진지하게 빛을 찾아 빛의 전달자의 역할을 감당할 때 복이 임하게 되고 회복이 일어난다.

예수 그리스도의 복음을 받아들이지 않는 유대인들이 구약만 가지고도 이토록 위대한 나라를 건설할 수 있었다면, 만약 우리가 우리의 자녀들에게 올바르게 말씀을 가르쳐서 성경적 정체성을 가진 자녀로 키운다면 우리 민족이 전 세계적으로 얼마나 위대한 민족이 될 것인가? 성경암송과 하브루타가 필요한 이유가 여기에 있다. 성경의 약속은 그 이유를 밝혀준다.

네가 네 하나님 여호와의 말씀을 삼가 듣고 내가 오늘 네게 명령하는 그의 모든 명령을 지켜 행하면 네 하나님 여호와께서 너를 세계 모든 민족 위에 뛰어나게 하실 것이라" (신명기 28장 1절)

신본적 관점에서 이 책을 집필하다

하브루타는 두 개의 줄기가 있다. 하나는 '인본적 하브루타'이고, 다른 하나는 '신본적 하브루타'이다. 방법이나 목표는 같을 수 있으나 목적과 지향점이 다르다. 인본적 하브루타가 학습능률과 결과를 위한 것이라면, 신본적 하브루타는 토라와 탈무드의 진의(眞意)를 찾아 적용하고 실천하는데 있다. 질문하고, 대답하고, 토론하고, 논쟁하는 가운데 그 말씀의 빛을 발견하고 실천하는 것이 신본적 하브루타이다.

나는 이 책을 인본적 하브루타가 아닌 신본적 하브루타 관점에서 집필했다. 효과적인 학습과 방법을 제시하는 것이 아니다. 천재교육을 위한 것도 아니다. 오직 크리스천으로서 하나님의 말씀의 진의를 찾아 적용하고 실천하기 위함이다. 나의 작은 실천으로 세상을 치유하기 위함이다. 일명 토라 리쉬마를 실현하기 위함이다.

또 하나를 추가한다면, 하브루타는 자녀들이나 학생들에게만 적용되는 것이 아니다. 늦었지만 하브루타는 목회자, 교사, 리더, 그리고 모든 크리스천들에게 필요하다. 이제 우리는 하나님의 말씀의 진의를 찾아야 하고, 하나님의 빛을 찾아 비춰야 한다. 더 늦기 전에 하브루타를 시작하자.

태초에 말씀이 계시니라 이 말씀이 하나님과 함께 계셨으니 이 말씀은 곧 하나님이시니라 그가 태초에 하나님과 함께 계셨고 만물이 그로 말미암아 지은 바 되었으니 지은 것이 하나도 그가 없이는 된 것이 없느니라 그 안에 생명이 있었으니 이 생명은 사람들의 빛이라(요 1:1-4)

하나님의 말씀은 빛이시다. 우리는 그 빛을 찾아야 한다. 그리고 빛을 비추어야 한다. 그 빛에는 생명이 있기 때문이다. 이 생명의 빛은 안에 감춰져 있기 때문에 하브루타라는 방법을 동원해서 찾아야 한다. 그것이 바로 토라 리쉬마의 자세이다. 티쿤 올람의 사상이 가정과 교회, 그리고 한국교육에서 꼭 실현할 수 있기를 기도한다.

강화도 별립산에서
저자 박종신

01
하브루타의 민족 유대인

경이롭고 비교가 불가능할 정도로 탁월한 사람들

세계사의 흐름을 따라가면 매우 독특하고 경이로운 사람들을 만날 수 있다. 바로 유대인이다. 세계 인구의 약 0.25%에 불과하지만, 미국 아이비리그 전체학생의 30%의 비중을 차지하고 있으며, 역대 노벨상 수상자 가운데 30%를 배출해냈다. 미국 억만장자의 약 40%가 유대인이다. 미국의 4대 일간지와 주요 방송국을 포함한 언론과 영화산업, 금융산업 등을 이끌며 막후 실력자들도 바로 유대인이다.

우스꽝스러울 정도로 천진스럽게 토라를 암송하는 유대인들의 모습이다. 지극히 평범한 민족 같아 보이지만 이들은 자타가 인정하는 세계 최고의 주인공들이다. 이들에게 어떤 비밀이 있기에 이들은 세계를 주도하는 주인공이 되었을까?

아담스미스, 아인슈타인, 프로이트, 스피노자, 쇼팽, 세계사의 한 페이지에 이름을 장식한 이들의 공통점은 알다시피, 유대인이다. 레리 킹, 레너드 번스타인, 스타벅스의 하워드 슐츠, 허쉬 초콜릿의 밀턴 허쉬, 던킨 도너츠의 윌리엄 로젠버그, 베스킨 라빈스의 래리 엘리슨, 마이크로소프트의 창업자인 빌 게이츠, 구글의 공동창업자 세르게이 브린과 래리 페이지, 페이스북의 마크 저커버그, 미국 최초의 노벨 경제학상 수상자 폴 새뮤엘슨 등 우리가 알고 있는 나열할 수 없을 정도로 많은 학자, 기업가, 정치인, 사상가, 예술가들이 유대인이다.

정치, 경제, 사회, 문화, 언론, 예술, 컴퓨터, 디자인 등 전 영역에 걸쳐서 유대인들의 영향력은 그물망처럼 세계를 포위하고 있다. 전 세계, 그리고 역사상 유래를 찾을 수 없는 유대인들의 경이로운 성공의 힘은 어디에서 나올까?

유대인의 인구는 약 1,600만 명이다. 미국에 약 750만, 이스라엘에 약 800만, 그밖에 유대인을 포함한 숫자이다. 이는 남한의 1/3쯤 되는 인구로서 전 세계 70억 인구 가운데 0.25%에 불과하다.

2016년을 기준으로 보면 역대 노벨상 수상자 940명 가운데 유대인은 약 310명으로, 전체 수상자의 30%이다. 뿐만 아니라 유대인들 가운데는 종교, 물리학, 화학, 의학, 문학, 음악, 미술, 경제, 철학분야에 큰 업적을 남긴 사람들이 허다하다.

미국에는 약 750만 정도의 유대인이 살고 있는데, 이는 미국 인구의 2.5% 정도 밖에 되지 않는 숫자이다. 즉, 소수민족이다.

그러나 현재 미국 대학교 가운데 소위 아이비리그(Ivy-League)라고 불리는 하버드, 예일, 컬럼비아, 프린스턴 등의 일류 대학의 교수진의 30%가 유대인이다. 특히 프린스턴 대학교의 경우는 총장 및 주요 행정 책임자의 90%가 유대인이며, 하버드나 UCLA의 의대나 법대 교수들 중 50%도 유대인이다.

그뿐 아니라 미국 월스트리트도 유대인들이 장악하고 있고 세계 5대 메이저 식량 회사 중 3개가 유대인의 소유이다. 7개 메이저 석유회사 중 6개가 유대인의 소유이고, 미국에 있는 3개 방송사인 ABC, CBS, NBC와 AP, UPI, AFP, 로이터, 타임스, 뉴스위크, 워싱턴 포스트, 뉴욕 타임스, 월 스트리트 저널 등 대부분의 유력 언론사들도 유대인에 의해서 움직여지고 있다.

미국 뉴욕의 금융 상업 중심지인 맨해튼 땅의 80%이상을 유대인이 장악하고 있으며 미국 은행 현금의 97%를 유대인이 차지하고 있다. 유대인은 또한 미국 경제뿐만 아니라 세계경제를 주름잡고 있다. 미국 중앙은행에 해당하는 FRB(연방 준비제도 이사회)의 앨런 그리스펀 의장, 세계 최대 규모의 금융지주회사 시티그룹의 샌 포드 웨일 회장, 세계 헤지펀드 업계의 대부로 통하는 조지 소로스 등이 다 유대인들이다. 그뿐 아니라 할리우드의 7대 메이저 중에서 파라마운트, 20세기 폭스, 워너브라더스, 콜롬비아, 유니버설, MGM등이 모두 유대인에 의해서 설립됐다.

우리가 잘 알고 있듯이 위대한 헬라 문화를 꽃피운 헬라인들이나, 역사상 가장 강력한 국가를 건설했던 로마제국도 1,000년 이상의 영광을 누리지 못하였다. 그러나 유대인들은 지금까지 수많은 박해와 끔찍한 대학살을 당하면서도 4,000년에 걸쳐 창조적인 역사를 이어 가고 있다.

그런데 여기서 잠깐

우리는 유대인들이 정치, 경제, 사회, 문화, 언론, 예술, 컴퓨터, 디자인에서 대단한 영향력에 대해선 알고 있지만 왜 그런지 그 이유를 알지 못한다. 그들의 교육방식이 독특하고 대단한 것으로 알고 있지만 그 내용은 알지 못한다.

사실 우리는 유대인을 몰라도 너무나 모른다. 유대인들은 우리가 알고 있는 것보다 훨씬 뛰어나다. 무서울 정도로 그들은 치밀하고 정확하다. 산술적으로 치면 2,500명의 우수한 학생들 가운데 언제나 1등을 놓치지 않는 학생이 바로 유대인이다. 또 다른 2,500명의 학생 중에서도 1등은 언제나 유대인이다. 그리고 2,500명의 1등 그룹 중에서 1등도 역시 유대인이다.

흔히 유대인은 5가지로 세계를 지배한다고 한다. 석유, 금융, 식량, 미디어 그리고 미국 정부다. 트럼프와 힐러리 클린턴이 맞붙은 2016 미국 대선에서 단면을 엿볼 수 있었다. 유대인 로비단체인 미국·이스라엘 공공정책위원회(AIPAC)의 연례총회에 양당 대선주자가 앞 다퉈 참석했다. 1954년 설립된 이 단체는 막강한 자금력으로 이스라엘에 우호적인 정책을 유도하는 게 목표다. 미국 대통령인 트럼프는 "나보다 친이스라엘적인 사람은 없다"고 했고, 힐러리 클린턴은 "이스라엘 안보는 타협이 불가하다"라고 못 박았다. 미국의 진짜 실세가 누군지 보여주는 듯하다.

어떻게 이런 일이 가능할까? 그들이 뛰어나게 좋은 머리를 유전 받은 민족이기 때문일까? 그렇지 않다. 핀란드 헬싱키대학이 세계 185개 나라 국민들의 IQ를 조사한 결과, 이스라엘 국민들의 평균 IQ는 95(26위)로 한국 106(2위)이나 미국 98(19위)보다도 낮았다. 그럼에도 유대인들이 전 세계를 쥐락펴락하는 힘은 어디에서 나올까? 정치, 경제, 사회, 문화, 예술, 컴퓨터, 디자인, 아이비리그 등 각 분야의 상위 1%는 언제나 유대인이다. 그 이유는 무엇일까? 지금부터 그 힘의 근원을 추적해 보자.

1 노벨상의 힘

역사학자이며, '역사의 연구'와 '산업혁명'의 저자 아놀드 토인비(Arnold Joseph Toynbee)에게 어느 기자가 물었다.
"교수님 어느 민족이 우수한 민족일까요?"
아놀드 토인비는 간단명료하게 대답했다.
"세계적인 석학을 많이 배출하는 민족입니다."
기자가 다시 물었다.
"그렇다면 석학의 기준은 무엇입니까?"
"석학의 기준이란 노벨상이라고 할 수 있습니다."

해마다 노벨상 발표를 보고 있노라면 "노벨상이 유대인을 위해 만들어진 것이 아닌가?"라고 착각할 정도다. 일반적으로 노벨상의 30% 이상을 유대인들이 휩쓸었다. 특히 2013년에는 수상자 12명 중 6명이 유대인이었다. 유대인인 그들은 화학상, 물리학상, 생리의학상, 경제학상을 수상했다.

세계 모든 학자들과 과학자들이 꿈꾸는 명예스러운 노벨상 수상식의 웅장한 장면이다.

아놀드 토인비의 견해대로 판단하면, 유대인은 우수한 민족이다. 그것도 전무후무하게 우수한 민족이다. 수많은 박해와 모함, 그리고 나라 없이 전 세계를 방황하면서도 그들은 가장 우수한 민족으로 전 세계의 사람들의 머릿속에 각인되고 있다. 반면 한국인은 결과적으로 우수하지 않은 민족에 불과하다.

그럼에도 우리는 유대인을 몰라도 너무 모른다. 알려고도 하지 않는다. 그들이 대단히 우수한 민족이라는 객관적 사실은 인정하지만, 그리고 그들이 정치, 경제, 사회, 문화, 예술, 디자인, 아이비리그를 장악할 정도로 탁월한 민족이지만 우리는 왜 그들이 우수한 민족인지, 어떻게 우수한 민족이 되었는지, 그리고 어떤 교육을 받고 있는지 알지 못한다.

셰익스피어의 1596년 작품 '베니스의 상인'에 나오는 샤일록은 돈밖에 모르는 유대인 고리대금업자이다. 안토니오는 친구 바사니오의 구혼여비 마련을 위해 자신의 배를 담보하고 샤일록에게 돈을 빌린다. 돈을 갚지 못하면 자기의 살 1파운드를 준다는 약정서를 쓴 다음, 안토니오는 돈을 갚지 못해 법정에 서게 된다. 재판에 지면 살 1파운드를 샤일록에게 잘라 주어야 한다. 이 때 바사니오의 구혼을 허락한 포오셔가 남장을 하고 재판관이 되어 법정에 선다. 안토니오의 살 1파운드를 잘라 주되 피를 내게 해서는 안 된다고 선언한다. 결과는 샤일록은 패하고 만다. 샤일록은 재산을 몰수당하고 유대교에서 기독교로 개종할 것도 명령받는다. 이렇듯 유대인하면 돈밖에 모르는 몰상식한 사람으로 인식된다. 사람들은 겉으로 드러난 유대인의 역사와 결과만을 가지고 평가한다. 특히 기독교인들은 "예수 그리스도를 십자가에 못 박아 피 값을 받아야 할 죄인"이라고 정의한다.

과연 그럴까? 인류 역사에서 유대인만큼 박해를 많이 받은 민족도 없고 인류에 공헌한 민족도 드물다. 유대인들의 번성을 두려워 한 나머지 왜곡한 역사도 유대인에 대한 평가를 흐려 놓았다. 성경은 유대인을 어떻게 정의하고 있는가? 하나님의 선민인 이스라엘 백성들을 성경은 어떻게 정의하고 있는가? 하나님은 이삭을 이렇게 축복하셨다.

네 자손을 하늘의 별과 같이 번성하게 하며 이 모든 땅을 네 자손에게 주리니 네 자손으로 말미암아 천하 만민이 복을 받으리라 (창 26:4)

오히려 유대인들을 통해 천하 만민이 복을 받을 것을 약속하셨다. 이 말씀의 궁극적 성취는 예수 그리스도를 통해 얻는 것이다. 그러나 직접적인 성취는 하늘의 별과 같이 번성하게 될 것이고, 이 모든 땅을 네 자손에게 줄 것이고, 네 자손으로 말미암아 천하 만민이 복을 받는다는 하나님의 약속인 것이다.

그러나 유대인들에 대한 잘못된 이해와 그들의 탁월함을 두려워했던 나라들과 국가지도자들의 잘못된 판단으로 유대인들은 역사상 가장 비극적인 핍박을 받았던 것이 사실이다. 유대인은 2차 대전 전에는 2,000만 명에 가까웠다. 그러나 히틀러에 의해 600여만 명이 학살을 당한 후 인구는 급격히 줄어들었다. 1948년 이스라엘이 건국되고 귀향한 유대인이 700여만 명, 미국에 750여만 명, 나머지는 유럽을 포함한 전 세계 140여 개국에 흩어져 살고 있다.

세계 인구의 0.25%도 안 되는 이들이 세상을 움직인다. 2013년 12명의 개인 노벨상 수상자가 발표된 중에 6명이 유대인이다. 50%다. 프랑수아 알글레르(물리학), 마이클 레빗(화학), 랜디 세크먼(생리의학), 제임스 로스먼(생리의학), 아리에 와르셀(화학), 마르틴 카르플루소(화학) 등이다. 1901년부터 2016년까지 노벨상 수상자 중 약 30%(310명)가 유대인 계통이다. 지금까지 노벨상을 가장 많이 받은 나라는 미국이고, 미국국적의 유대인들이 많은 수를 차지하고 있다. 유대인은 노벨상뿐만이 아니다. 모든 분야에서 두각을 나타낸다. 정치, 경제, 사회, 문화, 과학, 종교, 철학 등의 분야에서 세계를 움직이고 있다.

앞에서도 말한 것처럼 미국에는 약 750만 정도의 유대인이 살고 있는데 이는 미국 인구의 2.5% 정도 밖에 되지 않는 숫자이다. 그러나 미국 월 스트리트도 유대인이 장악했고 세계 5대 메이저 식량 회사 중 3개가 유대인 소유이다. 그리고 7개 메이저 석유회사 중 6개가 유대인 소유이고 미국에 있는 3개 방송사인 ABC, CBS, NBC와 AP, UPI, AFP, 로이터, 타임즈, 뉴스위크, 워싱턴 포스트, 뉴욕 타임즈, 월스트리트 저널 등 대부분의 유력 언론사들도 유대인에 의해서 움직여지고 있다.

또한 미국 뉴욕시의 금융 상업 중심지인 맨하튼 땅의 80% 이상을 유대인이 소유하고 있으며 미국 은행 현금의 97%를 유대인이 차지하고 있다. 유대인은 또한 미국 경제뿐만 아니라 세계경제를 주름잡고 있다. 미국 중앙은행에 해당하는 FRB(연방준비제도 이사회)의 앨런 그리스펀 의장, 세계 최대 규모의 금융지주회사 시티그룹의 샌 포드 웨일 회장, 세계 헤지펀드 업계의 대부로 통하는 조지 소로스 등이 다 유대인이다. 그뿐 아니라 헐리우드의 7대 메이저 중에서 파라마운트, 20세기 폭스, 워너브라더스, 콜롬비아, 유니버설, MGM등이 모두 유대인에 의해서 설립됐다.

우리가 잘 알고 있듯이 위대한 헬라 문화를 꽃피운 헬라인들이나 역사상 가장 강력한 국가를 건설했던 로마도 1,000년 이상의 영광을 누리지 못하였다. 그러나 유대인들은 지금까지 수많은 박해와 끔찍한 학살과 유배를 다하면서도 4,000년에 걸쳐 창조적인 역사를 이어 오고 있다.

그렇다면 과연 그 비결이 무엇일까? 그것은 그들이 자녀들을 하나님의 말씀으로 양육해 왔다는 사실이다. 유대인들은 어릴 때부터 어머니를 통해 철저하게 토라(모세오경)를 암송한다. 그래서 유대인 랍비들은 지금도 3명 정도만 모이면 각자가 암기한 것을 모아 구약성경을 완전히 적을 수 있다.

유대인 전문가들은 유대인이 세계에서 가장 탁월한 원인이 자녀신앙 교육법인 토라암송과 하브루타에 있다고 말한다. 유대인 자녀들은 어릴 때부터 부모(특히 어머니)로부터 성경암송을 훈련받으며 자란다. 그래서 유대인들의 암기력은 매우 뛰어나다. 아이들은 13세 이전에 구약성경 중 모세의 오경을 그대로 암송하며, 랍비들은 구약성서 전체를 암송한다.

이것이 하나님의 말씀의 능력이다. 비록 유대인들은 아직까지 예수 그리스도를 메시아로 받아들이지 않고 있지만 지금까지 그들이 하나님의 말씀을 가까이 해 왔기 때문에 하나님께서는 약속하신 대로 그들을 세계 최고의 민족으로 우뚝 세워 주신 것이다.

2 E.T 와 할리우드

1948년 12월 18일, 신시내티에서 태어난 한 유대인 소년은 전기공인 아버지를 따라 이곳저곳으로 이사를 다녔다. 중, 고등학교를 다닌 곳은 캘리포니아 사라토가. 학교 내에서 유일한 유대인이었던 그는 친구들에게 늘 '더러운 유대인놈'이란 소리 듣고 다녔다. 아이들이 하도 그에게 1센트짜리 페니(Penny)를 던져 친구들 사이에선 '페니=유대인에게 던지는 물건'이란 뜻까지 생겼을 정도였다.

크리스마스 때 동네에서 유일하게 트리 장식을 하지 않았던 자기 집 때문에 놀림을 받아야 했던 그 소년은 고등학교시절 아버지가 사준 8mm 코닥카메라에 푹 빠졌고 결국 영화인의 길로 들어섰다. 그리고 최근 영화전문지 프리미어가 뽑은 할리우드에서 가장 영향력 있는 인물 1위로 선정됐다. '더러운 유대인놈'에서 가장 영향력인 있는 영화인으로 거듭난 그는 바로 자신을 '보통 수준의 유대인'이라고 얘기하는 감독 겸 제작자인 스티븐 스필버그(Steven Spielberg)이다.

E. T, 쥐라기 공원, 홀로코스트 등 세계에서 가장 인상적인 영화를 제작한 유대인 영화감독 스티븐 스필버그(Steven Spielberg)

영화는 다른 어떤 수단보다 현대문화의 형성에 영향을 주고 있다. 전 세계 영화관에서 상영되는 영화의 85%를 차지하는 할리우드 영화는 세계인의 문화생활과 의식에 가장 절대적인 영향력을 갖고 있다. 미국의 가치인 이른바 '아메리칸 드림'이 할리우드 영화를 통해 전 세계에 전파되는 이유이기도 하다.

미국인들의 정신을 생산해내는 할리우드에서 가장 영향력이 있는 사람이 유대인이라는 점은 우연일까? 대답은 노(No)이다. 할리우드는 처음 생겨날 때부터 유대인의 손으로 생겨났고, 지금도 유대인의 줄이 없으면 영화계에서 성장하기 어려운 게 현실이다. '스필버그 효과'는 그런 풍토에서 나온 자연스런 현상일 뿐이다.

예를 들어보자. 미국 영화계의 7대 메이저로는 파라마운트, MGM, 워너

브라더스, 유니버설, 21세기 폭스, 콜롬비아, 디즈니가 꼽힌다. 이중 디즈니를 뺀 6개 회사의 공통점은 창업주가 모두 미국으로 이민 와서 아메리칸 드림을 이룬 유대인이라는 점이다.

독일에서 가난과 박해에서 탈출해 미국으로 온 칼 림플(유니버설), 헝가리태생 고아로 미국에 온 아돌프 쥬커(파라마운트), 역시 헝가리 태생으로 샌드위치를 팔며 미국 생활을 시작한 윌리엄 폭스(21세기 폭스), 러시아 출신의 루이스 메이어(MGM), 폴란드에서 볼티모어로 넘어와 구두수선을 했던 벤자민 워너(워너 브라더스)등이다.

7대 메이저중 만화영화로 성장한 디즈니만이 유일한 비유대인 창업주를 가지고 있다. 그러나 이 회사도 지난 1984년 이후, '마이클 아이즈너'라는 유대인 경영자가 황제 같은 회장으로 군림하고 있다. 최근에 영화산업의 메이저대열에 합류한 드림웍스도 스필버그가 유대계 동업자들과 함께 만든 영화사이다. 할리우드에선 시나리오 작가 제작자 감독 등 영화계 인사 60%이상이 유대인이다. 유대인은 아니지만 이름을 유대인식으로 개명한 흑인 여배우 '우피 골드버그'처럼 영화계에서는 가능하면 유대인들과 가까워지려고 노력할 정도이다.

유대인이 영화를 좋아하는 이유는 뭘까? 우선 하브루타식 교육 배경을 들고 있다. 어려서부터 가정에서나 교회에서 '다른 사람들에게 무엇을 해야 하는지'에 대한 얘기를 많이 듣고 자라기 때문에 '다른 사람에게 무엇을 하라고 얘기하는 일'을 좋아한다. 한 사회의 가치기준과 행동양식을 규정해주는 영화는 그런 만큼 상상력이 풍부한 유대인들에게는 아주 매력적인 일로 비쳐지고 있다.

유대인의 강한 협동심도 한 몫 한다. 개성이 강한 예술가들은 대부분 협동심이 부족한 게 특징이지만, 유대인들의 경우 무슨 일을 하던지 관계없이 끈끈한 협동심을 자랑한다. 시나리오 작가에서 배우 캐스팅까지 다양한 분야가 합쳐진 종합예술인 영화산업에서 개인이 아닌 집단으로서의 유대인이 강할 수밖에 없는 이유이다. 게다가 영화산업은 엄청난 경제적인 이득까지 가져다주니 재능 있는 유대인들로서는 더없이 좋은 무대인 셈이다. 결국 2차 대전까지 이탈리아, 프랑스가 주도하던 세계영화계는 유대인들의 활약으로 50년대부터 할리우드가 압도하게 된다.

스필버그의 작품 E. T에서의 최고의 장면

유대인이 장악한 것은 영화산업의 외형만이 아니다. 할리우드에서 만들어지는 영화에도 유대인들의 독특한 정체성이 잘 투영되고 있다. 대표적인 게 스필버그 감독의 작품들이다. 현재의 세계에 없는 외계인이 갑자기 등장하는 영화 'E.T'. 유대인 평론가들은 E.T를 두 가지로 해석한다. 하나는 스필버그 자신의 어린 시절처럼 비유대인의 세계에서 외계인처럼 비쳐지는 유대인이란 설명이고, 다른 하나는 유대인의 종교에서 말하는 구세주격인 '메시아'라는 분석이다.

완전히 멸종된 공룡이 살아서 돌아오는 내용의 '쥐라기 공원'도 결국 최초의 유대인인 아브라함에게 구원을 약속했던 '유일신의 재림'이나, 이미 나치의 대학살인 홀로코스트에서 살아남지 못했을 '유대인의 생존'을 의미한다.

스필버그는 폴란드에서 홀로코스트를 주제로 한 '쉰들러 리스트'를 촬영할 때 쥐라기 마지막 편집을 했는데, 이 두 영화 사이의 놀랄만한 연계성을 잊을 수 없었다고 고백하기도 했다. 홀로코스트의 참상을 전 세계에 전한 '쉰들러 리스트'에 대해 스필버그는 "다른 사람의 영혼을 구해주는 것은 전 세계를 구해주는 것과 같다"는 탈무드의 간단한 가르침을 세상에 가르치고 싶었다고 말했다.

영화평론가들은 속편을 두 편씩이나 만들었던 '백 투 더 퓨처'도 "우리의 시대를 과거처럼 새롭게 만들어 달라"는 유대교 기도문의 의미와 다르지 않다고 지적한다.

스필버그가 유대인의 '선민의식'을 강조하는 쪽이라면, 우디 알렌은 다소 다른 각도에서 영화에 접근한다. 뉴욕 브루클린에서 태어난 그는 어린 시절 부모의 유대교육에 반항하면서 자란 '자기를 증오하는 유대인'의 대표적인 모습을 가지고 있다. 그래서인지 그의 영화에는 '죄의식' 등 유대인의 미묘한 내면세계가 뉴욕이라는 도회적인 분위기를 배경으로 잘 전달된다. 다소 신경과민적이지만 무성영화시대의 슬랩스택 개그에서부터 유럽 예술영화의 실험적 스타일까지 모두 통달한 당대 최고의 영화 예술가로 꼽히고 있다.

'거룩한 나무'(Holy Wood)로 교회를 지으면서 세상에 영향을 주려고 했던 아브라함의 후손들이 이제는 '할리우드'(Hollywood)를 만들어 세상을 뒤흔들고 있다.

3 유대인들이 돈을 잘 버는 이유

영어에 '로스차일드(Rothschild) 같은 부자'라는 숙어가 있다. '로스차일드'는 사람의 이름인데, 그만큼 모두가 인정하는 부자의 대명사인 셈이다. 프랑크푸르트의 게토 빈민굴 대금업자였던 마이어 암셀 로스차일드에서 시작해 수대에 걸쳐 세계 최대의 금융왕국을 세운 로스차일드 패밀리는 '돈=유대인'이라는 이미지를 가장 강하게 심어준 유대인 가문이기도 하다.

The Original Rothschild Banking Family

로스차일드 가문의 가계도. '로스차일드'라는 명사는 이제 재벌을 의미하는 단어로 인식되어지고 있다.

돈에 강한 유대인은 로스차일드뿐이 아니다. 로스차일드 가문보다는 못하더라도 금융 유통산업 등 거의 모든 산업에서 거대한 돈 줄을 거머쥔 유대인들이 적지 않다. 반유대주의자들 사이에선 '유대인이 세계를 소유하고 있다', '세계 2/3의 경제를 유대인들이 쥐락펴락한다. '모든 돈은 흘러 유대인의 주머니로 흘러 간다'는 말까지 있다. 유대인들은 이를 '희망 사항'이라고 받아넘기곤 하지만 유대인이 돈에 강한 부자 집단인 것은 틀림없는 사실이다.

유대인들은 정말로 돈을 잘 버는 유전자를 가지고 있을까? 결론부터 말하면 생물학적인 유전자까지는 아니더라고 돈을 벌 수 있는 내면적인 종교적 요인과 돈을 벌수 밖에 없었던 경험적인 요인 등을 두루 갖추고 있다. 유대인 대부분 제2, 제3의 로스차일드의 자질을 타고 났다고 해도 과언이 아닌 셈이다.

첫째로, 정신적인 요인이다.

유대인들은 대부분의 다른 민족들과는 돈에 대한 생각부터 다르다. 신약성경에는 "다시 너희에게 말하노니 낙타가 바늘귀로 들어가는 것이 부자가 하나님의 나라에 들어가는 것보다 쉬우니라"(마 19:24)라는 말씀이 있다. 대부분의 종교에서처럼 물욕보다는 금욕을 강조하는 말이다. 하지만 유대인들 사이에서는 이런 식의 사고방식을 찾아볼 수 없다. 돈은 성(性)과 마찬가지로 매우 중요한 것이라고 생각한다. 하나님이 아브라함에게 많은 재산과 소유물을 주었듯이 유대인들에게 돈은 귀중한 기회이지 결코 악이 아니라는 생각이다.

유대인들의 계명에선 선행을 강조한다. 뭔가 좋은 일을 해야 삶이 가치 있다고 생각한다. 좋은 일을 구체적으로 명시한 613개의 계명까지 있을 정도이다. 중요한 것은 가난한 사람을 돕는 등 좋은 일을 하려면 돈이 필요하다는 것을 인정하고 있다는 점이다. 돈이 많이 있어야 좋은 일도 많이 할 수 있는 만큼 '돈의 양=선행의 양'이란 논리가 성립된다. 때문에 돈을 많이 버는 것은 종교적으로도 바람직한 모습이다.

둘째로, 경험적인 요인이다.

경험적인 요인은 물론 유대인들이 원해서 이뤄진 것은 아니다. 돈벌이에 대한 경험이 뼈에 사무치도록 생겨난 때는 중세 봉건시대이다. 성직자, 귀족, 농노로 구성된 철저한 계급사회였던 중세 시대에 유대인들은 정상적으로 사회생활을 할 수가 없었다. 기독교로 개종하지 않으면 공직은 물론 예술인과 기능인 조합인 길드에도 참여할 수 없었다. 유대인들이 할 수 있는 일이라곤 기독교인들이 하지 않는 일 뿐이었다. 바로 그게 돈을 빌려주는 '대금업'이었다.

당시 중세 교회법에는 돈을 이자를 받고 빌려주는 것을 금지하고 있었다. 하지만 어떤 사회에서든 누군가가 돈을 빌려주지 않으면 사회가 제 기능을 발휘할 수 없었다. 게다가 중세시대에 상업체계가 조금씩 발전하면서 그런 역할은 점점 중요해졌다. 유대인들은 따라서 '대금업'의 전문가가 될 수밖에 없었고, 이를 통해 많은 부를 축적할 수 있었다.

그러나 '독점적인 대금업'은 은총이자 저주였다. 돈은 많이 벌었지만 '악덕 고리 대금업자'라는 비난이 따라 다녔다. 셰익스피어의 소설 베니스의 상인에 나오는 샤일록은 상징적인 인물이다. 심할 경우 교회나 정부는 유대인들의 재산을 몰수하고 외국으로 쫓아내곤 했다. 물론 유대인 역사학자들은 당시 유대인들이 적용한 이자율이 특별히 높았다는 증거는 어느 곳에도 없다고 주장한다. '고리대금업자'란 누명은 유대인들의 재산을 빼앗기 위한 중세교회와 정부 측의 모함이었다는 설명이다. 유대인 역사학자들은 세계적인 문호였던 셰익스피어 역시 유대인을 실제로 한 번도 만나보지 않았던 것으로 확인하고 있다. 다만 당시 유대인의 모함이 셰익스피어의 문학에도 자연스럽게 흡수되었다는 것이다.

실제로 많은 유대인들이 죽음까지 감수하거나 국외로 추방당해야 했다. 물론 돈은 이런 경우에도 죽음을 피할 수 있는 가장 적절한 수단이었다. 유대인들이 열심히 돈을 벌었고 특히 돈 가치가 높은 다이아몬드에 그토록 집착했던 이유이기도 하다. '머니 토크'(money talk)의 의미가 무엇인지를 정말 잘 아는 민족인 셈이다.

유대인을 돈에 강하게 만든 '정신적인 요인'과 '경험적인 요인'은 얼핏 보면 다소 모순된 모습을 띠고 있다. 돈을 벌어 선행할 것을 강조하는 유대인과 주위사람에 인색한 고리대금업자는 좀처럼 어울리지 않는다. 하지만 유대인의 율법해석을 보면 어느 정도 고개를 끄떡이게 된다. 유대인들이 돈과 관련한 입장을 얘기를 할 때 기준으로 삼는 문구는 출애굽기 22장 25절이다.

"네가 만일 너와 함께 한 내 백성 중에서 가난한 자에게 돈을 꾸어 주면 너는 그에게 채권자 같이 하지 말며 이자를 받지 말 것이며"(출 22:25)

유대인들은 하브루타를 통해 이 말씀을 세 가지로 구분해 해석한다.

첫째, 필요한 사람에게 돈을 빌려주는 것은 윤리적인 의무이다.

둘째, '내 백성(My People)'이 우선시 된다. 예를 들어 자기 가족의 구성원과 다른 사람이 똑같이 가난하다면 자기 가족을 먼저 도운 뒤 그 다음에 다른 사람을 도우라는 뜻이다.

셋째, 어렵게 사는 사람을 먼저 도와준 뒤 형편이 좋은 사람을 도우라는 해석이다.

유대인들이 돈을 벌어도 가까운 사이인 유대인(My People)들 끼리만 서로 돕는 경향이 큰 것은 바로 이 같은 이유에서다. 다른 민족이나 다른 종교들로부터 수많은 배척을 받아왔지만 소수의 유대인들이 똘똘 뭉쳐 강한 힘을 발휘하고 있는 것은 이러한 종교적 배경에서 유래되었다고도 볼 수 있다.

4 유대인은 돈을 이렇게 불리기 시작한다.

유대인들에게 만 13세가 된다는 것은 아주 특별한 의미를 가지고 있다. 이때부터 종교적인 차원에서 성인 대접을 해 준다. 때문에 13세가 되는 생일 행사는 '성인식' 또는 '말씀의 아들(딸) 선포식'으로 여겨 정말 성대하게 거행된다. 개인의 일생에서 결혼식과 함께 평생 가장 중요한 두 날 중 하루로 꼽힐 정도이다.

남자 아이들의 성인식은 '바 미쯔바'(Bar Mitzvah)라고 한다. 히브리어로 '바'는 아들, '미쯔바'는 말씀을 의미한다. 즉 '바' '미쯔바'는 '말씀에 따라 사는 아들'이라는 뜻으로 이 행사를 마치면 종교적으로는 '말씀의 아들 선포식' 또는 '책임 있는 사람', 즉 '완전한 성인'이 되는 셈이다.

부모는 자녀의 바 미쯔바에서 자녀에게 "지금까지는 내 자녀로, 우리가 부모의 역할을 감당했지만 이제부터는 너는 우리의 아들(딸)이 아니라 오늘부터 말씀의 아들(딸)이 되는 것이다. 앞으로 말씀이 인도하는 대로 따라가며 순종하는 삶을 살도록 하라"고 선포한다. 이것이 바로 바 미쯔바, 바트 미쯔바가 되는 것이다.

바 미쯔바'(Bar Mitzvah) 예식 중 토라를 가르키고 있다. 바 미쯔바는 남아의 성인식이라고 하지만, 실제로는 '말씀의 아들 선포식'이다. 지금까진 내 자녀였지만 이제부터는 말씀의 아들이다'라는 의미를 담고 있다. 여아의 경우 '말씀의 딸 선포식'이다.

과거에 여성들에게는 이런 행사가 없었다. 그러나 여권이 신장되면서 1921년 미국에서 유대인 여성들의 성인행사가 처음 시작됐다. 여성 성인식의 이름은 '바트(Bat) 미쯔바'. '바트'는 딸을 의미한다. 바트 미쯔바도 바 미쯔바처럼 통상 13세 생일에 열린다. 하지만 일부 교파에서는 12살 생일에 성년식을 하기도 한다. 이 나이의 소녀들의 경우 소년들보다 신체적으로 빨리 성숙해진다는 이유에서다.

성인식이 의미가 큰 만큼 유대인 어린이들은 바(바트) 미쯔바 1년 전부터 이날의 행사를 준비한다. 아버지의 지도 아래 기도방법을 배우고, 당일 시나고그(회당)에서 읽고 설명할 토라(모세오경: 창세기, 출애굽기, 레위기, 민수기, 신명기)를 암송한다.

토라는 히브리어로 쓰여 있다. 따라서 유대인들이 이스라엘에 살지 않더라도 히브리어에 능통한 이유이다. 토라를 암송하고 하브루타로 학습한 결과 유대인 성인들이 대부분은 토론에 달인이라는 인정을 받는다.

성인식에는 결혼식처럼 친지, 친구 등 많은 사람이 모여 축하를 해준다. 뉴욕 인근 유대인들이 많이 다니는 예쉬바 아카데미는 1년 내내 성인식 행사가 있어 학교에서 행사 날짜가 중복되지 않도록 사전에 조정해주기도 한다. 날짜가 중복될 경우 어느 한쪽에 친구들이 몰리면 다른 한쪽은 치명적인 마음의 상처를 받는 탓이다.

뉴욕 월스트리트 금융회사에서 근무하는 한 유대인 직장인은 역시 유대인인 자신의 직속상관 딸의 성인식에 초대받지 못한 뒤 고민을 하다가 결국 사표를 냈다는 얘기가 있을 정도이다. 그렇게 중요한 날, 초대받지 못한 것은 그만큼 별 볼일 없는 사람으로 평가 받았다는 생각에서다.

바(바트)미쯔바는 통상 시나고그(회당)에서 종교적인 행사를 갖고 행사를 마치면 연회장이나 대형식당을 빌려 축하모임을 갖는다. 결혼식 피로연과 비슷한 형태로 진행된다. 재미있는 것은 이날 행사에 참석한 사람들이 결혼식 때와 마찬가지로 부조금을 낸다는 것이다. 친구들은 물론 가족들도 대부분 현금으로 부조를 한다. 할아버지 할머니나 가까운 친척들은 이때 유산을 물려주는 생각으로 적지 않은 금액을 주기도 한다. 월가에 근무하는 한 유대인은 "일반 증권회사에 근무하는 보통 직장인의 경우 통상 바(바트)미쯔바 행사에 일인당 평균 2백 달러 정도 내는 것으로 보면 될 것"이라고 말한다. 이런 축하객이 2백 명 왔다고 계산하면 들어오는 돈은 모두 4만 달러 정도이다.

그러나 친척들은 조금 더 많은 돈을 내기 때문에 뉴욕 중산층의 경우 성인식 한번을 하면 평균 5-6만 달러 들어온다고 보면 된다. 물론 가난한 집안에서는 1-2만 달러 모아지는 반면 맨해튼의 고급호텔을 빌려 행사를 할 정도의 부자 집안에서 수십만 달러가 들어오기도 한다.

이날 들어오는 돈은 모두 성인이 되는 주인공의 것이다. 행사준비에 들어간 실비를 빼고 나머지는 모두 성인이 된 소년 소녀의 이름으로 예금을 하거나 채권을 사서 묻어두는 것이 보통이다. 이 돈은 이들이 10년 후인 20대 초반에 대학을 졸업하고 사회생활을 시작할 때 쯤 되면 적어도 두 배 이상 불어나 있다. 평균으로 따져 우리 돈으로 약 1억 원 안팎의 '쌈짓돈'을 가지고 사회생활에 나선다는 계산이다.

때문에 사회생활을 시작하는 유대인 청년들의 고민은 '당장 먹고 살기위해 돈을 버는 것'이 아니라 '이 돈을 불리기 위해 무엇을 해야 하나'이다. 머리가 탁월한 유대인들이 젊은 시절에 창업의 길로 나서거나 쌈짓돈을 눈덩이처럼 굴려 키울 수 있는 금융업종을 선호하는 배경이기도 하다. 주머니에 한 푼 없이 '일단 돈을 벌어야 한다'는 생각으로 진로를 결정하고 직장을 선택해야 하는 한국의 젊은이들과는 사회생활의 출발점부터가 다른 셈이다.

5　의술의 대가인 유대인

안티 세미티즘(Anti-Semitism)이란 말이 있다. 여러 가지 의미가 있지만 쉽게 말해 유대인을 혐오하는 반유대주의라고 보면 된다. 유대인 때문에 고난을 당했건, 아니면 유대인이 잘 나가는데 대한 질투이건 이유도 많지만 유대인의 역사만큼이나 긴 뿌리를 가지고 있다. 불과 몇 십 년 전까지만 해도 미국의 일부 상점이나 공연장을 가면 "개와 유대인 출입금지"라는 팻말이 공공연히 붙어있을 정도였다.

유대인에 대한 핍박은 아직도 끝나지 않았다. 지금도 안티 세미티즘(Anti-Semitism)은 나치즘과 이슬람 연합을 비롯한 전 세계적으로 다시 확산되고 있는 분위기이다. 그러나 안티 세미티즘에 대응하는 유대인들의 태도는 매우 담담하고 냉정하리만큼 차분하다.

안티 세미티즘의 공격에 대해 유대인들의 대응도 여러 가지이다. 가장 위트 있고 명쾌한 대응은 아마 유대인 코미디언(1914-1980) 샘 레벤슨의 말일 것이다. 그는 유대인을 공격하겠다는 편지를 쓴 반유대인단체에 다음과 같은 답장을 보냈다.

"미국은 자유로운 나라입니다. 당신이 굳이 유대인을 좋아할 필요는 없습니다. 그러나 당신처럼 유대인을 좋아하지 않는 사람들에게 한 가지 제안을 하겠습니다. 유대인이 만든 상품을 쓰지 않는 것입니다. 당신 얘기대로 유대인이 만든 약은 당신을 해칠 수도 있지 않겠습니까."

유대인의 만든 약을 쓰지 않으면 어떤 일이 생길까. 유대인이 발견한 약 몇 가지만 들어보면 쉽게 상상할 수 있다.

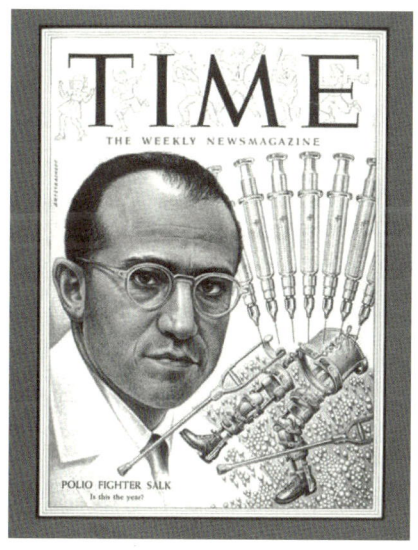

수많은 사람들을 걷게 한 소아마비 백신을 만든 조너스 소크(Jonas Edward Salk) 그는 하나님의 빛의 전달자로서, 소아마비 백신이라는 빛을 발견해서 전 세계 인류들에게 무료로 전달했다. 그가 만약 소아마비 백신을 돈을 받고 팔았다면 그는 전 세계에서 가장 큰 부자가 될 수 있었지만 그는 기쁨으로 전 인류에게 무료로 공급했다.

▶ **소아마비 백신**: 뉴욕 브롱스에서 태어난 조너스 소크(1914-1995)가 발견했다. 어린 시절 동네 아이들이 욕을 하며 돌을 던진 탓에 골목 맨 끝에 있던 유대인학교인 예쉬바에 가는 길이 두려웠던 그는 말년에 의학계에 들어온 이유에 대해 "어린 시절부터 유대인의 비극과 고통에 대해 많은 생각을 해왔다"며 "이런 고통의 사악한 사이클을 끊기 위해 인류를 위해 긍정적인 일을 하고 싶었다."고 말했다. 피츠버그 대학 세균학교수였던 그는 1955년 소아마비 백신을 발견했다. 20세기에만 프랭클린 D 루즈벨트 대통령 등 1백만 명의 미국인의 목숨을 앗아간 질병은 이때부터 더 이상 두려운 병이 아니었다.

▶ **혈액형 구분법**: 1930년 노벨상수상자인 유대인 칼 랜드스타이너(1868-1943)가 발견했다. 사람의 혈액이 A, B, AB, O 라는 네 가지 그룹으로 나눠져 있다는 사실을 발견했다. 이 같은 간단하고 안전한 혈액구분이 없었더라면 얼마나 많은 사람이 수혈을 못해 죽었을 것인가.

▶ **페니실린**: 유대인 언스트 보리스 체인(1906-1979)이 1945년에 발견했다. 2차 대전 기간 중 연간 70억 개 이상 생산되면서 7백만 명의 목숨을 구한 것으로 평가된다.

▶ **스트렙토마이신**: 셀만 아브라함 와크스맨(1888-1973)은 지구상에 눈에 보이는 것 이외의 동식물이 있다는 종교적 믿음에서 연구를 시작했고 결국 인간에 해를 주는 세균을 세균으로 막을 수 있도록 했다. 28년

간의 실패 끝에 탄생한 이 광범위 항생제는 페니실린 이후 최대의 의약계의 기적이라고 일컬어진다.

▶ **박테리아 증식입증**: 조슈아 레어버그(1925년생)는 박테리아의 유전적 세포증식을 입증해 암치료법의 선구자가 되었다.

이밖에 비타민C, 매독치료제인 와서먼테스트, 심장강화제, 당뇨병치료제 인슐린, 위경련약 클로로하이드레이트 등 유대인이 만들어낸 의약품은 모두 헤아리기 힘들다. 유대인들이 의학 분야에 공헌한 리스트만으로도 한권의 책이 필요할 것이란 얘기까지 있을 정도이다. "유대인이 개발한 약을 쓰지 말라"는 셈 레벤스의 편지는 "유대인이 개발한 약을 사용하지 않으면 언제 죽을지 모른다"는 준엄한 경고인 셈이다.

유대인이 의학부문에서 두각을 나타내는 것은 어제, 오늘의 얘기가 아니다. 유대인이 가장 좋아하는 직업은 유대교 성직자격인 '랍비'(Rabbi), 그 다음으로는 의사가 가장 많다. 하버드, 컬럼비아 등 미국의 중요한 메디컬스쿨의 교수들은 80% 이상이 유대인이라고 보면 정확하고, 뉴욕 지역의 개업 의사들도 두 명 중 한 명 이상은 유대인이라고 생각하면 틀림없다. 유대인 어머니들은 자기 자식이 의사라고 소개하기를 가장 좋아할 정도이다.

유대인들이 의사직업을 선호하는 이유는 '돈을 많이 벌 수 있다'는 세속적 이유도 있겠지만, 나름대로 종교적인 이유가 크다. 그 핵심이 '티쿤 올람'(Tikun Olam)사상이다. '세상을 고치는 것'을 강조하는 유대교 신앙의 원리이다. 하나님이 세상을 창조했지만 일부는 사람들의 몫으로 남겨놓았기 때문에 세상을 완전하게 만들기 위해 사람들은 창조 작업을 계속 수행해야 한다는 논리이다.

예를 들어 유대인들은 아이가 태어나면 8일째 되는 날 할례를 하는데 이것도 그런 맥락에서다. 일반인들이 생각하듯 위생차원에서 하는 것이 아니라 신이 남겨놓은 일을 인간이 한다는 아주 상징적인 측면이다. 이런 이론들은 모두 하브루타를 통해 얻은 결론들이다.

유대인은 의학을 거의 종교만큼이나 중요하게 생각하고 있다. 때문에 랍비가 영혼을 치유하듯, '의사'는 육신을 치유하는 성스러운 직업인 셈이다. 물론 현실사회에서는 유대인 의사들끼리만 환자를 서로 소개하는 등 경제적 이익을 위한 커넥션 때문에 실력 있는 의사들조차도 유대인이라 아니라는 이유로 불이익을 받는 것도 사실이지만 말이다.

6 백화점업계의 큰 별 유대인

맨해튼 브로드웨이와 32스트리트가 만나는 곳은 한글 간판이 낯설지 않는 뉴욕 코리아타운의 중심지이다. 여기서 두 블록 위로 올라가면 메이시즈(Macy's) 백화점 1호점이 나온다. 1902년에 자리 잡은 이 백화점 바로 앞 헤럴드 광장에선 매년 11월 4째 주 목요일, 추수감사절마다 대규모 퍼레이드가 열린다. 메이시즈 백화점이 주관하는 이 행사는 TV를 통해 전국에 생중계된다.

추수감사절은 우리나라의 추석과 같이 1년에 한번 가족들이 모이는 미국 최대 명절이다. 그런 날 온 미국인이 지켜보는 퍼레이드가 메이시즈 백화점 앞에서 열리는 데는 이유가 있다. 추수감사절이 크리스마스-연말연시로 이어지는 쇼핑시즌의 시작을 알리는 날인만큼 쇼핑의 대명사격인 메이시즈 백화점에서 초대형 행사가 열리는 것이다. 미국 백화점

매출의 절반가량이 바로 이 한 달 반 정도 사이에 이뤄질 정도이다.

세계에서 가장 큰 백화점 메이시즈 백화점이다. 메이시즈 백화점은 백화점을 넘어 추수감사절의 대명사로 인식되고 있다.

추수감사절과 메이시즈는 더 깊은 인연이 하나 있다. 추수감사절은 1940년까지 11월 마지막 주 목요일이었으나 메이시즈의 모회사(지주회사)인 페더레이티드 디파트먼트 스토어(Federated Department Stores)의 프레드 라자루스 주니어 회장이 당시 프랭클린 D 루즈벨트 대통령에게 건의해 1주일을 당겼다. 대공황 후유증으로 어려운 미국 경제를 살리기 위해서는 연말연시 쇼핑시즌을 늘려야 한다고 로비를 했고, 의회도 이를 받아들여 41년부터 한 주 당겨졌다. 백화점 입장에서 추수감사절이 더없이 기쁜 이유이기도 하다.

중저가인 메이시즈(Macy's)와 고급백화점인 불루밍데일(Bloomingdale)을 비롯 리치스 본마르케등 다수의 지방 백화점을 계열사로 두고 있는 페더레이트는 이처럼 자타가 공인하는 미국 백화점 업계의 대표주자이다.

연간 매출은 200억 달러 이상을 예상하고 있을 정도이다. 페더레이트의 핵심인 메이시즈는 시카고에 본사를 두고 있는 시어스&로벅(Sear's&Roebuck)과 함께 미국 백화점 역사를 만든 실질적인 두 개의 수레바퀴로 평가를 받고 있다.

재미있는 것은 이 두 회사 모두 창업주는 유대인이 아니지만 회사를 성장시킨 실질적인 주인은 유대인이라는 점이다. 두 회사뿐 아니라 짐벨스, 니만마르쿠스등 많은 유대계 백화점들이 독일에서 이민 와서 행상으로 돈을 번 뒤 백화점 사업에 진출했다는 공통점을 가지고 있다. 1848년 독일 혁명이후 미국으로 넘어온 이들은 월스트리트의 금융가에 성공한 골드만삭스, 리만브라더스 등과 같은 뿌리를 갖고 있다. 유럽의 경제계를 휩쓴 독일의 '로스차일드'란 유대인 갑부의 정신적인 제자들인 셈이다.

특히 메이시즈를 키운 스트라우스(Straus)가문은 '미국의 로스차일드'라는 별명을 가질 정도로 가장 성공한 미국 유대인 가문으로 꼽힌다. 1852년 독일을 떠나 미국 조지아 주로 넘어온 라자루스 스트라우스는 장남인 이시도르와 함께 도자기 행상으로 출발했다. 남북전쟁이후 경제가 나쁜 남부에서 장사가 어려워지자 뉴욕으로 올라왔고 백화점 사업을 막 시작하던 R.H. 메이시를 만났다. 메이시와 동업을 하던 스트라우스 패밀리는 메이시가 은퇴를 한 1888년 아예 회사를 인수했지만 이미 알려진 메이시즈란 이름은 그대로 간직했다.

스트라우스 패밀리가 경영하는 메이시의 특징은 고품질과 저가격. 경쟁사들과의 가격 전쟁으로 한때 수익이 악화되기도 했지만 "가장 좋은 제품을 가장 싸게 판다"는 인식을 심어주면서 승승장구했다. 이시도르의 동생인 나탄은 미국 유대인협회 회장을 지내는 등 자선사업가로 활동했고, 막내 오스카는 루즈벨트 대통령시절 '미국 최초의 유대인 장관'이 되기도 했다. 또 가족들이 구겐하임 골드만삭스, 리만브라더스, 설츠버그(뉴욕타임즈 오너) 등 미국의 유명 유대인 가문과 혼인을 맺는 등 미국에서 가장 유력한 유대인 가문으로 꼽힐 정도이다. 메이시즈를 일군 이시도르 부부가 1912년 타이타닉호 침몰로 목숨을 잃은 것은 이 가족의 유명한 비극 스토리이기도 하다.

시어스&로벅도 창업주인 리차드 시어스와 파트너인 알바 로벅은 유대인이 아니다. 그러나 이 회사를 거대회사로 키운 인물은 역시 독일계 유대인 줄리어스 로젠왈드(Julius Rosenwald)이다.

노예해방을 선언한 아브라함 링컨 대통령과 같은 동네인 일리노이주 스프링필드 출신인 그는 나중에 흑인사회에 많은 기부금을 내는 등 큰 공헌을 해 흑인들 사이에선 링컨과 함께 가장 존경받는 백인으로 꼽히는 인물이다.

1893년 정식 설립된 시어스&로벅은 그야말로 창조적인 아이디어 하나로 성장한 회사이다. 당시 인구의 65%가 농촌에 살고 있는 점에 착안해 우편주문방식의 영업을 했다. 물건을 보지 않고 사는데 대한 우려를 없애주기 위해 무료배달은 물론 "만족하지 않으면 돈을 돌려준다"는 당시로서는 아주 혁신적인 '머니백 개런티' 전략을 구사했다.

당시 언론들은 로젠왈드의 경영방식에 대해 미국 최초의 '소비자중심주의'(consumerism)` 기업이라는 신조어까지 만들어가며 칭찬했고, 우편주문은 급속도로 늘어났다. 1906년에는 하루 주문이 2만 건, 크리스마스 시즌에는 10만 건에 달하기도 했다. 쏟아지는 주문을 소화하기위해 도입한 컨베이어벨트 시스템은 나중에 헨리 포드가 자동차 조립라인을 자동화하는데 결정적인 영향을 주기도 했다.

로젠왈드는 종업원복지도 중시해 1916년에는 종업원과 이익 공유하는 제도도 도입했다. 그는 로젠왈드 기금을 만들어 자신이 번 돈을 사회에 환원했는데, 이 기금은 두 가지 점에서 크게 달랐다. 하나는 대다수 다른 유대인들과는 달리 기금을 비유대인들에게도 사용하도록 한 것이다. 특히 유대인처럼 많은 박해를 당한 흑인들을 위해 많은 돈을 썼다. 지금 돈으로 20억 달러 정도 되는 기금의 절반가량이 흑인 사회로 들어간 것으로 알려지고 있다.

다른 하나는 기금의 사용기간을 본인이 죽은 지 25년까지로 정해놓은 것. 통상 자선기금들이 원금은 그대로 둔 채 이자만을 사용하는데 비해 이 기금은 원금까지 전액 사용하도록 만들어 수혜자들에게 실질적인 도움이 되도록 했다. 시카고 과학산업박물관도 바로 이 자금에서 설립될 수 있었다.

원거리 영업이 기본인 유통산업은 다른 산업보다 특히 자본 동원력이 중요하다. 월스트리트의 금융자본을 장악하고 있는 유대인 친구들을 가지고 있는 독일계 유대인들이 힘을 발휘할 수 있는 좋은 영역이었던 셈이다. 짐벨스, 니만마르쿠스 등 전국적으로 유통망을 갖춘 백화점은 물론 매그니(샌프란시스코) 파일니스(보스톤) 짐벨스(밀워키) 엠포리움

(피츠버그)등 주요 도시의 지방 백화점들이 거의 대부분 유대계 자본으로 움직이는 것은 결코 이상한 일이 아니었다.

지금도 유대인 인맥을 동원하지 않으면 제아무리 물건이 좋아도 고급 백화점에 코너를 하나 내는 것은 물론 물건 납품조차 쉽지 않은 게 엄연한 현실인 이유들이다.

7. 비달 사순(Vidal Sassoon)을 비롯한 감각경영의 승부사들

 여성들의 길고 천편일률적인 머리에 '헤어스타일'을 계발하여 적용한 사람은 누구일까? 이것은 1969년 달나라에 착륙한 것보다 더 획기적인 일로 꼽힌다. 여성들을 천편일률적인 머리에서 해방시킨 사람은 단연 비달 사순(Vidal Sassoon)이다.
 '봅 스타일'로 상징되는 비달 사순의 커트머리는 여성들이 얼굴 형태에 따라 다양한 헤어스타일을 가질 수 있도록 만들었다는 평가를 받고 있다. 그는 뛰어난 경영수단으로 '비달 사순'을 세계적인 헤어 브랜드로 만들었고, 또 명성에 걸맞은 재산을 모았다. 하지만 세계 최고의 미적 감각을 가진 '헤어드레서'라는 화려한 겉모습에서는 결코 찾아볼 수 없는 또 다른 삶이 그의 내면에 자리 잡고 있었다.

1969년 달나라에 간 것보다 더 획기적인 일은 천편일률적인 헤어스타일을 개발한 세계적 헤어드레서 비달 사순(Vidal Sassoon)

1928년 영국 런던 근교, 가난한 유대인 가정에서 태어난 비달 사순은 14살 때부터 미용실에서 일을 배웠다. 2차 대전이 끝난 뒤 런던의 공기는 해방의 기운보다는 전후의 혼란으로 가득했다. 그 틈새를 파시스트 잔당과 인종차별주의자들이 차지하고 있었다. 런던 뒷골목에서는 유대인들이 이들에게 핍박을 당하고 있었다.

일부 유대인들이 '폭력에는 폭력으로' 맞서기 시작했다. 전투경험이 있는 예비역 군인 등 43명이 모여 '43그룹'이라는 조직을 만들었는데 몇몇 젊은 청년들이 가세했다. 그중 하나가 바로 비달 사순이었다. 어려서부터 유대인 차별에 몸서리를 쳤던 그는 43그룹의 가장 막내였지만 가장 용감하고 가장 과격하게 싸운 거리의 전사이기도 했다.

비달 사순은 나중에 폭력행사에 대해 "폭력 자체는 난센스이지만 어린이와 노약자를 보호하기 위해서는 불가피했다"고 말했다. 당시 밤에 싸우고 낮에 미용실에서 일한 그는 얼굴에 난 상처를 묻는 귀부인들에게 "밤에 헤어스타일을 연구하다 머리핀에 찔렸다"고 웃으며 받아넘기기도 했다.

1948년, 이스라엘이 독립하자 비달 사순은 즉각 이스라엘로 날아갔다. 거기서 공부하고 정착하려고 했다. 그러나 런던에 남아있는 가족들의 살림을 책임져야 하는 탓에 다시 런던으로 돌아와 돈을 벌었다. 후에 미국으로 귀화해 지금 캘리포니아에서 살고 있는 그가 은퇴이후 세운 것은 헤어연구센터가 아니었다. 이스라엘 예루살렘의 히브리대학에 반유대즘과 인종박해를 연구하는 비달사순센터를 사재를 털어 설립했다.

박해와 고난이 감각을 더욱 예민하게 만들었을까. 감각을 창조적인 비즈니스로 연결시키는 것은 유대인들이 가지고 있는 탁월한 능력 중 하나로 평가된다.

비달 사순이 헤어스타일의 감각을 사업화 했다면 입맛의 감각을 활용해 세계적인 사업을 일군 사람들도 많다. 혀 안에서 가장 감각적인 먹거리인 초콜릿. 중세시절이후 상류층의 전유물인 초콜릿을 대중화 시킨 '밀튼 허쉬'(Milton Snavely Hershey)는 독일에서 펜실베이니아로 이민 온 유대인 가정에서 1857년 태어났다. 집안이 가난해 초등학교 4학년을 다닌 학력이 전부이지만 수많은 시행착오와 사업실패를 거친 뒤 오늘날 초콜릿의 대명사가 된 '허쉬 초콜릿'을 만들어냈다.

성공하면 반드시 성공의 결실을 다른 사람과 나누어야 한다고 믿고 자선사업에 투자한 허쉬 초콜릿의 아버지 밀튼 허쉬(Milton Snavely Hershey)

아버지의 손에 이끌려 인쇄공장에 취직한 밀튼은 일에 재미를 느끼지 못해 사탕공장으로 옮겼다. 18살의 나이에 필라델피아에서 사탕가게를 연 그는 콜로라도 덴버로 가서 캐러멜공장을 차렸다.

이때 그가 깨달은 것이 좋은 우유를 사용해야 좋은 캐러멜을 만들 수 있다는 것이었다. 그는 다시 고향으로 돌아와 낙농중심지인 '데리처치'에 초콜릿회사를 차렸다. 우유와 초콜릿을 농축시키는 기술을 개발한 품질 좋은 초콜릿을 대량생산할 수 있게 되었고 1905년부터 허쉬 초콜릿이 쏟아져 나왔다. 허쉬 초코릿이 유명해지면서 주정부는 마을 이름을 데리처치에서 아예 허쉬로 바꾸어주기도 했다.

그는 성공하면 성공의 결실을 다른 사람과 나눠야 한다고 생각하는 전형적인 유대인의 사고를 가지고 있었다. 기업경영으로 번 돈을 대부분 허쉬공장 직원들인 마을 주민들이 전기를 무료로 사용하고 학교는 물론 골프장까지 무료로 할 수 있도록 해줬다. 이런 전통은 지금까지 '허쉬 학교'에 남아있다. 1천명이 넘는 학생들이 무료로 다니는 이 학교는 아직도 허쉬 초콜릿의 주식의 상당수를 가지고 있어 회사 경영이 좋으면 대부분의 이익이 학교재원으로 들어가고 있다.

미국인들에게 달콤하고 감각적인 아침 식사를 제공한 '던킨 도넛'도 유대인의 작품이다. 1916년 보스턴 근교에서 태어난 윌리엄 로젠버그는 대공황으로 경제가 어려웠던 10대 초반에 학교를 중퇴하고 식품배달원으로 사회생활을 시작했다.

안 해본 일이 없는 그는 1950년 '브랜드'가 있는 도넛을 개발했다. 1954년 '던킨 도넛'이란 이름을 내걸었을 때 가지고 있던 점포는 5개. 이후 점포를 늘리며 미국 최초의 프랜차이즈 영업기법을 개발해 냈다. 50년이 지난 지금은 37개국에 5천개가 넘는 '던킨 도넛' 점포가 있을 정도다.

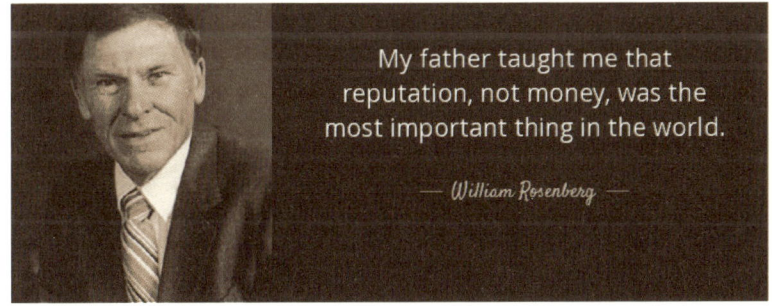

던킨 도넛을 창시한 사람을 빌 로젠버그로 많은 사람들이 잘못 알고 있다. 던킨 도넛을 창시한 사람은 바로 윌리엄 로젠버그(William Rosenberg)이다. 그가 어떤 사명을 갖고 던킨 도넛을 운영했는지 직접 그의 이야기를 들어보자.

그는 1960년 국제프렌차이즈연합이라는 조직을 직접 만들었는데 지금 회원수가 3만 명에 달한다. 미국의 소매 영업 중 프랜차이즈를 통한 판매가 50%를 넘어서고 있다는 점은 '프랜차이즈의 아버지'라고 일컬어지는 그의 공헌이 어느 정도인지 말해준다.

'고객이 왕이다', '충분한 서비스라는 말은 없다'는 말로 고객중심 경영을 강조하는 그는 2백만 달러 이상을 호가하는 농장을 뉴햄프서대학에 기증했고, 하버드의과대학에 상당한 금액을 기부해 하버드의대에는 그의 이름을 딴 연구소가 많을 정도이다.

달콤한 감각을 비즈니스화한 유대인은 여기서 그치지 않는다. '하겐 다즈'란 브랜드를 만들어 세계 최초로 아이스크림을 대중화시킨 매터스 류벤(Mattus Reuben). 그는 신선한 우유를 사용했다는 생각을 심어주기 위해 낙농국가인 덴마크를 연상케 하는 브랜드를 만들어 하루아침에 아이스크림의 황제가 됐다. 94년 81세로 사망한 그는 말년에 아랍권에서는 테러리스트라고까지 알려진 이스라엘의 급진세력들을 지원하는데 온 힘을 기울이기도 했다.

버몬트 주의 어느 버려진 주유소에서 회사를 시작해 나중에 하겐다즈의 라이벌로 까지 성장한 아이스크림 업체인 '벤&제리'의 창업자인 벤 코헨과 제리 그린필드, 역시 아이스크림업계의 강자인 '바스킨&로빈스'의 창업자인 버튼 바스킨과 어빙 로빈스가 모두 유대인이라면 지나친 우연일까.

8. 의류 디자인의 최초, 최대, 최고를 기록한 유대인

랄프 로렌(Ralph Lauren). 패션업계에선 '폴로'(Polo) 브랜드를 일군 그를 '20세기 미국의 대표 디자이너'로 꼽는데 주저하지 않는다. 미국 동부 아이비리그가 상징하는 엘리트 그룹, 서부의 프론티어 개척자들, 국민적인 사랑을 받는 야구 선수의 유니폼 등 다양한 미국인들의 삶에서 영감을 찾아낸 '폴로'는 그래서 '일시적인 유행이 아니라 미국인들의 생활 브랜드'라는 평가를 받는다.

가장 미국적인 스타일을 만들어 낸 랄프 로렌은 와스프(WASP: White, Anglo-Saxon, Protestant) 출신이 아니다. '와스프'란 북유럽에서 넘어온 미국 사회의 주류세력으로, 존 F. 케네디와 오바마 대통령을 제외한 대통령이 모두 와스프 출신이다. 아직도 미국 사회에 막강한 영향력을 미치고 있는 가장 강력한 그룹이다.

랄프 로렌은 1939년 뉴욕 브롱스의 평범한 유대인 집안에서 페인트공의 아들로 태어났다. 어린 시절 유대교 성직자인 랍비가 되길 원하는 어머니의 희망으로 예쉬바를 다닌 그는 아버지에게 물려받은 색상 감각 덕에 싼 옷도 맵시 입게 입을 줄 아는 재주를 가졌다. 그러나 나머지 학교 생활은 그저 보통 학생에 불과했다. 고교 졸업앨범에 '훗날 백만장자가 되겠다'는 희망을 써넣었던 그는 등록금을 지불하기도 힘들어 학비가 비싸지도 않은 맨해튼의 시립대학(경영학)마저 중도에 포기해야 했다.

장갑회사 점원으로 취직한 그는 곁눈질을 통해 디자인을 배워나갔다. 하지만 아버지로부터 물려받은 색상 감각에 유대인 특유의 상상력을 가미한 랄프 로렌은 28살 때인 1967년 2.5인치(약 6센티미터) 짜리 넥타이가 유행하던 당시로서는 파격적인 4인치(10센티미터)의 폭이 넓은 넥타이를 만들어 냈다.

'패션의 아버지'로 불리는 랄프 로렌(Ralph Lauren). 그는 단순히 폴로(Polo) 디자이너로서가 아닌 패션이라는 단어조차 생겨나지 않았을 때 패션의 개념을 창조한 사람으로도 유명하다.

이런 시도를 통해 그의 디자인은 '패션의 혁명'이란 평가를 받으며 승승장구했다. 넥타이 성공 직후인 68년 5만 달러를 빌려 창업한 '폴로 랄프 로렌'은 이제 매출 2백40억 달러에 달하는 세계 최대 규모의 고급 의류회사로 자리매김을 했다.

의류업계에서는 미국 최대 브랜드만이 유대인이 만들어놓은 것이 아니다. 미국 최초 브랜드 역시 유대인 몫이었다.

약 160년 전인 19세기 후반, 미국 사회를 지배한 단어는 '골드러시'였다. 남녀노소 구분 없이 황금 노다지를 찾아 서부 캘리포니아로 달려갔다. 샌프란시스코는 이처럼 한 두 해 사이에 갑자기 모여든 30만 명이 만들어 놓은 도시이다. 하루아침에 서부의 뉴욕이 생겨났다는 말까지 나왔다. 1850년 샌프란시스코로 몰려든 골드러시 인파에 끼었던 사람 중 하나가 리바이 스트라우스(Levi Strauss). 3년 전인 1847년 18살의 나이로 독일에서 이민 온 포목장사의 유대인 7남매중 막내였다. 뉴욕에 상점을 차린 형제들은 켄터키주등 각지를 돌아다니며 포목을 팔았다. 리바이는 금을 캐러 간 것이 아니라 금을 캐는 광부들에게 포목을 팔러 캘리포니아로 향했다.

캘리포니아에 도착한 리바이에게 광부들이 요청한 것은 포목보다 작업바지였다. 직업상 두껍고 질긴 바지가 필요했던 탓이다. 선천적인 장사꾼이었던 그는 곧바로 바지 생산에 들어갔고 그의 바지는 광부들 사이에 인기를 끌었다. 그렇게 해서 1953년 '리바이스'(Levi's)란 청바지 브랜드가 처음 나왔다. 미국 최초의 의류 브랜드인 리바이스는 최근 170주년 행사를 성대히 치르기도 했다.

리바이스의 창시자 리바이 스트라우스(Levi Strauss) 그의 장례식을 공휴일로 선포할 정도로 자선 사업에 열심이었으며 존경받는 사람이었다.

결혼을 하지 않고 독신으로 여생을 마친 리바이는 샌프란시스코 유대인 사회의 대부였다. 유대인은 물론 비 유대인들에게도 자선활동을 많이 한 탓에 시 정부는 1902년 그가 죽자 장례식이 열리는 날을 공휴일로 선포해 많은 사람들이 그의 마지막 모습을 볼 수 있도록 배려하기도 했다.

미국 의류산업의 '최초'와 '최대'만 유대인의 것이 아니다. 캘빈 클레인(Calvin Klein), 게스, 조다쉬, 앤 클레인, 도나 카란, DKNY, 토미 힐피저, 케네스 콜, 리즈 클레이본, 아버크롬비&피치, 빅토리아 시크릿, 존스 뉴욕, 나인웨스트등 수많은 유명 브랜드들이 유대인들의 손으로 만들어졌다. 갭(GAP)의 창업주인 도날드 피셔도 유대인이고 니만마르쿠스 삭스 피브스등 주요 백화점들의 패션 디렉터들도 대부분 유대인들이다.

이처럼 미국 유대인들이 의류분야에서 두각을 나타내는 것은 나름대로 이유가 있다. 19세기 후반 러시아와 독일에서 일어난 유대인 박해로 동부 유럽에 살던 유대인들의 미국 이민이 봇물을 이뤘다. 이들 유대인 이민자들이 미국 이민의 창구였던 뉴욕에서 당시 한창 붐을 타기 시작한 의류산업의 노동력을 제공한 것. 1880년 이후에만 2백만명의 유대인이 집중적으로 뉴욕으로 넘어왔고 이들은 노동집약산업인 의류업계를 떠받치는 기반이 되었다. 당시 유대인 노동자의 60% 이상이 의류업계에 종사했을 정도이다.

시간이 지나면서 의류회사의 경영도 대부분 유대인들이 맡았다. 1890년 경에는 뉴욕 의류공장의 95%를 유대인이 장악했다. 이 비율은 서서히 줄어들었지만 20세기 초까지 철강 석유와 함께 3대 산업으로 불리던 의류산업 종사자의 50-80%는 유대인 이었다.

유대인들의 의류산업을 주도하면서 새로 생긴 현상은 그 이전까지 주문 및 가내 생산(Home-made) 위주였던 의류제품이 레디 메이드(Ready-made)시스템으로 대체되면서 대량 생산의 기틀을 마련했다는 점이다. 유대인인 '윌리엄' 과 '이다 조젠탈' 부부가 1923년 최초로 현대식 브래지어를 만들어 대량생산에 들어간 것도 그런 흐름에서 창조된 작품으로 볼 수 있다.

시간이 지나면서, 의류산업의 생산부문에서 유대인들이 차지하는 비중은 점점 낮아져 갔다. 1920년대에는 50%선, 20세기 중반에는 30% 아래로 까지 떨어졌다. 그러나 창조적인 감각이 탁월한 유대인들은 의류생산 분야 보다는 돈이 되는 디자인 쪽으로 방향을 바꿔나갔다. 맨해튼의 유명한 패션스쿨로 캘빈 클레인이 졸업한 FIT(Fashion Institute of Technology)가 유대인들의 자금으로 성장한 것도 그런 차원에서 볼수 있다.

미국 의류산업과 패션디자인의 역사는 곧바로 유대인의 미국 이민사라고 봐도 과언이 아니고, 그런 각도에서 보면 랄프 로렌을 필두로 하는 유대인 디자이너들의 성공도 아주 자연스런 현상일 뿐이다.

9 세계 식량시장을 지배한 유대인들

1897년 스위스 바젤에서 유대인 지도자들의 모임이 열렸다. 제 1차 시오니스트 회의. 회의가 비밀리에 열린 만큼 많은 사람들이 회의 내용에 대해 궁금해 했다. 그러나 회의 내용은 상당기간 알려지지 않았다.

회의가 열린지 12년 후인 1907년. 러시아의 세르게이 닐즈라는 사람이 번역했다는 『시온의 정서』(The Protocols of the learned elders of Zion)라는 책이 발간되었다. 당시 사람들은 이 책이 바로 '바젤 회의'의 비밀회의록이라고 믿었다. 의정서에는 유대인들이 장차 세계를 정복하기 위해 필요한 전략들이 상세히 들어 있었다. 핵심은 세계의 정보망과 연료와 식량을 장악해야 한다는 것이었다.

6백만 명의 유대인을 학살로 몰고간 '시온의 정서' 오리지널 원서

책이 출간되자 사람들은 '세계 지배음모'를 꾸민 유대인들을 규탄하기 시작했다. 독일의 히틀러는 이를 유대인 박해의 명백한 구실로 삼아 엄청난 학살을 자행했다. 학살을 보다 못한 학자들이 나중에 이 책의 내용을 검증해 본 결과 이 책은 '바젤 회의록'이 아닌 유대인을 음해하기 위해 꾸며낸 책이라는 판정을 내렸다. 하지만 이미 6백만 명의 유대인이 나치의 손에 학살된 뒤였다.

『시온의 정서』는 해프닝으로 끝났지만 놀라운 것은 '바젤회의'가 열린 후 1백년도 되지 않아 그 책에 적혀 있었던 '전략'이 그대로 현실화 됐다는 점이다. 세계 석유업계의 메이저급 회사들이 대부분 유대인 자본에 의해 움직이고 있고 '정보=돈'인 금융시장 역시 유대인들 없이는 한시도 움직이기 어려운 실정이다. '시온의 정서'에서 얘기한 3가지 중 하나인 곡물 시장은 어떨까. 결론부터 말하면 역시 유대인들의 손안에서 움직이고 있다고 해도 과언이 아니다.

세계 곡물시장은 미국의 카길(Cargill)과 컨티넨탈(Continental), 프랑스의 루이스 드레프스 (Louis Dreyfus), 아르헨티나의 번지&본(Bunge and Bom), 스위스의 안드레 (Andre)등 5개 회사가 세계 곡물 교역량의 50%이상을 차지하며 이른바 '5대 메이저'라는 아성을 구축하고 있다. 세계 최대 곡물수출국인 미국의 경우 전체 무역 및 거래량의 85%를 이들이 차지하고 있다. 이들은 상상을 초월하는 자금력을 바탕으로 세계 각 곳의 농산물 생산지나 시카고 선물거래소등에서 다량의 곡물을 매입, 정부와 기업에 판매하면서 막대한 이윤을 챙기고 있다. 소유 곡물의 수송 가공 하역 선적 배분 저장 시설등 유통과정까지 완벽하게 장악하고 있음은 물론이다.

이들 곡물 메이저들의 특징은 창업주 가문들이 대를 이어 경영하는 철저한 혈족중심의 경영이라는 점이다. 유대인들이 창업하지 않은 기업의 경우 대부분 경영은 유대인들이 도맡아 하고 있다는 것도 특징이다. 유대인 없이는 곡물 회사들이 제대로 경영되지 않는다는 말과도 같다.

메이저들이 세계 곡물시장에서 갖고 있는 영향력은 절대적이다. 외부세계와는 거의 단절한 채 같은 유대인들끼리 서로 협조하고 경쟁을 하면서 전 세계를 뒤흔들어 놓고 있다. 자신들의 이윤 앞에서는 한 사회나 국가의 존립도 상관할 바 아니라는 '이윤 절대 지상주의'가 특히 심하게 배어 있는 것이 곡물 메이저들의 속성이기도 하다.

국제 곡물시장에서는 메이저들이 한 국가를 상대로 싸운 몇 가지 유명한 얘기들이 있다. 그중 하나가 컨티넨탈과 자이레의 밀가루 전쟁. 세계 2위의 곡물메이저인 컨티넨탈은 1973년 자이레에 현대식 밀가루 공장을 세웠다. 자이레 남부지역은 코퍼벨트(구리지대)라는 별명이 붙어있을 정도로 구리가 많이 나는 나라이다. 그러나 이 공장에서 사고가 나고 구리 값이 떨어지자 자이레 정부는 컨티넨탈이 투자한 돈을 제대로 갚지 못했다.

컨티넨탈은 뭔가를 보여주기로 하고 76년 자이레에 대한 소맥 공급량을 줄이기로 했다. 효과는 금방 나타났다. 빵집 앞에는 사람들이 줄을 이었고, 곡물가게들은 매점매석에 열을 올리는 등 심각한 식량난이 벌어졌다. 결국 자이레 정부가 무릎을 꿇었다. 밀린 미수금을 매달 갚고 소맥대금은 중앙은행에서 현금으로 지불하기로 했다. 향후 자이레가 수입하는 밀가루는 컨티넨탈이 독점한다는 요구사항까지 모두 받아들여야 했다.

현재의 컨티넨탈은 원래 사이몬 프리보그(Simon Fribourg)라는 유대인이 1813년 벨기에 알론에 차린 곡물 무역회사가 모체이다. 1800년대 후반 증손자인 마이클 프리보그가 룩셈부르크 루마니아 등으로 사업을 확장했고, 1914년을 전후해 런던, 파리, 시드니에 사무소를 내는 등 대륙을 넘나드는 세계적인 거래망을 갖췄다. 그런 자신감으로 회사 이름도 '컨티넨탈 컴퍼니'로 바꾸고 1921년에는 시카고와 뉴욕에 사무소를 내며 미국까지 진출했다.

전 세계에서 돈을 긁어모은 프리보그 가문은 유럽의 최대 부자가문이었던 '메디치의 왕가'처럼 초호화판으로 살았다. 하지만 유대인을 증오하는 나치가 1940년 프랑스를 침공하자 곧바로 미국으로 망명했고 미국에서 사업을 이어갔다. 프리보그 가문은 아직도 회사 지분의 90%이상을 장악하며 대를 이어 경영하고 있다.

세계 4위 곡물 메이저로 아르헨티나에 본부를 두고 있는 번지&본. 이 회사가 좌파성향이었던 메넴정권과의 수 십 년간 치른 싸움도 곡물메이저의 힘을 잘 보여주는 사례이다.

1946년 페론이 처음 대통령이 됐을 때, 아르헨티나 정부는 카르텔을 형성하며 막대한 이익을 챙기고 있던 곡물회사 배제하고 농민들로부터 직접 곡물을 사서 수출을 하려고 했다. 1948년 이를 전담하는 무역촉진기구(IAPI)를 만들기도 했다.

그러나 페론에 의해 힘이 약화된 곡물 카르텔 회사들은 페론과의 투쟁에 들어갔다. 그를 물러나게 하는 것이 목표였다. 결국 55년 페론은 물러났고 IAPI는 사라졌다. 페론이 73년 다시 권좌에 올라 비슷한 목적의 국립 곡물위원회를 만들자 곡물 카르텔들은 또다시 격렬하게 반대했다.

74년 페론이 죽고 남편의 정책을 이은 부인 에비타가 대통령직에 올랐다. 하지만 에비타도 76년 물러났고 제일 먼저 국립곡물위원회가 폐쇄되었다. 그 뒤 아르헨티나의 곡물과 육류 수출이 다시 민간 기업들의 통제권으로 돌아갔다. 페론 시대가 끝나고 들어선 메넴정권의 특징은 친(親) 곡물 카르텔이었다. 이 정권의 첫 번째와 두 번째 경제장관은 모두 번지&번의 경영자출신이었다.

아르헨티나는 물론 남미의 거대 곡물시장을 장악하고 있는 번지&본은 1750년 암스테르담에서 유대계 번지가문이 창업한 것이 모체이다. 19세기 중반 벨기에 앙트와프로 이전하면서 큰아들 챨스는 여기에 남고 동생

어니스트는 아르헨티나로 이주했다. 함께 이주한 매제 조지 본과 함께 '번지&본'을 세웠고 1927년에는 독일계 유대인인 거대 곡물거래상 알프레드 허쉬(Alfred Hirsch)에게 경영을 맡겼다. 허쉬는 이후 30년간 회사를 경영하면서 세계적인 곡물 메이저로 키웠다.

곡물메이저들이 어떻게 유대인 인맥을 구축했는지는 세계 최대 메이저인 카길을 보면 분명해진다. 카길은 미국에서만 1만2천개의 창고와 1백대의 열차를 갖고 미국은 물론 전 세계 곡물 시장의 25%를 장악하고 있는 명실상부한 세계 최대 곡물회사이다. 60여 개국에 사무소를 운용하고 있으며 곡물저장능력은 우리나라 쌀 생산량보다 많은 7백만 톤에 이른다. 1기를 건설하는데 들어가는 비용이 1억 달러가 넘는 곡물 운송용 엘리베이터를 40기 이상 갖고 있다.

카길은 원래 유대계 회사가 아니었다. 창업주인 윌리엄 카길은 미국 남북전쟁직후 이민 온 스코틀랜드출신의 전형적인 영국계였다. 미국 사회의 주류인맥으로 분류되는 인물이다. 1870년대 동생 샘과 함께 본격적인 사업을 시작한 그는 영국 왕실의 대리인 역할을 하던 제임스 힐이란 인물과 동업을 하면서 영국 왕실을 배경으로 사업을 빠르게 성장시킬 수 있었다. 하지만 회사는 20세기 들어 거의 파산 직전에 이른 적이 두 번 있었다.

첫 번째는 창업주의 아들인 윌리엄 카길 2세가 1910년경 몬태나에 투자를 잘못했을 때였다. 당시엔 사돈 집안인 역시 영국계인 맥밀란 가문(MacMillan Family)이 지원해 주었다. 이때부터 맥밀란 가문은 카길 가문과 공동으로 회사를 경영했다.

두 번째 어려움에 처했을 때는 1929년 주가폭락을 시발점으로 대공황에 빠졌을 때. 이때는 거의 살아나지 못할 것처럼 보였다. 그러나 이때 두 명의 구세주가 나타났다. 한명은 유대인인 존 록펠러. '석유왕'으로 불리며 엄청난 자산을 갖고 있던 록펠러는 자신이 소유하는 체이스 내셔날 은행을 통해 적극적으로 자금을 지원했다.

다른 한명은 러시아계 유대인 곡물 상인인 줄리우스 헨델(Julius Hendel)이다. 그가 1920년대 후반 회사 경영에 참여하자 회사 안팎에선 이상한 시선으로 쳐다봤다. 미국 사회의 주류 세력인 영국계, 미국인 회사의 핵심 요직에 처음으로 유대인이 들어간 탓이다. 하지만 당시 전 세계 곡물업계는 이미 유대인들의 손에 의해 좌우되고 있었다. 유대인들이 핵심에 있지 않으면 회사경영을 제대로 할 수 없는 게 현실이었다.

카길 가문은 이를 정확하게 알고 있었고 그것이 바로 헨델을 중시한 이유이다. 헨델은 곡물의 정상적인 거래가 아닌 투기와 헤지를 동원해서 회사를 세계 최고의 회사로 키워냈다.

예를 들어 1930년대 중반 흉작으로 미국의 옥수수 생산량이 크게 부족할 때였다. 그는 오히려 옥수수를 팔지 않고 사들이는데 만 집중했다. 보다 못한 시카고상품거래소(CBOT)에서 옥수수를 팔라고 명령했지만 거절했다. CBOT는 카길을 거래소 회원사에서 추방했고 농무부는 카길을 미국 옥수수시장을 파괴한 혐의로 사법당국에 고소하기도 했다. 하지만 헨델은 끄떡도 하지 않았다. 헨델은 후에 마약 돈세탁에 관련된 금융기관들과의 은밀한 거래로 적지 않은 문제를 일으키기도 했지만 '인정머리 없고, 편법적인' 거래는 계속이어 졌다.

헨델의 이 같은 독특한 경영기법은 유대인들이 장악하고 있는 곡물업계에선 '정통 경영이론'이었다. 2차 대전 직후인 1946년부터 52년까지 헨델 밑에서 일을 배웠던 드웨인 안드레아(Dwayne Andreas)는 나중에 역시 곡물 식품회사인 아커 다니엘 미들랜드의 회장이 되어 회사를 카길에 버금가는 거대 곡물회사로 키우기도 했다.

유럽에 있는 곡물메이저로는 프랑스의 루이스 드레프스(Louis Dreyfus), 스위스의 안드레아(Andre)가 있는데 모두 직간접으로 유대계와 연결을 맺고 있다.

'시온의 정서'에 나온 대로 유대인들은 이제 정보, 석유와 함께 식량도 장악하고 있다. 최근 들어 점점 긴장이 고조되고 있는 아랍인들이 석유는 많이 있으나 식량은 하나도 쥐지 못하고 있는 것과는 대조적이다. 사우디아라비아, 이집트, 이라크 등 2억 인구를 갖고 있는 아랍권의 식량자급율은 1%에도 미치지 못한 실정이다. 많은 중동 전문가들이 이스라엘과 아랍의 향후 역학관계를 식량 패권주의에서 찾는 이유이기도 하다.

10 소송에서 이기려면 유대인 변호사를 찾아라

미국에서 로스쿨(법학대학원)을 졸업한 신출내기 변호사들이 가장 선호하는 곳은 어디일까? 돈을 많이 버는 뉴욕 맨해튼의 유명 로펌(법률회사)들일까? 대부분의 변호사들에게는 맞는 답이다. 하지만 각 로스쿨의 수석 졸업생들에게는 틀린 답이다. 이들이 가장 가고 싶어 하는 곳은 수도 워싱턴DC에 있는 대법원이다.

재판장의 말석에서 일을 돕는 서기에 불과하지만, 대법원을 통해 법조계에 입문하는 것이 자타가 공인하는 최고 엘리트 코스의 시작이다. 실제 대법원은 하버드, 예일, 스탠포드, 시카고 등 이른바 톱 5 또는 톱 10 로스쿨에서 3등 안에 든 학생 중에서만 신입 직원을 뽑는다. 11-20위권 로스쿨의 경우에는 1등 졸업자에 한해 겨우 원서를 낼수 있을 정도이다.

내용은 좀 다르지만, 이처럼 하늘의 별따기보다 어렵다는 대법원의 채용

기준을 놓고 갑론을박이 있었던 적이 있다. 지난 98년 12월 대법원 정문 앞에서 벌어졌던 대규모 시위가 이를 잘 말해준다. 주로 흑인과 히스패닉(남미출신 이민자)들이 대부분이었던 시위대의 주장은 대법원이 사람을 뽑을 때 인종차별을 한다는 것이었다.

대법원의 실무를 맡는 법률 서기 중 흑인은 1.7%이고, 히스패닉(남미출신 이민자)이 1.2%에 불과한 것은 명백한 인종차별이라고 주장했다. 미국사회에서 흑인과 히스패닉의 인구비중이 각각 12-15% 선에 육박하고 있으니 인구비율로만 따지면 그런 주장이 나오는 것도 무리는 아니다.

실제 대법원 직원 중에는 아시아계는 거의 없으며 대부분 백인들이다. 그러나 시위대들이 공식적으로 언급하지 못한 대목이 하나 있다. 직원의 대다수를 차지하는 백인 중 30%이상은 인구가 미국 전체 국민의 2%에 불과한 유대인이라는 점이다. 같은 백인이라도 유대인이 아니면 숫자상의 '차별'을 당하긴 마찬가지인 셈이다.

이 같은 비율은 미국 법조인들의 꿈인 '대법관' 숫자에서도 그대로 적용된다. 전체 9명의 대법관 중 현재 유대인은 스테판 브레이어와 루스 베이더 긴스버그 두 명이다. 비율로 따지면 전체의 22.2% 이다. 나머지 7명중에는 개신교가 4명, 가톨릭이 3명. 인구비례로 따지면 유대인들의 비중이 비교가 되지 않을 정도로 높다.

유대인 대법관은 루이스 브랜다이즈가 1916년 미국 역사상 처음으로 유대인 대법관으로 임명된 이후 1969년까지 유대인이 물러나면 후임으로 유대인이 임명하는 게 관례처럼 여겨졌다. 그러나 69년 그런 관례가 깨졌고 그 후 첫 대법관은 93년 빌 클린턴 대통령이 임명한 루스 베이더 긴스버그였다. 클린턴은 다음해 다시 스테판 브레이어를 임명해 사상 첫 2명의 유대인 대법관시대를 열었다. 이 같은 통계적인 접근은 시간이 지날수록 법조계에서 유대인들이 얼마나 큰 힘을 발휘하고 있는지를 잘 보여준다.

실제 유명대학 로스쿨을 가보면 '최고 엘리트'들만 유대인이 아니라는 점을 금세 알 수 있다. 전체 학생들의 평균 30%는 유대인 학생들이다. 학생들은 각 대학 로스쿨마다 JLSA(Jewish Law Students Association 유대인 법대학생 연합회)라는 조직을 만들어 활동하고 있는데, 하버드 법대에만 회원이 3백 명이 넘는 등 전국적으로 막강한 힘을 발휘하고 있다. 로스쿨 때부터 미국 법조계의 '주력부대'로 성장하고 있는 것이다. 명문 로스쿨 중 하나인 캘리포니아 주 샌프란시스코에 있는 UC버클리 법과대학의 유진 볼로크 교수의 조사에 따르면 미국 전국 법과대학 교수의 26%가 유대인이라는 통계도 나와 있다.

유대인 법학도들의 '우상'은 단연 사상 첫 유대인 대법관인 루이스 브랜다이스(Louis Brandeis)이다. 1856년 켄터키 주 루이스빌에서 태어난 브랜다이즈는 어린 시절 독일에서 공부한 뒤 다시 미국으로 돌아와 1877년 하버드 로스쿨을 졸업하고 보스턴에서 변호사 생활을 시작했다. 그는 노동운동과 여성들의 권익옹호에 앞장섰다. 특히 근로자들의 최저임금과 반독점운동 같은 자신이 중요하다고 생각하는 일을 위해서는 무료변론도 마다않았다.

그는 대통령에 출마한 우드로 윌슨의 신자유주의 경제정책을 수립하는데 결정적인 영향을 주었고, 윌슨은 당선 후인 1916년 그를 대법관에 임명했다. 하지만 당시만 해도 '유대인 대법관'을 보는 주위의 눈은 곱지 않았다.

유대인에 대한 반감이 어느 정도였는가 하면 제임스 맥레이놀드라는 동료 대법관은 임기를 마칠 때까지 브랜다이즈 옆에 앉기를 거부했을 정도이다. 브랜다이즈는 임기 중 인권과 언론자유를 위해 크게 노력했다. 그는 경제를 통제하기위한 정부의 개입을 적극 옹호했고, 프랭클린 루스벨트 대통령의 뉴딜정책도 적극 지원했다.

유대인 법학도의 우상인 루이스 브랜다이즈(Louis Brandeis)의 동상 현재 브랜다이즈 대학에 그의 동상이 세워져 있다.

미국의 대법관이기에 앞서 유대인이었던 그는 1차 대전이후 '이스라엘의 독립'을 추구하는 시오니즘의 열렬한 옹호자가 되었다. '유대인으로서 좋은 미국인이 된다는 것은 적극적인 시오니스트가 되는 것을 의미한다'는 말을 남기도 한 그는 미국 시오니스트들을 이끌고 국제대회에 참석하는 등 윌슨 대통령이 시오니즘을 지원하는데 적지 않은 영향력을 미쳤다. 39년 대법관직에서 은퇴했고, 41년 사망했지만 그의 이름은 1948년 설립된 유대계 대학 '브랜다이즈 대학'의 이름으로 명명되면서 영원히 살아 숨 쉬고 있다.

물론 유대인 법률가들이 브랜다이즈처럼 모두 인권을 중시하고 핍박받는 소수를 옹호해주는 것은 아니다. 비 유대인들이 느끼기에 정반대의 성향을 가진 변호사들도 수두룩하다. 미국 사회 일각에서 '유대인 변호사'라는 말은 자기이해만 챙기는 아주 이기적이고 냉혈한 법률가의 대명사처럼 쓰이는 것도 사실이다.

하지만 유대인들은 남들에게 어떤 평가를 받는지에 관심을 갖지 않는다. 다만 얼마나 능력을 가졌는가에 관심을 가질 뿐이다. 실제 법률과 관련된 업무로 진행되는 월가 로펌의 영향력 있는 변호사들은 거의 유대인들이라도 해도 과언이 아니다.

많은 회사들 역시 변호사의 절반 이상을 유대인 변호사들로 구성하고 있다. 미국의 주요 기업들이 대부분 유대인들이 경영하거나 유대자본으로 운영되는 탓에 이들이 법률문제를 유대인 변호사와 상의하는 것은 어쩌면 당연하게 여기는지도 모른다. 실제 복잡한 송사에 말렸을 경우 반드시 이기려는 생각을 가지고 있으면 아무리 수임료가 비싸도 유대인 변호사를 선임해야 한다는 것은 미국 사회의 하나의 불문율이다.

유대인들이 법조파워는 법조계의 문화도 바꿔놓고 있다. 대부분 유대인들은 아무리 일이 바빠도 유대인들이 지키는 명절에는 휴가를 내고 근무를 하지 않기 때문에 유대인들의 명절은 아예 회사차원에서 근무를 하지 않은 경우가 대부분이다. 그러다보니 로펌이 몰려있는 맨해튼 전체가 유대인 공휴일은 휴일로 여길 정도이다.

유대인들이 이처럼 법률에 강한 이유는 무엇일까. 마틴 스미스라는 뉴욕에서 활동하는 유대인 변호사의 설명은 간단하다. "유대인들의 종교는 바로 법에 근원을 두고 있기 때문"이라는 분석이다. 그는 "역사적으로 유대인의 생존은 종교와 법에 의존하고 있다"며 "영토가 없었던 유대인을 지켜준 힘은 바로 종교와 이를 구성해주는 율법이었다."고 말한다. 유대민족의 탄생부터 지금까지 법은 이들에게 종교이자 생활 그 자체였던 것이다.

실제로 유대교는 '율법'에서 시작됐다. 하나님이 모세를 통해 꼭 지켜야 할 구체적인 율법인 십계명을 주었고 이 하나님과의 계약인 십계명은 유대인들이 지키는 모든 율법의 근간이 되었다. 통상 율법은 창세기, 출애굽기, 레위기, 민수기, 신명기에 기록되어 있으나 율법학자들은 이를 613개의 율법(미쯔보트)으로 나눠 생활의 기본을 삼고 있다.

'~을 하라'는 긍정적인 명령은 248개이다. 248은 사람의 몸 안에 있는 뼈의 숫자와 일치한다. 따라서 248개의 명령을 잘 지키면 뼈마디가 강건해지고 건강해진다는 탈무드의 해석이다.

'~을 하지 마라'는 부정적인 율법이 365개로 부정적인 명령이다. 1년 365일 살아가는 동안 365개의 '하지 말라'을 어기면 365일이 괴로워질 것이라는 탈무드의 해석이 있다. 즉, 유대인으로서 어떻게 살아야 하는지 상당히 구체적으로 명시해 놓고 있는 명령이다.

이처럼 종교와도 같은 개념인 율법을 중시한 유대인들은 아직도 가장 존경하는 사람으로 율법학자인 랍비를 꼽고 있다. 법을 공부하는 랍비는 지금도 유대인 어머니들이 자기 자식의 직업으로 가장 선호하는 직업중 하나이다. 법률을 중시여기는 유대인들 사이에서 법률가가 많이 나오는 것은 지극히 당연한 현상인 셈이다.

11 록펠러가 만들어 놓은 석유왕국

1999년 12월 1일. 세계 석유업계에선 아주 의미 있는 날이었다. 미국 랭킹 1위 석유업체인 엑슨(EXXON)과 2위인 모빌(MOBILE)이 합병을 선언한 것이다. 두 회사가 합쳐서 된 엑슨-모빌은 단번에 유럽의 브리티시 석유(BP)와 로열더치쉘을 제치고 세계 1위로 올라섰다. BP도 미국계 아모크과 합병을 발표했지만 엑슨모빌의 덩치를 따라잡기에는 역부족이었다.
엑슨과 모빌의 합병은 석유업계 관계자들보다 두 회사의 역사를 알고 있는 유대인들에게 더욱 큰 의미를 주었다. 두 회사는 원래 유대계 회사인 스탠더드 오일이란 하나의 거대 독점 회사였던 것. 1911년 셔먼 반 독점법에 의해 강제로 분할되었고 우여곡절 끝에 87년 만에 재결합하게 된 사연을 가지고 있다. 분할과 합병의 역사가 있었지만 단순 총량 면에서 유대계 기업의 영향력에선 변화가 없는 셈이다. 엑슨모빌은 한때 하루 생산량이

25억 배럴를 넘어 쿠웨이트와도 맞먹는 규모를 자랑하기도 했던 거대 회사이다.

석유업계의 세계 최강 엑슨-모빌의 전신이었던 스탠더드 오일의 창업주는 '석유왕'으로 불리며 지난 20세기 세계 최대 부자의 대명사이기도 했던 존 D 록펠러(John D. Rockefeller)이다. 스탠더드 오일의 역사는 바로 창업주인 록펠러의 생애와도 맥을 같이 하고 있다.

1839년 미국 뉴욕에서 6명의 자녀 중 두 번째로 태어난 록펠러는 53년 오하이오 주로 이사를 갔고 거기서 침례교회를 다녔다는 기록이 있다. 그가 유대교회인 시나고그(회당)에는 열심히 다녔다는 흔적은 없으나 그는 분명 유대인이라는데 아무도 이의를 제기하지 않는다

존. D. 록펠러(John D. Rockefeller) 십일조를 이야기할 때마다 모델이 되는 사람이다. 반면 냉정한 기업가로 비판을 받는 사람도 록펠러이다. 그러나 이것만으로 록펠러를 올바로 평가할 수 없는 단편적 이해이다. 그의 사상과 자선은 누구도 따라올 수 없는 위대한 것이었다.

록펠러가 유대인인 이유는 먼저 그의 어머니가 유대인이라는 점이다. 유대종교에서 '누가 유대인인가'를 결정할 때 가장 중요한 것은 어머니의 유대인 여부이다. 어머니가 유대인일 경우 자식들은 무조건 유대인으로 인정한다.

만약 유대인 여성이 이교도들로부터 강간을 당했고 그렇게 해서 아이가 태어났다 해도 그 아이는 '무조건' 유대인으로 인정된다. 종파에 따라 다르지만 아직도 보수적인 종파의 경우에는 유대인인 남성이 이교도와 결혼해서 낳은 아이의 경우 그 아이가 유대인으로 활동하기 위해서는 '개종'이라는 공식적인 절차가 필요할 정도이다.

두 번째 이유는 그의 이름에서 찾을 수 있다. 록펠러란 이름은 원래 독일 계통의 이름인 로겐펠더(Rogenfelder)를 미국식으로 만든 것이다. 로겐펠더는 동부유럽에서 흔히 유대인 이름으로 알려져 있다. 1차 대전에서 패배한 독일이 베르사이유 조약으로 인해 유전이 있는 모든 식민지를 잃었을 때 히틀러는 이를 '유대인'의 공작이라고 공격했는데, 바로 록펠러를 염두에 두고 한 말이다. 히틀러는 세계 석유시장을 지배하고 있는 유대인인 록펠러가 독일을 압박하고 있다고 판단했다. 히틀러의 그런 판단은 나중에 6백만 명의 유대인을 대학살하는 배경이 되기도 했다.

록펠러의 자수성가식 사업성장과 성공 후 재산의 사회 환원은 유대인 사업가들의 전형적인 모습을 보여준다. 1855년 고등학교를 졸업하고 전문대학의 6개월짜리 비즈니스 코스에 들어간 그는 과정을 3개월 만에 마치고 '휴위&터틀'이란 조그만 중개업체의 서기 보조로 취업했다. 3개월 만에 받은 급여는 50달러. 1주일에 3.57달러를 받은 셈이었다. 회사 측은 일 잘

하는 그를 정식 사원으로 채용하면서 임금을 한 달에 25달러로 올려주었다.

록펠러는 그렇게 해서 번 돈 1천 달러와 아버지한테서 빌린 1천 달러를 합해 모리스 클라크라는 친구와 함께 1859년 아예 중개회사를 하나 차렸다. 1859년은 마침 서부 펜실베니아에서 처음으로 석유가 나온 해로 그가 살던 오하이오 주를 비롯한 인근 주들이 빠르게 성장하는 석유산업의 중심지가 되고 있었다.

1868년 석유정제업에 뛰어든 록펠러는 1870년 1백만 달러의 자본으로 스탠드 오일 컴퍼니를 세웠고 엄청나게 빠른 속도로 회사를 성장시켜 나갔다. 하지만 록펠러는 진정한 '석유인'이 아니었다. 매장된 석유를 파거나 이를 정제하는 본연의 업무를 통해 회사를 키운 것이 아니기 때문이다. 그는 유전과 정제시설을 아주 싼 값에 매입해 막대한 이익을 남기는 식으로 재산을 모으는 이른바 '금융 비즈니스'로 석유산업을 송두리째 장악했.

대형 기업이 아니었던 스탠더드 오일이 그렇게 빠른 성장을 할 수 있었던 이면에는 당시에는 철저히 가려져 있었던 '숨은 스토리'가 하나 있다. 록펠러는 석유를 운반해주는 '유니온 탱커 카' 회사를 가지고 있었는데 이를 통해 회사를 확장했다는 설명이다. 미국에서 1800년대 후반까지는 석유를 주로 포도주 저장탱크 같은 나무로 된 통으로 운반했다. 때문에 중간에 석유가 새거나 증발되어 없어지는 일이 흔했다. 이때 공간이 밀폐된 철로 된 탱크를 처음 개발한 것이 바로 록펠러의 유니온 탱커 카 회사였다. 이 회사로 인해 다른 운송업체들이 모두 망했고, 록펠러 운송회사가 운반량을 줄여나가자 판매수단을 잃어버리게 된 대부분의 석유 업체들도 파산직전에 이르렀다.

록펠러는 1900-1910년 사이에 이런 과정을 반복하면서 미국 전역에서 파산직전에 달한 회사들을 거의 거저줍다시피 하면서 회사를 단기간에 급팽창시켰다. 스탠더드 오일은 캘리포니아 텍사스 아칸사스 뉴저지 오하이오 주등의 거의 모든 유전과 정제소를 소유했고 미국 에너지 비즈니스의 90% 이상을 통제한다는 얘기까지 나왔다.

물론 록펠러는 '독점'에 대해 나름대로 분명한 철학을 가지고 있었다. 유대교의 유일신 사상 때문이었을까? 그는 모든 불필요한 경쟁이 사라지고 '하나의 가격'으로 통일되면 세상은 더욱 좋은 서비스를 받을 수 있을 것으로 생각했다. 그가 석유시장을 지배할 경우 석유시장은 아주 효율적으로 잘 돌아가는 기계처럼 만들 수 있다고 확신했다. 1911년 반독점법으로 스탠더드 오일이 여러 개 회사로 쪼개지면서 이런 꿈이 이뤄지지 않자 그는 대신 외국 회사들과 연대해 또 하나의 카르텔을 만들었다. 세계 석유업체들이 가격을 담합한 것. 따라서 1911년부터 OPEC(석유수출국기구)가 힘을 발휘하기 시작하던 1975년까지 세계 석유 가격을 하나로 단일화 할 수 있었다. 당시엔 세계 석유회사들이 모두 '서부 텍사스 원유값'에 자신들의 가격을 고정시켰다. 석유는 세계 어디서 사던 거의 같은 값 이었다.

록펠러의 독점의 꿈은 석유산업에 만족하지 않았다. 철광산 삼림 등을 지배하기위해 제조 운송업은 수십 개의 회사를 거느리고 있었다. 1911년 대법원이 스탠더드 오일이 반독점법에 어긋난다고 판결한 이후 그의 회사는 모두 38개로 쪼개어 졌을 정도이다.

록펠러는 1911년까지 스탠더드 사장이라는 직책을 가지고 있었지만 실질적으로는 57세였던 1896년부터 중요한 일만 결정했을 뿐 경영일선에서는 물러나 있었다. 이때부터 그가 치중한 일은 자선사업. 많은 전문가들의 도움을 받아가면서 수십억 달러에 달하는 그의 재산을 필요한 곳에 적절하게 '기부'하기 시작했다. 자서전에 "나는 모든 사람들이 정직하게 돈을 버는 것과 가능한 한 모든 것을 남에게 주는 것이 종교적인 의무라고 생각한다." 라고 적었을 정도였다. '기부 문화'를 중시하는 유대인의 종교관이 그대로 나타나는 대목이다. 자신이 소수인종으로 분류됐던 유대인인 만큼 록펠러는 흑인은 소수계와 종교단체 지원을 가장 중시했다.

그는 1890년과 1892년 시카고대학 설립에 6천만 달러 이상 기부했고 록펠러 재단 일반교육재단 록펠러의학연구소등 셀 수 없을 정도의 사회복지 및 연구재단을 설립했다. 그가 기부한 금액만 해도 모두 3억5천만 달러에 달하는 것으로 알려지고 있다.

엑슨과 모빌이 합병하기 이전에 세계 석유업계는 7개의 주요 국제 석유회사들(International major oil company)들이 장악했다. 이들을 줄여서 메이저(major)라고 불렀고 7개 회사를 지칭해 '세븐 시스터스'라고도 얘기했다. 미국의 엑슨, 모빌, 걸프, 세브론, 텍사코등 5개사와 영국의 브리티시석유(BP)와 영국-네덜란드계열의 로열더치셸등 7개사였다. 대규모 자본을 앞세워 석유의 생산·유통·정제·판매 등을 통합한 일관조업(一貫操業) 회사로서 세계 석유산업을 지배해 온 이들 7대 메이저는 1965년 하루 1,692만 배럴의 원유를 생산, 서방측 세계원유생산량의 68%를 기록한 바 있으며, 한때 중동 석유생산의 99% 이상을 장악하기도 하였다

재미있는 것은 미국은 물론 유럽의 메이저들도 모두 유대계 자본이라는

점. 로열더치셸은 유럽의 최대 갑부 유대인이었던 로스차일드가문의 소유이고 국영이었던 BP에도 실제 유대계 자본이 대거 참여하고 있었다. 이들 회사들이 앞으로도 합종연횡을 계속 하겠지만 결국 내용상으로 블랙골드(Black Gold)라고 불리는 석유산업의 유대계 장악은 계속 이어질 것이라는 점만은 분명하다.

실제 최근 들어서도 기간산업의 대표적인 에너지 산업에서의 유대계 인물들의 활약이 두드러지고 있다. 역설적인 얘기이기도 하지만 오래전 '회계부실 파동'으로 미국 경제계에 엄청난 충격을 주며 파산한 엔론의 경우도 흥망성쇠의 주역은 바로 유대인이었다. 회사를 대표한 최고 경영층인 케네스 레이 회장, 제프 스킬링 사장은 유대인이 아니었지만 회사의 모든 자금줄을 통제하며 회사를 움직였던 CFO 앤드류 파스토우는 아주 독실한 유대인이었다.

엔론은 1990년대 초까지 평범한 천연가스 파이프라인 회사였지만 파스토우가 실리콘밸리의 첨단기술과 월스트리트의 금융기법을 회사 경영에 도입시키면서 규모가 급속히 커졌고 주가도 폭발적으로 올랐다. 파산 직전 엔론은 천연가스 전력 인터넷서비스는 물론 나무 펄프의 선물거래까지 하는 최첨단 에너지 중개 회사가 되어있었다.

파스토우가 개발한 각종 첨단 금융기법은 정부 당국의 규제속도보다 훨씬 빨랐다. 회계조작이 드러난 이후 증권당국이나 담당 회계사들은 "그동안 왜 눈을 감고 있었냐"는 지적에 "일부러 봐준 것이 아니라 몇 발자국 앞서서 움직이는 파스토우의 천재적인 아이디어들을 따라갈 수밖에 없었다"고 고백하기도 했다. 아무도 파스토우를 규제할 만한 능력이 없었던 것이다. 일각에서는 제2의 록펠러가 아깝게 무너졌다는 동정론까지 나오기도 했다.

파스토우는 독실한 신앙생활을 하는 유대인이었다. 그가 다니는 휴스톤의 시나고그에서는 지금도 아주 훌륭한 사람으로 평가받고 있을 정도이다. 그가 5천만 달러 이상을 챙겨 외국으로 도망갔다는 소문이 나돌아 수사관이 그의 소재지를 파악했을 때 그는 시나고그에서 학생들에게 유대축일에 대한 교육을 하고 있었다. 평소에도 부인과 함께 자선재단을 세워 휴스턴 지역의 시나고그와 어린이클럽 현대미술관등에 대한 지원을 아끼지 않았다. 생활도 나름대로 검소했다. 그의 집은 휴스턴 근교에서 시가 70만 달러 수준이었다. 엔론의 내부 사정을 수사기관에 고발, 2002년 타임지가 선정한 올해의 인물로 표지모델로 등장하기도 한 세론 왓킨스가 파스토우 집 근처에 1백만 달러 이상의 호화저택에서 살고 있었던 것과는 아주 대조적이었다.

함께 읽으면 좋은 책들

죽기 전에 한 번은 유대인을 만나라(랍비 조셉 텔루슈킨 著/ 북스넛)
유태인의 자녀교육(루스 실로 著/ 나라원)
유대인의 세계가 보인다(신충훈 著/ 솔로몬)

02
하브루타는 무엇인가?

하브루타는 무엇인가?

1부에서 유대인의 파워를 살펴보았다. 유대인들은 정치, 경제, 금융, 사회, 문화, 예술, 디자인, 영화 등등 전 분야에서 세계 최고의 자리를 석권하고 있다. 세계의 경제를 주름잡고 있다. 세계에서 가장 많은 업적과 노벨상을 석권하고 있다. 그 이유는 무엇일까? 그 이유는 하브루타에서 찾아볼 수 있다.

유대인의 교육을 가리켜 '하브루타'(Havruta)라고 한다. 하브루타(Havruta)란 의미는 복잡하지 않고 매우 단순하다. 하브루타는 히브리어 '하베르'(Haver)'라는 단어에서 파생되었는데, 이는 '친구'라는 뜻이다. 하브루타는 크게 두 가지로 분류될 수 있다. 하나는 '인본적 하브루타'이고, 다른 하나는 '신본적 하브루타'이다. 인본적 하브루타는 나쁘고 신본적 하브루타가 좋다는 의미는 아니다. 방법이나 목표는 같을 수 있으나 목적과 지향점이 다르다는 사실이다. 인본적 하브루타가 학습능률과 결과를 위한 것이라면, 신본적 하브루타는 토라와 탈무드의 진의(眞意)을 찾아 적용하고 실천하는데 있다.

열정적으로 하브루타를 하는 모습을 볼 수 있다. 주변에 있는 랍비들도 그들의 하브루타를 들으며 함께 집중하고 있다

먼저 인본적 하브루타는 '두 사람이 짝이 되어 함께 질문도 하고 대화도 하는 토론식 학습법'이라고 할 수 있다. 그룹의 최소 단위인 2명이 짝을 이뤄 하는 모든 것을 전부 하브루타라고 할 수 있다. 둘이 같이 그림을 그리면 그림 하브루타, 둘이 같이 축구를 하면 축구 하브루타, 둘이 같이 책을 읽고 나누면 독서 하브루타, 둘이 같이 수학을 하면 수학 하브루타, 과학을 둘이 같이 공부하면 과학 하브루타가 된다. 이렇게 최소 단위인 2명이 짝을 지어 질문하고, 대화하고, 토론하고 논쟁하는 것이 하브루타라고 할 수 있다.

혼자서는 안 된다

그러나 진정한 의미에서 '신본적 하브루타'는 '도저히 혼자서 찾을 수 없는 말씀의 진의(眞意)를 친구와의 토론과 논쟁을 통해 설명할 수 있는 상황에 이르는 것'이라 할 수 있다. 즉, 혼자서 해결할 수 없는 어려운 난제들을 친구와 토론과 논쟁을 통해 설명할 수 있는 상황까지 도달하는 것이다.

일반적인 상황에서도 하브루타를 이용할 수 있지만, 진정한 의미에서의 하브루타는 혼자서 도무지 찾아갈 수 없는 진리의 길, 지혜의 길, 말씀의 길을 친구와 함께 걸어가는 것이다. 즉, 빛을 찾아내는 것이다. 유대인들이 하브루타를 언급할 때 인용하는 말씀이 바로 잠언 27장 17절의 말씀이다.

철이 철을 날카롭게 하는 것 같이 사람이 그의 친구의 얼굴을 빛나게 하느니라(잠 27:17)

인본적 하브루타이든, 신본적 하브루타이든 혼자서 이루어지지 않는다. 그리고 하브루타는 질문과 토론을 포함한 대화를 기초로 한다. 하브루타의 효과는 혼자가 아닌 짝을 지어 서로 질문하고 대답하는 사이에 폭발적인 어떤 결과를 만들어 낼 수 있는 것이다. 랍비이며 유대교의 율법학자인 모데카이 말코비츠(Mordechai Malkowitz)는 이렇게 말했다.

"사람은 돌멩이와 같다. 혼자서는 어떤 효과도 낼 수 없지만 다른 돌멩이와 마찰하면 불을 만들 수 있다. 이것이 하브루타의 위력이다."

랍비이며 유대교 율법학자이자 탈무드 전문가인 하마 하미나(Hama b. Hanina)도 이렇게 말했다.

"칼이 다른 물체와 맞대어야만 날카롭게 갈릴 수 있듯이, 현자의 두뇌도 오직 하브루타를 함께할 때 발전할 수 있다."

지금껏 우리는 대화나 질문을 학습법이라고 생각하지 않았다. 수업시간에 질문을 하면 이상한 사람으로 판단하는 문화에서 살아왔다. 교사의 강의가 끝나는 순간, 강의에 의문을 가진 학생이 질문을 하면 야유가 터져 나왔다. 그 이유는 '수업이 끝나는 시간에 왜 질문을 해서 수업을 연장하느냐'는 눈총이었다. 수업에 대해 흥미가 없는 학생들은 단 1분이라도 빨리 끝나는 것이 좋을 뿐이다. 지금껏 한국의 문화는 교사든 학생이든 질문을 긍정적으로 보지 않는 것이다.

우리는 지금까지 대화를 '삶을 위한 최소한의 소통'으로 한정해 왔다. 따라서 수업시간에 대화를 하는 것을 용납하지 않았고, 식사시간에 대화도 허용하지 않았다. 수업시간엔 그저 조용히 듣기만 하면 되는 것이고, 밥을 먹을 때는 조용히 밥만 먹으면 되는 것으로 생각했다. 이것이 결국 한국교육의 한계를 가져왔고 더 나아가 한국교회와 가정까지 병들게 만들었다.

이런 한국의 주입식 교육과 정반대되는 교육이 바로 유대인의 하브루타이다. 전 세계의 정치, 경제 등 많은 분야를 좌지우지하는 유대인의 하브루타는 특별하다. 한 사람, 한 사람을 세계 최고의 인재로 키워내는 교육이 하브루타인 것이다. 대화라는 자연스런 과정이 세계 최고의 인재를 만들어내는 교육이라는 사실이다.

하브루타는 교사 한 명이 주도하는 수업이 아니다. 학생 한 명, 한 명이 주체적으로 그리고 함께 공부를 하는 교육이다. 이스라엘 학교의 교사인 리나트 쉬크(Rinat Shik)는 하브루타 교육방식에 대해 이렇게 말했다.

"하브루타는 교사로부터 최종적 해답 혹은 정답을 찾기 위한 의존적인 태도를 제거해준다. 대신 하브루타는 교사가 학생들과 함께 이해하고 새로운 아이디어를 구상하고 창의적 사고력을 기르기 위한 탐구과정에서 안내자이자 참여자 역할을 하도록 한다."

가정 안에서도 구성원이 4명이면 아빠와 자녀1 & 엄마와 자녀2가 짝이 될 수도 있다. 아니면 아빠와 엄마 & 자녀1과 자녀2. 이렇게도 가능하다. 하브루타의 이상적 단위인 2명 이상만 되면 자연스럽게 교육이 이루어지고, 2명 이상이 되는 곳은 어디나 학교이며 교육현장이 되는 것이다. 이것이 바로 유대인을 정치, 경제, 사회, 문화, 예술, 디자인 등 모든 분야에서 최고의 인재로 만드는 교육이다.

더 나아가 신앙을 계승하는 최고의 방법이 된다. 이스라엘의 종교인 유대교는 개신교가 강조하는 전도(傳道)가 없는 종교이다. 이슬람과 힌두교와 함께 타인들에게 신앙을 소개 및 강요하는 전도라는 행위를 하지 않는다. 그럼에도 이슬람과 힌두교, 그리고 유대교의 종교인구의 수는 줄어드는 것이 아니라 폭발적으로 늘어나고 있다. 인구가 늘어날수록 종교 인구는 그만큼 늘어난다. 그 이유는 대화를 통해 신앙을 계승하기 때문이다. 대화를 통해 100%에 가깝게 신앙의 계승이 이루어지는 것이다. 대화는 가장 위대한 교육임을 증명하고 있다.

하브루타의 특별함

하브루타를 하다보면 가장 크게 느끼는 것이 하나 있다. 우리는 두 사람이 대화를 하는 것이다 보니 두 사람이 각자 가지고 있는 정보의 나눔이라고만 생각을 할 수 있다. 그러나 그렇지 않다. 두 사람 모두 생각지도 못했던 생산적인 지혜와 정보를 얻을 수가 있다는 것이다. 이것이 하브루타의 특별함이다. 우리는 하브루타를 통해 생각지도 못한 정보를 경험할 때, 온 몸에 전율을 느낀다.
"내가 어떻게 이것을 설명할 수 있었을까?"
이렇게 생각했는데 하브루타를 하다보면 설명이 된다. 설명이 될 정도가 아니라 자신이 생각했던 것보다 훨씬 설명이 잘 된다. 왜 그럴까? 그것은 바로 대화가 생각을 일깨우기 때문이다. 생각을 하게 되면 우리가 알게 모르게 습득되어진 학습의 효과가 나타나는 것이다. 스쳐 지나갔던 것, 잊어버렸던 것, 오래 전에 배웠던 것들이 기억나면서 정리가 되는 것이다.

최소 단위인 두 사람이 쉬지 않고 토론하면서 생각하게 되면 스스로 불가능이라 생각했던 것이 가능해지고, 몰랐던 것을 알게 되고, 피상적인 지식을 구체적으로 알게 되고, 전혀 생각지도 못했던 새로운 빛을 찾아내는 것이다.

둘씩둘씩 짝을 지어 하브루타를 하는 예쉬바 학생들의 모습에서 진정으로 학문에 심취한 모습을 볼 수 있다.

하나님이 창조하신 모든 피조물 가운데 대화를 할 수 있는 것은 오직 사람뿐이다. 대화는 사람과 사람과의 소통을 가능하게 하며, 더 나아가 하나님과의 소통을 가능하게 한다. 대화는 사람만이 가진 특권이자 의무이며 더 나아가 교육이기도 하다. 대화를 시작해야 한다. 간단한 대화에서 심도 깊은 대화로 발전되어야 한다. 질문하고, 대화하고, 토론하고 논쟁하는 것은 결코 쉬운 일이 아니다. 간단한 대화는 생각이 없이도 진행될 수 있지만 심도 깊은 대화에는 생각의 힘이 필요하다. 몸의 힘을 쓸 때 근육이 생기듯 생각의 힘을 사용할 때 비로소 생각의 근육이 생기는 것이다.

생각의 근육이 있는 사람과 생각의 근육이 없는 사람은 하늘과 땅의 차이이다. 세상의 모든 것들이 생각에서 기인된다고 정의할 때 생각의 근육은 엄청난 결과를 안겨준다. 생각의 근육을 키우는 기술이 바로 하브루타이다.

하브루타의 비밀

이처럼 하브루타는 세계가 인정하는 세계 최고의 학습법이다. 도대체 유대인의 학습법인 하브루타에는 무엇이 있기에 이처럼 엄청난 결과를 가져오는가? 우리가 유대인의 하브루타를 배우려면, 방법만 배우지 말고 그 동기와 취지를 이해해야 한다. 과연 하브루타가 대단한 학습법이라고 한다면, 그 비결은 무엇일까? 하브루타에는 다른 학습법에 없는 비밀이 담겨 있다.

하브루타의 첫 번째 비밀은 '목마름'(Drought)이다.

유대인은 목마름이 하브루타의 최상의 조건이라고 생각한다. 사실 목마름이란 모든 것에 대한 부족함에 대한 갈구를 의미한다. 그 갈구함이 하브루타의 원동력이 된다는 것이다. 유대인의 역사를 보면 그 말이 무슨 의미인지 알 것 같다.

우리 속담에 '목마른 사람이 우물판다.'는 말이 있다. 목마른 사람이 있기 때문에 우물이 생기는 것이다. 목마른 사람이 없으면 우물의 필요성도 없을 것이고, 우물을 파지 않을 것이다. 결국 우물은 존재하지 않게 될 것이다.

탈무드에 보면, "가난한 아이에게서 지혜를 배울 것이다."라는 말이 있다. 그럼 가난한 아이가 왜 지혜로울까? 그 이유는 이렇다.

예를 들어, 아이들은 장난감을 좋아한다. 그러나 가난한 아이는 돈을 주고 장난감을 살 수 없다. 하지만 아이는 장난감을 너무 갖고 싶기 때문에 포기하지 않는다. 노는 시간에도, 공부하는 시간에도, 길을 걸어갈 때도, 심지어 잠자리에 들 때에도 갖고 싶은 장난감을 생각한다. 그리곤 결국에는 스스로 장난감을 발명해낸다. 아이는 장난감도 얻게 되지만 동시에 '창조적인 사고'를 함께 얻게 된 것이다.

목마름은 시간이 흐른다고 해결되는 것이 아니다. 오히려 시간이 흐를수록 목마름은 점점 심해질 것이다. 목마름은 목이 타들어가는 고통이다. 목마름을 해결하기 위해선 창의적인 사고를 하지 않을 수 없다. 우물을 파기 위해 창의적으로 생각해야 한다. 그것이 바로 '창의적 사고'이다. 목마름은 언제나 창의적 사고를 불러온다.

하브루타 교사는 답을 가르쳐 주지 않는다. 답을 가르쳐주는 순간 창의적 사고가 사라지기 때문이다. 하브루타를 통해 스스로 답을 찾아야 한다. 학생들은 답을 찾는 동안 목마름을 경험한다. 그리고 답을 찾기 위해 질문과 경청, 그리고 토론을 통해 함께 답을 만들어 가는 것이다. 그 과정에서 교사나 부모는 안내자의 역할을 하는 것이다.

즉 유대인의 교육은 풍성함의 교육이 아닌 기갈(飢渴)의 교육이다. 물어

보기만 하면 척척 답을 주는 것이 아니다. 스스로 답을 찾아야 한다. 이 과정에서 학생들은 목마름을 경험하게 된다. 목마름은 시간이 지나면서 점점 더 심화된다. 그 갈증을 스스로 풀어야 한다. 목이 마른 사람이 우물을 파듯이 학생들은 스스로 답을 찾아 나서게 된다. 혼자가 아닌 친구와 함께 우물을 찾는 것이다. 그래서 친구의 의미를 가진 하브루타라고 명명한 것이다.

하브루타는 시간이 언제 지나 갔는지 모를 정도로 열중하는 학습법이다. 목이 마른 사람은 시간을 정하지 않는다. 목이 마른 사람은 "오늘 10시까지만 갈증을 느끼자"라고 말할 수 없다. 목이 마른 사람에게 시간은 무의미하다. 굳이 시간을 정한다면 그것은 목마름이 해결될 때일 것이다.

혼자서 답을 찾을 수 없다. 사람은 돌멩이와 같기 때문이다. 돌멩이는 한 자리에서 수천 년도 지낸다. 생명이 없다. 변화가 없다. 그냥 있는 것 뿐이다. 그래서 다른 돌멩이가 필요하다. 돌멩이는 서로 만나면 소리를 내기도 하고, 불을 붙이기도 하고, 건물을 짓기도 하는 것이다. 이것이 하브루타의 목마름이다. 결국 목마름은 좋은 것이다. 예수님도 8복에서 목마른 사람에 대해 말씀하셨다.

"심령이 가난한 자는 복이 있나니 천국이 그들의 것임이요"(마 5:3)

"의에 주리고 목마른 자는 복이 있나니 그들이 배부를 것임이요."(마 5:6)

산상수훈에서 8복에서 2개의 복이 목마름과 관계가 있다. 풍성함이 복이 아니라 주리고 목마른 사람이 복이 있다는 것이다. 예수님도 유대인이셨기 때문에 그들의 목마름을 이해하셨다. 그리고 진정한 복이란 풍성함, 넉넉함이 아니라 목마름이었다는 사실을 산상수훈에서 설명하셨다.

풍성한 사람은 가만히 있으려 하지만, 목마른 사람은 가만히 앉아 있을 수 없다. 그들에게는 목마름이라는 갈증이 있기 때문이다. 그래서 그들은 생각하고, 갈구하고, 찾기 위해 노력한다. 결국 그들은 물을 얻게 될 것이며 목마름의 문제를 해결하게 될 것이다. 그리고 그들은 그 과정에서 지혜를 얻게 될 것이다.

하브루타의 첫 번째 비밀은 목마름이다. 목마름은 생각하게 하고, 갈구하게 되고, 찾기 위한 노력을 가능하게 한다. 목마르기 때문이다. 목마름은 나쁜 것이 아니다 오히려 창조적인 사고를 가능하게 하는 원동력이며 겸손함이다. 하브루타를 가능하게 하는 것이 바로 목마름이다. 진리를 알고자 하는 목마름이 없는 사람에겐 하브루타가 어떤 의미로도 다가오지 않을 것이다. 하브루타는 이런 목마름 속에서 이루어지는 것이다.

하브루타의 두 번째 비밀은 '왜'(Why)이다.

'왜?'는 총체적 질문인 동시에 호기심이 담긴 질문이다. 하브루타의 첫 번째 비밀인 '목마름'을 통한 '창조적 사고'를 지속시키는 힘이 바로 호기심이다. 목마름은 물을 마시는 것으로 끝내는 것이 아니라 더 지속적으로, 더 흥미롭게 우물을 파헤치는 질문이다.

호기심은 우리의 사고를 지속적으로 발달시키고 지혜와 해결책을 찾아주는 반응이며 정답이다. 우리가 만일 해결책을 찾더라도, 우리의 사고는 더 나은 해결책을 찾기 위해 지속적으로 활동하며 더 창조적인 아이디어를 탐색한다. 물을 찾아 갈증을 해결했다고 해서 거기서 멈춰서는 안 된다. 수도관을 연결하여 필요한 곳에 설치하고 편리하게 사용할 수 있게 해야 한다.

호기심은 지식과 이해에 대한 갈증이며 새로운 경험에 대한 허기(虛飢)이다. 호기심은 아는 것보다 모르는 것이 흥미롭다는 깊은 믿음에서 발생한다. 호기심은 탐구하거나 파헤치는 일련의 질문에서 비롯되며 이는 작동방식을 알기 위해 전자제품을 분해하고 싶어 하는 저항할 수 없는 욕구이다.

호기심이 강한 사람은 주위 사람들에게 배운다. 그들은 이해하고 싶어 하며 탐문하고 탐구한다. 그들은 바깥으로 향하고, 다른 사람에게 집중하며, 다른 사람의 생각과 관심사에 흥미를 가진다.

심리학자들은 호기심을 '구체적 호기심'과 '다양한 호기심'의 두 유형으로 나눈다. 구체적 호기심이란 지식을 적극적으로 추구하게 만들며, 이는 더 깊은 전문지식과 정보에 대한 더 나은 상기로 이어진다.

반면, 다양한 호기심이란 다양한 원천을 지닌 새로움과 과제를 적극적으로 찾아 나서게 만든다. 또한 열린 자세로 새로운 가능성을 살펴 문제를 재설정하고 비전통적인 경로를 탐험하며 더 나은 성과를 거두게 한다.

호기심은 학습과 성장의 근원이자 창조의 핵심이며 이는 흔히 열정으로 발현된다. 열정은 사람의 감정을 부추기고 움직이게 하는 원동력이다. 원동력 중에서 가장 강력한 에너지이다. 이 에너지는 자신뿐만 아니라 주위의 사람들에게도 영향을 미친다. 에너지로서의 열정은 불가능한 일을 가능하게 한다.

아이들이 가장 많이 하는 질문이 '왜?'이다. 아이들은 세상의 모든 것이 신기해서 쉴 새 없이 '왜?'라고 묻는다. 모든 현상에 깊은 호기심이 있기 때문이다. 그러나 한국의 부모나 교사들은 '왜?'라는 질문을 싫어한다. 처음부터 끝까지 다 설명해야 하는 번거로움 때문이다. 또 '왜?'를 순응하지 못하는 반항으로 보는 경향이 있다. 그래서 무서운 말을 서슴지 않는다. "왜는 왜야! 시키면 시키는 대로 해야지!"라고 말한다.

그런 개인은 발전하지 못한다. 그런 교육은 정체되어 버린다. 그런 교회는 젊은이들이 사라져버린다. 그런 국가는 경쟁력을 잃어버린다. 그러나 가장 큰 손실은 미래를 잃어버리는 것이다. 호기심은 창조적 사고를 지속시키는 동시에 더 나은 미래를 창조하는 능력이다.

라이트 형제의 호기심은 하늘을 나는 비행기를 만들었다. 세상의 대부분의 발명품은 호기심에서 시작한다. 하나님은 사람이 태어날 때 사람의 몸 안에 호기심을 불어넣어주셨다. 20세기 서양 미술 최고의 거장 파블로 피카소((Pablo Ruiz Picasso)는 이렇게 말했다.

"모든 아이들은 예술가다. 문제는 어떻게 하면 그 아이가 어른이 되어서까지 호기심을 간직할 수 있느냐 하는 것이다."

이제 우리는 잃어버린 호기심을 회복해야 한다. 호기심을 가진 아이들에게 동기를 부여하고 키워줘야 한다. 아이들의 호기심을 회복하는 방법이 바로 하브루타다. 왜?'라는 질문은 구체적 호기심이며 동시에 총체적 질문이다. 총체적 질문이란 처음부터 끝까지를 다 설명해야 하는 근본적인 설명을 요구한다. 바로 이런 질문이 하브루타를 이끌어가는 비밀인 것이다.

하브루타의 세 번째 비밀은 '어떻게'(How)이다.

하브루타를 완성하는 비밀은 '어떻게'이다. '어떻게'에는 두 개의 강력한 엔진이 실려 있다.

첫째로, 적용과 실천을 만들어 내는 원동력이 담겨 있다.
어떻게(How)를 묻는 것은 결국 실천하기 위해서이다. 탐구자들이 찾아낸 '무엇'을 실천하려는 이들에게 '무엇'이라는 답만으로 충분하지 않다. 구체적으로 '어떻게'해야 실행에 옮길지를 고민한다. 사유로 끝나지 않고 삶으로 행하려 할 때 물어야 할 질문이 '어떻게'이다. 즉 '어떻게'는 실천가의 질문이다.

즉 '어떻게'는 논리에서 끝나는 것이 아니라 실천으로 이어지는 질문이다. 하브루타를 완성하는 방법은 바로 적용과 실천을 이루는 것이다. 실천하기 위해선 적용해야 하는데 하브루타는 그 역할을 감당하게 한다. 유대인들의 강점은 아는 것에서 그치는 것이 아닌 실천하는 것이다. 반대로, 한국인의 약점은 실천이 약하고 구체적이지 못하다. 실천이 약하고 구체적이지 못한 이유는 '어떻게'를 효과적으로 적용하지 못하기 때문이다. 적용이 이루어질 때 실천이 가능해진다.

한국교회의 약점은 적용과 실천이 없다는 것이다. 성경은 누구이 "이 예언의 말씀을 읽는 자와 듣는 자와 그 가운데에 기록한 것을 지키는 자는 복이 있나니 때가 가까움이라"(계 1:3)고 말하지만, 그 누구도 말씀을 오늘의 삶에 적용하는 사람도 없고, 실천하는 사람은 더더욱 없다. 그 이유는 적용이 없기 때문이다. 적용이 없으면 실천은 불가능하다.

유대인의 특징은 자신이 공부한 토라와 탈무드를 삶의 현장에서 적용하여 실천한다는 것이다. 그들의 공부는 공부로 끝나지 않는다. 그들은 오래 전에 주어진 토라와 탈무드를 오늘로 실현하여 실천하는데 탁월하다. 그 탁월함이 세계에서 가장 뛰어난 민족으로 만드는 원동력이다. 하브루타가 바로 적용과 실천을 가능하게 하는 비밀이다.

둘째로, 다른 사람의 아이디어와 자신이 창조한 아이디어를 융합한 제3의 사고를 만들어낸다.

세상의 모든 발명품은 한 사람이 만들지 않았다. 비행기, 컴퓨터, 자동차, 전화, 가전제품 등등 어떤 발명품도 한 사람이 만들지 않았다. 한 사람이 발명했지만 그 발명을 완성시키려면 다른 사람의 사고가 필요하다. 이는 바로 두 사람, 혹은 두 명 이상의 사람의 사고가 창조적으로 융합(融合)되는 것을 의미한다.

발명품을 완성하기 위해 피드백을 하고, 새로운 아이디어를 제시하고 더 많은 전문성을 제공하는 데에는 항상 많은 사람의 생각이 요구되었다. '어떻게'는 다른 사람의 아이디어와 자신이 창조한 아이디어를 결합한 제3의 사고를 만들어낸다. 세계 최대의 컴퓨터 회사인 인텔(Intel)의 R&D센터장인 아비엘 우잔(Aviel Uzan)은 이렇게 말했다.

"고객들에게 계속해서 새로운 것을 창조하여 혁신적인 제품을 만들어야 기업의 경쟁력이 있다. 인텔의 엔진니어들은 창의적이고 혁신적인 아이디어를 발굴하기 위해 하브루타를 활용한다. 하브루타는 전혀 생각지 않았던 기발한 생각, 혁신적인 생각을 하게 하는 가장 훌륭한 방법이다. 인텔 직원들에게는 하브루타를 할 수 있는 공간이 회사 곳곳에 마련되어 있다."

하브루타는 '어떻게'를 통해 실현하는 최고의 방법이다. 막연하고 두루뭉술하여 실천이 어려운 것을 명확하게 실천으로 이끌어내는 능력이 하브루타이다. 뿐만 아니라 하브루타에는 다른 사람의 아이디어와 다른 사람의 아이디어를 창조적으로 융합하여 결과를 만들어내는 탁월한 비결이 담겨 있다.

우리는 지금까지 하브루타의 세 가지 비밀을 살펴보았다. '목마름', '왜?'

그리고 '어떻게'이다. 그리고 하브루타의 세 가지 비밀은 모두 생각과 관련되어 있다. 즉 하브루타의 비밀은 생각을 바꾸는 것이다. 하브루타를 통해 기존의 생각을 버리고 창의적 사고와 호기심, 그리고 적용과 실천이 가능한 융합의 생각으로 바꾸어야 한다.

생각을 바꾸는 힘, 하브루타

결국 본능적인 생각을 성경적인 생각으로 바꾸는 것이 바로 하브루타(Havruta)이다. 하브루타를 통해 생각을 바꾸면 세상이 달라질 것이다. 유대인들은 이미 하브루타를 통해 세상을 바꾸어 왔고 앞으로도 세상을 바꾸어 나갈 것이다. 하브루타는 빛을 발견하는 학습법이다.

창의적 사고와 호기심, 그리고 적용과 실천이 가능한 융합된 생각의 힘은 위대하다. 하브루타는 생각의 힘을 발휘하는 생각근육을 키우는 교육이다. 몸에만 근육이 있는 것이 아니다. 생각에도 근육이 존재한다. 생각의 근육이 생기면 세상을 바꿀 수 있는 힘이 생긴다. 하브루타를 통해 그동안 무심히 넘겼던 것들에 대해 창의적 사고를 하게 될 것이다. 호기심으로 바라볼 것이다. 그리고 적용하여 실천할 수 있도록 융합의 생각을 갖게 될 것이다.

사실 우리는 성경을 통독하거나 암송할 때 성경의 진의(眞意)를 깨닫는 것은 10% 미만이라고 한다. 90%는 이해조차 하지 못하고 두루뭉술하게 넘어간다는 것이다. 그 10%도 객관적이고 정확한 시각이 아닌 자기중심적이고 편협한 관점에서 바라본다고 하니 얼마나 사람들의 생각이 편협하고 자기중심적인 것인가를 알 수 있다. 그렇기 때문에 아무리 성경을 읽고 암송해도 그 사람의 변화가 일어날 수 없는 것이다. 생각이 바뀌지 않기 때문이다.

자기중심적 사고를 깨는 하브루타

최근 미국의 최대 온라인 성경 사이트인 '바이블게이트웨이(Biblegateway.com)'는 2015년 12월 28일, 올해 신자들이 가장 많이 찾아본 성경 구절 100가지를 발표했다. 이번 결과는 미국 영국 캐나다 호주 등 영어권 국가 1억6000만명이 지난 1년간 인터넷 홈페이지(스마트폰 앱 포함)를 방문한 페이지뷰 16억건을 분석한 것이다.

조사에 따르면 가장 인기 있는 구절은 요한복음 3장 16절이었으며, 예레미야 29장 11절, "너희를 향한 나의 생각을 내가 아나니…미래와 희망을 주는 것이니라"는 말씀이 뒤를 이었다. 이어 빌립보서 4장 13절, "내게 능력 주시는 자 안에서 내가 모든 것을 할 수 있느니라", 로마서 8장 28절, "하나님을 사랑하는…뜻대로 부르심을 입은 자들에게는 모든 것이 합력하여 선을 이루느니라", 시편 23편 4절, "사망의 음침한 골짜기로 다닐지라도…안위하시나이다"였다. 그 뒤에는 빌립보서 4장 6절, 로마서 12장 2절, 잠언 3장 5절, 고린도전서 13장 7절, 잠언 3장 6절순으로 나타났다.

가장 많이 검색한 키워드는 '사랑'으로 조사됐으며, 믿음, 평안, 소망, 기쁨, 결혼, 은혜, 기도, 성령, 치유 순으로 나타났다. 그리스도인들이 찾아

본 성경 말씀과 검색어는 대부분 위로와 희망을 담은 내용이었다.

바이블게이트웨이 관계자는 "그리스도인들은 개인적 차원에서 영감을 주는 말씀을 읽으며 격려와 소망을 얻었다"며 "하지만 인기 성구들은 성경 전체의 주제를 대표하는 구절들은 아니었다"고 말해 크리스천들의 성경 읽기가 자기중심적으로 치우쳐 있음을 드러냈다. 실제로 죄의 회개와 관련된 구절은 100가지 중 4가지에 불과했다.

이 통계가 사실이라면 기독교는 이미 자기중심적이고 자기 위로적인 종교로 전락한 것에 불과하다. 성경의 의도도 아니다. 예수 그리스도의 진리도 아니다. 다만 자기가 좋아하는 말씀에 불과한 것이다.

이런 식으로 성경을 읽어서 무슨 변화가 일어나겠는가. 자기 입맛에 맞는 성경말씀을 찾는 것으로 어떻게 세상이 바뀌겠는가. 자기에게만 유리한 자기중심적인 성경해석, 성경의 진의를 왜곡하는 성경교육은 한국교회를 병들게 하고, 미래를 병들게 하고, 자녀들을 병들게 한다. 결국 자기중심적이고 편협한 교회는 세상의 조롱거리로 전락하게 될 것이다.

하브루타는 이런 식의 잘못된 성경해석을 근본적으로 바꾸어 준다. 진정 생각이 변화되기 위해선 하브루타를 해야 한다. 본능에 의거한 생각을 성경적인 생각의 방식으로 바꾸려면 하브루타는 필수적이다.

유대인들이 출애굽기와 레위기에 집중하는 이유

유대인의 최고의 교육기관은 예쉬바(Yeshiba)이다. 예쉬바는 유대인의 공교육인 유대인학교와 다르다. 예쉬바에서는 토라와 탈무드를 중심으로 하는 하브루타가 수업의 주된 내용이다. 유대인들이 노벨상을 독차지하는 비결을 '토라 리쉬마'(Torah Mishnah)라고 한다. 토라 리쉬마란 토라 자체를 위한 토라(for the sake of Torah), 즉 토라 공부 자체를 위한 공부를 강조한다. 공부 자체가 즐거워서 공부하는 것이다. 즉, 즐기는 공부를 하는 것이다. 이런 순수한 목적의 공부는 깊고 넓은 공부의 세계로 들어가게 한다.

돈을 많이 벌기 위해, 천재가 되기 위해, 노벨상을 받기 위해, 좋은 대학에 들어가기 위해, 명예를 얻기 위해 공부하는 것은 진실한 '공부를 위한 공부'가 아니라는 것이다. 순수한 목적을 출발점으로 삼을 수 있는 공부가 최고의 공부라는 것이다.

유대인들이 토라를 암송한다. 3살에 시작하여 13살이 되는 10년 동안, 토라의 187장 5,845절의 말씀을 암송한다. 토라 전체의 말씀을 사랑하고 그 말씀을 지켜 행하기 위해 613개의 계명을 만들어 실천하고 있다.

그런데 유대인들이 삶을 살아가는데 가장 비중 있게 다루는 토라는 바로 출애굽기와 레위기이다. 출애굽기와 레위기는 희생제사에 대한 율법들에 집중되어 있다. 왜 유대인들은 모세5경에서 출애굽기와 레위기를 중요하게 여길까?

유대인들은 창세기를 비롯한 모세5경을 다 중요하게 여긴다. 그런데 유독 출애굽기와 레위기를 중요하게 여기는 것은 중요한 사실이 담겨 있기 때문이다. 그것은 바로 하나님께서 원하시는 것, 인간이 알아야 할 핵심은 바로 "어떻게 죄 사함을 받을 것인가?"라는 것에 집중하기 때문이다. 유대인들은 늘 질문한다.

"왜 수많은 양과 염소와 소들을 잡아 희생 제사를 드렸는가?"

"죄 사함을 받기 위해서이다."

사실 사람들이 가장 무지한 것이 죄에 대한 인식이다. 사람들은 자신의 죄의 무게를 쉽게 깨닫지 못한다. 예레미야 선지자는 "만물보다 거짓되고 심히 부패한 것은 마음이라 누가 능히 이를 알리요마는"(렘 17:9)이라고 했다. 만물보다 거짓되고 심히 부패한 것은 마음이지만 사람은 아무도 그런 사실을 모른다는 것이다. 사람은 자신이 죄인이라는 사실을 모른다는 것이다.

그런데, 수많은 양과 염소와 소들을 잡아 희생 제사가 드려지는 그 이유는, 우리의 죄, 아니 나의 죄의 문제라는 사실이다. 유대인들은 정기적으로 이 희생 제사를 통해 죄를 씻는 훈련을 해왔다. 이것이 바로 하나님과 가까워지는 중요한 방편으로 자신들에게 주어졌기 때문이라고 믿기 때문이다. 유대인들은 현대의 크리스천보다 죄의 문제를 더 심각하게 여기고 죄를 씻는 희생 제사에 더 민감하다.

토라의 핵심은 죄 사함이다

왜 갑자기 '죄'에 대한 이야기를 하느냐고 묻는 분이 있을 것이다. 그러나 유대인의 토라의 핵심은 율법에 따라 인간의 영혼에 묻은 때, 바로 죄를 씻고 사함을 받는 훈련을 어릴 적부터 배운다는 것이다. 그래서 유대인들에게 출애굽기와 레위기가 매우 흥미진진한 책인 것이다. 그들은 실제로 자신의 죄와 관련해서 직접 양과 소를 잡아 피를 흘리면서 죄가 얼마나 무서운 것인가를 체험하고 또 체험한다.

사람의 죄를 양에게 전가한 후 속제죄를 드리는 모습이다. 이 모습을 통해 유대인들은 죄와 속제의 문제에 대해 다시 한 번 체험하게 된다

그들은 토라를 통해 죄 사함을 배운다. 이것이 구약성경에서 가장 중요한 것이라는 사실을 알고 있기 때문이다. 혹자는 죄 사함이 신약에서 다루는 문제라고 생각하기도 한다. 그렇지 않다. 구약의 속죄를 이해하지 못한다면 신약의 예수 그리스도를 이해할 수 없는 것이다. 유대인들은 토라를 통해 자신이 죄인임을 깨닫고 죄 사함의 문제에 집중한다. 그 이유는 죄 사함이 있어야 하나님과의 관계가 회복된다는 사실을 알기 때문이다.

유대인의 교육이 탁월한 것은 바로 토라교육의 탁월성 때문이다. 토라교육은 인간의 죄의 문제, 곧 속죄의 문제를 다루고 있다. 이것이 바로 최고의 지혜교육이다. 최고의 교육은 하나님을 하나님 되시도록 인정하고, 사람은 누구나 죄인임을 깨닫는 교육이다. 일차적으로 인간과 하나님을 바로 이해하는 차원에서 그렇다. 즉 하브루타는 토라를 올바르게 이해하는 참교육인 것이다.

따라서 하브루타를 하면 생각이 달라진다. 자기중심적이고 편협한 해석이 아닌 올바른 관점으로 성경을 이해하게 될 것이다. 한국교회의 희망도 바로 하브루타이다. 성경을 제대로 이해하고 그 말씀을 적용하기만 하면 그때부터 생각이 바뀌고 결국에는 세상이 바뀌게 될 것이라고 확신한다. 성경은 살아계신 하나님의 말씀이기 때문이다.

지금까지 하브루타에 대해 설명했다. 하브루타를 한 마디로 정의하기는 어렵지만, 이해를 돕기 위해 하브루타를 10가지로 정리하여 설명해보려고 한다.

1. 하브루타는 혁명(Revolution)이다.

하브루타는 교육의 개혁이 아닌 급진적인 교육의 혁명이다. 혁명(Revolution)은 개혁(Reform)과 다르다. 개혁(改革)은 급진적이거나 본질적인 변화가 아닌, 사회의 특정한 면의 점층적인 변화를 이끌어내고 고쳐나가는 과정, 즉 사회운동의 하나이다. 개혁은 혁명과 같은 더 급진적인 사회 운동과는 구별된다.

반면 혁명(革命)이란 본래 미국과 프랑스에서 일어난 혁명처럼 통치형태가 바뀌는 것을 의미하지만 산업혁명처럼 사회적·경제적인 급격한 변화를 의미한다. 혁명은 원래 통치형태의 순환을 설명하는 용어였다.

18세기에 미국과 프랑스에서 혁명이 일어난 뒤, 혁명은 과거의 전통적 양식에서 갑자기 벗어나는 것을 의미하기 시작했다. 고대 그리스 시대부터 중세에 이르기까지 혁명이라는 개념은 매우 파괴적인 힘으로 간주된 것처럼, 하브루타는 이 시대의 교육의 혁명이며 교회의 혁명이다.

그동안 한국교육의 특징은 소통과 피드백이 없는 주입식 교육이었다. 교육내용을 준비한 교사가 1명 이상의 학생들을 앞에 놓고 자신의 생각, 자신의 주장, 자신의 가치관을 펼쳐나가는 것이다. 학생들이 관심 있어 하는 것을 설명하는 것이 아닌 교사가 관심 있는 것을 일방적으로 주입하는 것이다. 이러한 교육은 잘못된 교육이기 때문에 점진적 개혁을 통해 바꾸는 것이 아닌 혁명 같은 강력하고도 급격한 변화를 필요로 한다.

다행스러운 것은 한국의 교육계의 자성이 일어나고 있다는 사실이다. 공교육의 한계를 인식하고 있다. 이로 인해 한국교육이 변화를 꾀하고 있다. 탁월하고 비전이 넘치는 교사들을 중심으로 하브루타가 일어나고 있으며 모든 학습과정에도 소통과 피드백을 중요하게 여기는 교육으로 전환되고 있다. 사명을 가진 교사들은 '참교육'을 통해 소통과 피드백, 그리고 대화중심의 교육을 시도하고 있다. 그런 면에서 한국교육은 한국교회보다 훨씬 낫다.

정말 심각한 문제는 한국교회이다. 한국교육도 심각하지만, 한국교회는 절망에 가깝다. 지금 한국교회는 바닥을 향해 곤두박질하고 있다. 아이들이 교회를 떠나가고 젊은이들은 교회를 배격하고 있다. '교회절벽'이라는 신생어가 생겨나고 있다. 20~30년 후에 대부분의 교회가 문을 닫을 것이라는 전망이 나오고 있다. 속수무책이다. 각 교단 총회와 기관에서 교회를 살리기 위해 노력하지만, 노력의 속도보다 교회는 점점 빠르게 무너지고 있다.

문제는 변화의 주역이 될 목회자들이 체감하지 못한다는 것이다. 지금 가장 큰 문제는 교회가 세상을 걱정하는 것이 아니라 세상이 교회를 걱정하고 있다. 목회자가 교인을 걱정하는 것이 아니라 교인들이 목회자를 걱정하고 있다. 목회자들은 자의적으로 성경을 해석하면서 아멘을 요구하는 등 남여 종들을 때리며 먹고 마시고 취하는 행동을 하고 있다.

만일 그 종이 마음에 생각하기를 주인이 더디 오리라 하여 남녀 종들을 때리며 먹고 마시고 취하게 되면 생각하지 않은 날 알지 못하는 시각에 그 종의 주인이 이르러 엄히 때리고 신실하지 아니한 자의 받는 벌에 처하리니 주인의 뜻을 알고도 준비하지 아니하고 그 뜻대로 행하지 아니

한 종은 많이 맞을 것이요(눅 12:45-47)

나를 포함한 목회자들은 매를 맞을 것이다. 맞아도 엄청 많이 맞을 것이다. 예수님 당시 바리새인들이 책망을 받았던 것 이상으로 한국교회는 타락했다고 이구동성으로 말한다. 한국교회는 500년 전의 종교개혁이 필요한 것이 아니라 교회 혁명이 필요한 때가 되었다. 개혁으로는 역부족이다. 오로지 혁명으로만 가능하다.

하브루타는 한국교회에 혁명을 가져올 것이다. 하브루타는 인간이 죄인이라는 사실을 깨닫게 할 것이다. 하브루타는 예수 그리스도가 우리를 죄에서 구원하시는 분이라는 사실을 깨닫게 할 것이다. 하브루타는 잃어버린 빛, 즉 사명을 발견하게 할 것이다. 하브루타는 떠났던 아이들을 교회로 다시 불러들일 것이다. 하브루타는 신앙에 회의를 가진 청년들에게 새로운 비전을 제시할 것이다. 하브루타는 가정이 회복되고 교회가 부흥되게 할 것이다. 하브루다는 자의적 성경해석을 정리하고 하나님의 말씀의 부흥이 일어나게 할 것이다. 하브루타는 그럴만한 힘이 차고 넘친다. 하브루타는 혁명이다.

세상에 혁명을 좋아하는 사람은 없다. 혁명에는 엄청난 고통이 따르기 때문이다. 그러나 혁명은 불가피하다. 그대로 망할 수 없기 때문이다.

하브루타는 기존 교회의 패러다임을 모두 바꿀 것이다. 설교의 패러다임을 바뀌게 할 것이다. 일방적인 설교가 아닌 소통과 피드백이 있는 설교로 바뀔 것이다. 하브루타를 통해 말씀의 진의가 발견될 것이다. 하브루타를 통해 그 말씀 한 절 한 절이 내 마음에 교훈이 될 것이다. 하브루타를 통해 가짜설교들이 걸러지고 말씀의 참뜻이 회복될 것이다.

그 과정에서 대충 설교준비하고, 대충 설교하던 목회자들이 기를 쓰고 하브루타를 반대할 것이다. 왜냐하면 자신의 생존권이 위협을 받기 때문이다. 하브루타를 공부한 사람들은 질문과 대답, 그리고 토론을 통해 말씀의 진의를 밝혀내고 자의적으로 설교하던 목회자에게 경고를 보낼 수 있다.

'무조건 믿으라'는 설교자들에게 적색 경고등이 켜질 것이다. 그런 설교자들은 하브루타를 반대하면서 '이상한 논리가 감히 강단권에 도전한다'는 변명을 할 것이다. 그러나 하브루타는 하나님의 방법이다. 그리고 한국교회를 향한 강력한 혁명이다. 한국교회에 하브루타 혁명이 일어나길 소망한다.

2. 하브루타는 전 세계에서 가장 탁월한 학습법이다.

전 세계에서 IQ가 가장 높은 나라 1위는 홍콩이며, 2위는 한국으로 평가되고 있다. 우리나라의 교육열은 세계에서 가장 높은 수준이지만 교육시스템은 그렇지 못하다. 노벨상과 미국의 8대 명문인 아이비리그, 부자들을 많이 배출한 유대인의 교육시스템에는 특별한 것이 있다. 바로 하브루타 학습법이다.

하브루타는 질문, 대화, 토론, 논쟁으로 이루어진 유대인 고유의 학습법이다. 이 방법은 소통, 협력, 비판적 사고력, 창의성을 길러주는 학습법이다. 이스라엘 학교의 교장인 B 스턴 (B. Stern)은 하브루타의 효과에 대해 이렇게 말했다.

"최첨단 시대에 사는 학생들에게 하브루타는 가장 효과적인 학습 방법이다. 하브루타는 학생들의 자신감과 창의적 사고력을 길러주고 학생들이 실제 세계에 존재하는 복잡한 과제들에 대면할 수 있게 준비시켜 준다. 이스라엘 학생들은 하브루타 방식을 통해 학습하면서 인지학습능력을 키우고 성공적인 과학자, 사업가 그리고 혁신가가 되기 위한 최고의 사고력을 습득하고 있다."

이에 비해 한국 학생들은 젓가락을 통해 손을 많이 사용한 이유인지, 기본지능은 매우 뛰어나지만 학습법은 매우 비효율적이다. 생각의 힘을 기르는 것보다는 수동적으로 듣고 받아들이는 지식습득 위주의 학습법을 사용하고 있다.

한국 학생들의 학습결과가 좋지 못하다. 전 세계에서 가장 많은 시간을 공부에 투자하지만 최악의 학습 성과를 나타내고 있다. 세계적인 인재들이 나오지 않는다. 대부분의 학생들이 대학에 진학하지만 한국에는 세계 100위 안에 드는 명문대학이 없다. 손을 많이 사용하여 기본지능이 뛰어난 것으로 평가되지만 세계적 디자이너들이 단 한명도 없다. 오바마 대통령이 한국을 방문하여 기자회견을 통해 질문을 요청했지만 단 한 명의 기자도 질문하지 못했다. 이것이 바로 한국 교육현장의 현주소이며, 주입식 학습법의 한계이다.

그러나 유대인은 스스로 생각의 힘을 기르며 말로 표현하는 토론 위주의 학습법을 사용한다. 스스로 생각하고 체험하며 토론하고 가르칠 때 학습능력과 기억력이 최대로 향상된다. 유대인들은 두뇌에 가장 좋은 학습법을 사용하고 있는 것이다.

유대인은 입을 열고 우리나라는 입을 닫는다. 어려서는 손과 발이 뇌에 작용한다. 하지만 아이들이 커가면서 입을 여는 교육을 통한 뇌 개발에 더 중요하다. 각 학습법에는 효율성이 있다.

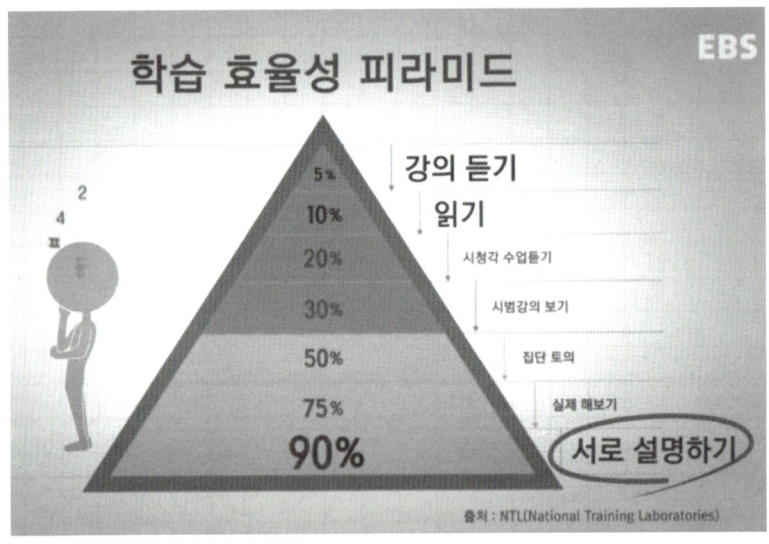

NTL에서 발표한 학습 효율성 피라미드

지금까지 한국교육은 효율성 5% 미만의 강의에 급급했다. 아무리 많은 시간과 노력을 투자해도 얻을 수 있는 효율성은 5%에 불과했다. 반면 90%의 효율성을 가진 다른 사람 가르치기는 하브루타의 학습법과 일치하는 학습법이다.

즉 하브루타는 가장 효율성이 높은 학습법이다. 지능지수가 평범한 유대인들이 세계를 주도하는 것은 바로 효율성이 높은 하브루타 학습법에 있는 것이다. 이제 이 학습법은 선택의 문제가 아닌 필수의 학습법이다. 자타가 인정하는 하브루타 학습법은 오늘 우리가 반드시 적용해야 할 최고의 학습법이다.

3. 하브루타는 전 세계 선진국들이 벤치마킹하여 사용하는 선진 학습법이다.

전 세계 선진국의 교육방식은 일방적 강의가 아닌 학생들이 준비한 프레젠테이션(Presentation)을 이용한 학습법을 사용하고 있다. 교사의 일방적인 강의에서 벗어나 학생들이 스스로 준비한 내용을 나누고 다른 사람들을 가르치면서 배우는 학습법이 세계적인 추세이다. 학생 스스로 공부하고 자신이 공부한 것을 다른 학생들에게 가르치는 학습법은 유대인의 하브루타를 벤치마킹한 학습법이다.

현재 세계 최고의 학습기관으로 인정되는 곳은 옥스퍼드 대학교(University of Oxford)의 튜터링 학습, 필립스 엑서터 아카데미(Phillips Exeter Academy)의 하크니스 테이블(Harkness Table)이다.

하크니스 테이블의 시작은 1931년 미국의 필립스 엑시터 아카데미로 거슬러 올라가는데, 미국 동부의 뉴헴프셔 주 엑시터 시에 위치한 필립스 엑시터 아카데미는 1781년 존 필립스 박사 부부가 세운 사립 고등학교이다.

미국에서 가장 오래된 기숙사 학교 중 하나이면서 미국에서 유명한 기숙사 학교들 중에서도 단연 최고로 꼽히는 명문학교이다. 명문사립학교의 랭킹 기준이 되는 SAT(미국의 대학입학 자격시험) 성적을 비롯해 좋은 학교를 평가하는 대부분의 기준에서 절대 상위를 차지하는데, 세계 최고의 대학인 하버드 대학교에서 최고의 기숙사 학교로 뽑은 것도 이러한 이유 때문이다.

FACEBOOK 창시자 마크 주커버그(Mark Zuckerberg)의 모습. 필립스. 엑시터 아카데미 출신 중에는 세계적 천재들이 많다.

필립스 엑시터 아카데미는 명문학교답게 수많은 인재들의 모교이다. 대표적으로 세계적인 소셜 네트워크 서비스 '페이스북'의 창립자이자 CEO인 마크 주커버그(Mark Zuckerberg)가 이 학교 출신이다. (참고로 이 학교의 출석부 이름이 '페이스북'이다)

필립스 엑시터 아카데미도 처음에는 교사가 학생들 앞에서 강의를 하는 일반적인 방식의 교육법을 실행하고 있었다. 그러던 어느 날 미국의 석유재벌이면서 자선사업가인 '에드워드 하크니스'가 학교에 찾아와 새로운 방식의 교육 방법을 고안하면 거액을 기부하겠다는 제안을 한다. 학교 관계자들은 고민에 고민을 거듭해 새로운 교육 방식을 만드는데, 타원형의 탁자에서 교사와 학생들이 둘러 앉아 수업을 하는 것이었다. 그래서 '에드워드 하크니스'의 이름을 따서 하크니스 테이블(Harkness Table)이라고 이름을 지었다.

서로의 얼굴을 보면서 눈을 자연스럽게 마주할 수 있는 하크니스 테이블((Harkness Table)

하크니스 테이블은 책상을 원 모양으로 배치하기 때문에 모두가 서로의 얼굴을 바라보며 앉을 수 있다. 앞에 앉은 사람, 뒤에 앉은 사람이 없고, 누군가를 바라보기 위해 뒤를 돌아볼 필요도 없다. 앞을 보면 다른 학생들의 얼굴과 눈을 자연스럽게 마주할 수 있다. 모든 사람이 서로를 마주하며 앉기 때문에 동등한 위치에서 질문과 의견을 제시할 수 있는 방법이다.

KBS 다큐멘터리 〈공부하는 인간, 호모 아카데미쿠스〉의 제작을 위해 제작진은 필립스 엑시터 아카데미를 방문하였는데, 이 학교에서 종교와 철학을 맡고 있는 제니 해밀턴 교사는 제작진과의 인터뷰에서 이렇게 말했다.

"수업참여는 상당히 중요한 부분인데, 제가 이런 식의 수업에서 가장 좋아하는 부분은 아이들이 나를 보는 것이 아니라 아이들끼리 서로를 바라본다는 점입니다. 그래서 저는 때로는 학생들을 이끌어주기도 하고 때로는 스스로 참여자가 되기도 하죠. 또 때로는 조용히 지켜보기만 해요. 한마디로 저는 학생들의 대화와 토론을 더욱 원활하게 만들기 위해 존재한다고 할 수 있죠."

인터뷰에서도 알 수 있듯이, 학생들은 교사가 아닌 서로를 바라보고 있기 때문에 수업의 주인공은 단연코 학생이다. 학생들 사이에 교사가 앉아 있는 것만으로도 교사도 한 명의 수업 참여자가 될 수 있으며, 교사의 설명보다는 학생들의 상호작용으로 주고받는 지식의 교류와 협력이 더 중요시 된다.

옥스퍼드 대학교의 튜터링 학습이나 필립스 엑시터 아카데미의 하크니스 테이블의 공통점은 각자의 지식을 나누는 것과 이 모두 하브루타의 학습법에서 시작했다는 것이다. 현재 하브루타 방식을 통해 다른 사람을 가르치면서 배우는 학습법을 세계 선진국들이 도입하여 정착시키고 있다.

4. 하브루타는 대화를 통해 겸손과 내면의 성숙이 이루어지는 학습법이다.

소크라테스의 아테네 학당에서 했던 학습법은 대화법이다. 일명 '산파법'이라고 하는 대화술로 인류의 위대한 인물들을 길러냈다. 가르치는 사람은 산파가 되고, 배우는 사람은 산모가 된다. 산파는 산모를 도와 아이라는 진리를 얻는다. 소크라테스의 대화술은 산파가 산모를 도와주는 역할을 할 뿐이다. 끊임없이 질문하고 반박하고 더 생각할 점을 이끌어 내게 한다. 곧 산파에게 생각의 힘을 쓰게 한다.

주제가 있고, 해결해야 할 문제가 있을 때 대화는 생산적이 된다. '왜?'라는 질문과 그에 합당한 '이유나 또 다른 예'가 들어가는 형식이면 된다. 플라톤이 쓴 소크라테스 관련 책들은 모두가 대화법으로 이루어졌다. 이러한 책들은 대화법을 공부하려는 이들의 관심의 대상이 된다.

유대인 교육의 핵심은 대화법이다. 대화로 모든 문제를 해결한다고 하면 언뜻 보기에는 아이가 어른 말을 잘 들을 것 같지만 사실은 아니다. 이스라엘의 아이들은 무척 시끄럽고 말이 많다.

우리나라의 관점으로 보자면 어른의 말에 토를 달고 말대꾸하는 버릇없는 아이가 유대인 아이이다. 이는 아이를 가르쳐야 할 대상으로 보는 것이 아니라, 동등한 인격체로 대해서 어른과 똑같이 토론하고 그 결론을 이끌어내는 대화식 교육법 때문이다. 이러한 대화식 교육법은 부모에게 상당한 인내와 끈기를 요구한다.

예를 들어 아이가 장난감 가게에서 인형을 사달라고 떼를 쓰면 이스라엘 부모는 몇 시간이 걸리든 간에 왜 사줄 수 없는지 아이에게 설명하고, 또 부모도 아이의 말을 듣는다. 그래서 이스라엘에서 엄마와 아이가 논쟁하는 모습은 언제 어디서나 쉽게 볼 수 있다.

학교수업 역시 마찬가지다. 교사는 설명하고 아이들은 조용히 듣는 일반적인 학교의 모습은 상상할 수 없다. 교사의 말이 떨어지기가 무섭게 아이들은 끊임없이 질문하고, 또 대화한다. 이것이 바로 유대인 교육의 핵심인 대화법이다.

이런 대화를 통해 유대인들은 겸손을 배우게 되는 동시에 내면의 성숙을 이루게 한다. 대화를 하면서 전혀 알지 못했던 상대방의 지식과 지혜를 알게 되고, 또 진지하고 겸손한 대화만이 하브루타를 성공적으로 이끄는 비결임을 알기 때문이다.

5. 하브루타는 생각의 근육을 키우는 고도의 학습법이다.

사람 몸에는 약 600여 개의 근육이 있는데, 체중에서 거의 40%를 차지할 정도로 어찌 보면 몸에서 가장 큰 기관이라 할 수도 있다. 비율보다 더 중요한 것은 근육의 역할이다. 기본적으로 근육은 신체와 골격을 유지시켜주고, 건강유지에 가장 중요한 혈액, 에너지원, 호르몬을 공급하고 저장한다. 근육이 건강의 원천이라 말해도 고개를 끄덕일 수밖에 없는 이유이다.

그러나 40대 이후부터 근육이 조금씩 빠지면서 남녀 할 것 없이 다리는 가늘어지고 엉덩이는 더욱 처지면서 미운 오리 새끼모양 뱃살까지 점점 볼록해지기 시작한다. 근육이 빠져 나가는 모습이다.

이 때 마음먹고 줄어드는 근육을 잡아주지 않으면 식탐과 운동부족으로 근육은 의식하지 않는 사이에 조금씩 줄어든다. 그리고 그 자리에 지방이 채워지면서 고지혈증과 당뇨, 지방간 등이 생길 확률이 4배나 높아진다. 건강에 빨간불이 켜지게 되는 것이다.

하지만 이러한 육신의 근육보다 더 심각한 일은 생각의 근육이다. 세상은 갈수록 스마트해지면서 이전에 사람이 했던 일들을 스마트(Smart) 기기들이 대신해주고 있다. 사람들의 기억력과 사고력이 퇴화되면서 생각의 근육은 바짝바짝 말라가고 있다.

사람은 생각하며 생각의 근육을 키우며 살아가야 하는데 도무지 생각할 틈을 주질 않기에 현대인들은 어느 순간부터 세상에서 가장 힘든 일이 생각하는 일이 되어버린 것이다. 간단한 계산조차 생각도 안 해보고 계산기에 먼저 손이 간다. 모든 질문은 컴퓨터와 스마트폰에게 물어본다. 갈수록 생각의 깊이가 점점 옅어지는 현대인은 대체로 즉석에서 생각하고 행동하며 살아갈 수밖에 없게 되었다.

생각의 근육을 키우는 방법은 말하기, 글쓰기, 암기하는 것이다. 사람은 말하기, 글쓰기, 암기를 하기 전에는 생각을 집중해야 할 이유를 알지 못한다. 그러나 말하기, 글쓰기, 그리고 암기할 때 사람들은 자신의 생각을 집중해야 할 강력한 필요를 느낀다. 이때 사람은 자신의 모든 에너지를 생각에 집중하여 사용한다. 이러한 과정에서 생각의 근육이 키워지게 된다.

하브루타는 생각의 근육을 키우는 학습법이다. 하브루타의 질문인 '왜?' '어떻게?'는 생각을 정리해서 유추하게 한다. 무심코 지나치던 것을 '왜'라는 총체적 질문 앞에 설명해야 하고, 막연했던 것들을 '어떻게'를 통해 구체화시킨다.

생각의 근육이 없는 사람들은 '왜?'라는 질문을 싫어한다. '왜?'는 총체적 질문이기 때문이다. 총체적 질문이란 '처음부터 끝까지를 다 설명해야 하는 질문'이기 때문에 생각의 근육이 없는 사람들은 대답의 한계에 부딪치게 된다.

생각의 근육이 없고 막연하고 두루뭉술한 말을 하는 사람들은 '어떻게?'라는 말을 극도로 싫어한다. '어떻게?'는 구체적 해법을 제시해야 하는 질문이기 때문이다.

한국의 90%에 가까운 설교자들이 두루뭉술한 설교를 한다. 그런 설교자들의 공통점은 '어떻게?'라는 질문에 대답하지 못한다. 말 그대로 두루뭉술하게 설교한다.

"성령 충만하시기 바랍니다!",
"은혜를 받으세요!",
"능력을 힘입어 살아가시기 바랍니다!"
"기도의 능력을 체험하시기 바랍니다!" 등등

그러나 실제적으로 이런 말들은 현실 속에서 실현 불가능한 말이다. 왜 성령 충만을 받아야 하는지, 어떻게 은혜를 받는지, 어떻게 능력을 힘입는지, 기도의 능력을 어떻게 체험하는지가 '왜?'와 '어떻게'가 빠져있다. 좋은 말 같이 보이지만 실제론 실천이 불가능하다. 명확하지 않고 모호하다. 실제적이거나 구체적이지 못하다.

한국의 90%에 가까운 부모들이 두루뭉술하게 자녀를 교육한다. 그런 부모들의 공통점은 '왜?'를 설명하지 못한다. 말 그대로 두루뭉술하게 명령한다.

"열심히 공부해!"
"넌 무조건 좋은 대학에 가서 훌륭한 사람이 되어야 해!"
"좋은 대학에 가서 번듯한 직장을 얻어야 사람구실하게 된단다."

그러나 실제적으로 이런 말들은 현실 속에서 실현 불가능한 말이다. 왜 공부하는지, 왜 무조건 좋은 대학에 가야 하는지, 왜 공부만 하면 되는지 왜?'와 '어떻게?'가 빠져 있다. 좋은 말 같이 보이지만 실제론 실천이 어려운 말이다. 생각의 근육이 없는 사람들의 말은 이처럼 공허하고 두루뭉술할 수밖에 없다.

지금 한국교회 목회자의 문제는 무의미한 말, 책임지지 못하는 말을 내뱉는 것이다. 절대로 이루어진 적이 없는, 아니 이루어질 수 없는 목표를 세우고 사람들을 선동한다. 신문이나 도서를 통해 이루어질 수 없는 광고를 쏟아낸다. '축복과 기적을 위한 특별집회', '폭발적인 전도와 교회 부흥을 전수할 현장에 초대합니다', '다음세대를 100% 세웁니다!' 등등.

물론 좋은 의도지만 실현가능성이 없는 말이다. 왜 그럴까? 그 이유는 생각의 근육이 없기 때문이다. 대개 이런 말은 '왜?' '어떻게?'로 검증되어진다. '왜?'와 '어떻게?'에 대해 답변할 수 있다는 것은 실현가능성이 있다는 말이지만, 만약 효과적인 답변을 하지 못한다면 그 말은 무의미하고 책임지지 못하는 거짓말이 되고 말 것이다. 이런 현상이 목회자의 말의 신뢰성을 상실하는 이유가 된다.

생각의 근육을 키워야 한다. 하브루타는 생각의 근육은 점점 강하게 하고, 더 많이 생각하게 하며, 더 깊이 생각하게 한다. 동시에 집중할 수 있는 근육을 통해 짧은 시간에 더 많은 결과를 얻을 수 있게 된다. 그리고 총체적이고 구체적인 해법을 이야기하게 될 것이다.

6. 창의력을 키우는 학습법이다.

레오나르도 다빈치와 윌리엄 셰익스피어, 요한 볼프강 괴테, 미켈란젤로, 아이작 뉴턴, 알렉산더 대왕, 아인슈타인의 공통점은 무엇일까? 바로 인류 역사상 가장 창의성이 뛰어난 천재들을 꼽아보라고 했을 때 늘 몇 손가락 안에 드는 사람들이란 것이다.

창의성(創意性, creativity)이란 '새로운 생각이나 개념을 찾아내거나 기존에 있던 생각이나 개념들을 새롭게 조합함으로써 전통적인 사고방식에서 벗어나 독창적이고 유용한 산출물을 생성해낼 수 있는 능력'을 뜻한다

성경암송이 기억력, 집중력, 해석력을 극대화시킨다면 하브루타는 창의

력을 극대화시킨다. 창의력이란 1천 원짜리를 1천만 원으로 바꾸는 힘이며 능력이고 지혜이다. 유대인들이 다른 민족에 비해 정치, 경제, 문화, 예술, 디자인, 영화 등에서 탁월한 능력을 보이는 것은 그들만이 가진 남다른 창의력이 있기 때문이다.

미국의 심리학자 길포드(Guilford)는 『교육의 함축과 창조적인 지식』에서 창의성 요인을 여덟 가지로 제시했다.

문제에 대한 민감성(sensitivity to problems),
사고의 융통성(flexibility),
사고의 독창성(novelty of ideas),
정신적 융통성(flexibility of mind),
종합 분석적 능력(synthesizing and analyzing ability),
재정의나 재구성력(a factor involving reorganization or redefinition),
개념 구조의 복잡성(the complexity of conceptional structure),
평가 능력(evaluation ability) 등이다.

심리학자 토렌스(Torrance)도 『창조성』에서 창의성이 높은 아이들의 여덟 가지 행태를 제시했다.

창의적인 아이들은 과제에 깊이 몰두하다.
가난해도 생기발랄하다.
권위 있는 의견에 의문을 제기한다.

사물에 대한 세밀한 관찰력이 있다.

관련이 없는 것들을 연관 짓는 능력이 있다.

새로운 발견에 흥분한다.

통찰력 있는 질문을 한다.

깨달음을 통해 스스로 지혜를 얻는다.

저마다 창의력을 키우는 학습법이라고 하면서 자신들의 브랜드를 설명한다. '프랑스의 홈놀이', '해마학습법', 'NIE학습법', '속뜻 학습법' 등등 다양한 창의력 학습법들이 있다.

하지만 임상적으로 탁월한 결과를 산출한 것은 오직 하브루타이다. 유대인들이 각 분야에서 세계적인 천재들을 배출하는 이유는 그들만이 가진 탁월한 창의력이 있기 때문이다. 창의력은 무에서 유를 만드는 능력이며 지혜이다.

하브루타는 창의력과 상상력을 키우는 탁월한 효과가 있다. 질문하고, 대답하고, 토론하고, 논쟁하고 있을 때 뇌에서는 놀라운 혁명이 일어난다. 뉴런(Neuron)의 감각세포들이 자극을 받아 활발하게 작동하기 시작한다.

뉴런은 감각세포들이 자극을 받았을 경우 받아들인 자극을 전기 신호로 전환하고 다른 세포에게 그 정보를 전달한다. 이 신호 전달은 뉴런 내에서는 전기 신호를 전도하는 것으로 이루어지며, 뉴런과 뉴런 사이에서는 시냅스를 통해 화학물질을 분비하는 것으로 이루어진다. 그 순간 엄청난 창의적인 사고들이 나타나게 된다.

7. 하브루타는 분노 및 감정을 절제하게 만드는 학습법이다.

세상의 많은 사건, 사고들이 분노와 감정을 절제하지 못해서 생긴 현상들이다. 분노와 감정을 절제하는 것은 매우 탁월한 능력이다. 성경은 절제의 능력을 매우 높게 인정한다. 그 이유는 하나님의 성품은 절제하시는 분이시기 때문이다.

여호와께서 그의 앞으로 지나시며 선포하시되 여호와라 여호와라 자비롭고 은혜롭고 노하기를 더디하고 인자와 진실이 많은 하나님이라(출 34:6)

분노와 감정은 절제 없이 표출될 때 큰 문제가 발생한다. 흔히 일어나는 살인, 폭력 같은 범죄는 사람의 인생을 순식간에 파괴한다. 아무리 행복한 가정을 가지고 있어도, 많은 학식과 능력이 있어도, 재력을 가지고 있어도, 안정된 직장을 가지고 있어도 절제 없는 분노와 감정은 모든 것을 태워버린다. 성경은 절제가 얼마나 중요한지를 이렇게 설명한다.

노하기를 더디하는 자는 용사보다 낫고 자기의 마음을 다스리는 자는 성을 빼앗는 자보다 나으니라(잠 16:32)

온유와 절제니 이같은 것을 금지할 법이 없느니라(갈 5:23)

세상의 어떤 학습법도 분노와 감정을 절제하게하는 학습법이 없다. 그러나 하브루타는 분노와 감정을 절제하는 훈련을 하는 학습법이다. 하브루타는 질문하고, 대화하고, 토론하고, 논쟁하는 동안에 일어나는 분노 및 감정을 다스리는 훈련을 하게 된다. 자신의 주장이 공격을 받고 비판을 받는 과정에서 일어나는 분노와 감정을 다스리게 된다. 분노와 감정을 다스리지 못하면 하브루타에서 명쾌한 자신의 논리를 펼칠 수 없기 때문이다.

유대인들은 어렸을 때부터 하브루타를 통해 자신의 분노와 감정을 다스리는 훈련을 한다. 이러한 훈련은 장성한 어른이 되었을 때 더욱 빛을 발한다. 어렸을 때부터 익힌 절제를 다양한 삶의 현장에서 유감없이 발휘하게 된다. 치열한 공방이 오가는 상황에서도 냉정을 잃지 않고 자신의 주장을 차분히 정리하여 논리를 제시하는 능력이 탁월하다.

미국의 법조계에서는 "재판에서 승소하려면 유대인 변호사를 구하라"는 말이 있다. 또 "살인죄를 저질러도 유대인 변호사 3명이면 승소한다"라는 말도 있다. 사실이든, 사실이 아니든 유대인 변호사의 위력을 말해주는 것이다. 그럼 유대인들이 법률에 강한 이유는 무엇일까?

마틴 스미스(Martin C. Smith)라는 뉴욕에서 활동하는 유대인 변호사의 설명은 간단하다. "유대인들의 종교는 바로 법에 근원을 두고 있기 때문"이라는 분석이다. 그는 "역사적으로 유대인의 생존은 종교와 법에 의존하고 있다"며 "영토가 없었던 유대인을 지켜준 힘은 바로 종교와 이를 구성해주는 율법이었다."고 말한다. 이스라엘 민족의 탄생부터 지금까지 법은 이들에게 종교이자 생활 그 자체였던 것이다.

동시에 유대인들은 하브루타를 통해 자신의 논리를 명쾌하게 펼칠 수 있는 훈련을 받았기 때문이다. 하브루타의 '원리적 요소 7단계'는 바로 법정에서 이루어지는 검사와 변호사의 논쟁의 원리와 동일하다. 진술-질문-대답-반박-증거-갈등-해결로 이어지는 원리적 요소는 이미 어렸을 때부터 하브루타를 통해 실생활처럼 훈련되었기 때문이다. 누가 이런 사람들을 감당할 수 있겠는가.

8. 하브루타는 바보를 천재로 만드는 학습법이다.

초등학교 낙제생에 심한 난청으로 원활한 의사소통이 어려웠던 토마스 에디슨(Thomas Alva Edison)에 대한 이야기이다. 그가 발명왕이 되기까지 어머니 낸시 여사의 공헌은 이루 말할 수 없다.

에디슨은 초등학교 시절 알을 품어 병아리를 부화시키려 하는 등 이상한 행동을 하는 아이였다. 당시 매우 보수적인 초등학교 선생은 이러한 에디슨을 더 이상 감당하지 못하고 초등학교 3학년 때 퇴학시킨다. 그러자 에디슨의 어머니가 스스로 선생님이 되어 에디슨에게 온갖 지식들을 가르쳤다. 낸시 여사가 에디슨을 교육한 방법은 바로 하브루타였다.

열등생인 자신의 아이를 어떻게 잘 키울 수 있을까를 고민했던 그의 어머니는 오랜 생각 끝에 함께 대화를 통해 즐기면 된다는 결론을 얻었다고 한다. 에디슨에게 무엇을 가르치거나 이끌어 주기보다는 하루하루 질문에 대답하고, 토론하면서 즐겁게 보내는 것이 가장 최선의 교육이라는 결론을 내렸다. 뿐만 아니라 낸시 여사는 아들이 하는 일마다 절대적인 지지를 보내주었다고 한다. 에디슨은 자신을 발명왕으로 이끌어 준 어머니를 『어머니는 나의 희망입니다』라는 책에서 이렇게 소개했다.

장애 속에서도 1,093의 미국특허를 가지고 있는 발명왕 토마스 에디슨(Thomas Alva Edison)

"나는 귀가 잘 들리지 않는다. 하지만 그로 인해 내가 불리한 삶을 살았다고 생각한 적은 없다. 오히려 잡음이 들리지 않아 집중력이 높아져 훨씬 좋았다. 어떤 일이 있어도 전폭적으로 나를 지원해 준 어머니가 계셨기에 지금의 내가 있다. 다른 사람은 몰라도 어머니만은 있는 그대로의 나를 이해해 주셨다. 아무리 괴로워도 어머니를 기쁘게 해드리고 싶었기 때문에 계속 노력할 수 있었다. 모든 것은 어머니 덕분이다."

사실 토마스 에디슨은 열등생이었고 바보였다. 머리가 유달리 크고 못생겼으며 자기 멋대로 행동하기 일쑤였고 성격도 차분하지 않았다. 그러나 어머니는 호기심 덩어리 그 자체라고 할 수 있는 골칫덩이 아들을 그 모습 그대로 사랑했고 하브루타를 통해 바보를 천재로 만드는 위대한 전환점을 만들었다. 결과 에디슨은 어머니의 헌신에 힘입어 세상을 바꾼 천재 발명왕이 될 수 있었다. 그는 평생 1,093개의 미국 특허를 가질 정도로 세계에서 가장 많은 발명을 남겼다.

그의 성공에는 어머니의 대화식 교육, 즉 하브루타가 있었다. 하브루타는 바보를 천재로 만드는 교육이다. 일반적으로 지능이 떨어지고, 학교에 적응이 부족하고, 사회화가 약한 사람도 하브루타는 창의력이 뛰어난 천재로 변화시킬 수 있다.

9. 하브루타는 대화의 기술을 계발하는 학습법이다.

대화의 목적은 소통(疏通)하는 것이다. 아무리 많은 대화를 나눴다 하더라도 소통되지 않으면 아무런 의미가 없다. 자기계발과 성공학의 대가로 잘 알려진 얼 나이팅게일(Earl Nightingale)은 "성공의 첫 번째 조건은 의사소통 능력이다."라고 했다.

그러나 대화의 기술이 아무리 뛰어나도 의견이 일치되지 않을 수 있다. 이처럼 이견이 생겼을 때 상대의 공감대를 이끌어 내려면 어떻게 해야 할까?

의견 충돌 상황에서 상대와 소통하며 매끄럽게 합의점을 도출해 내지 못했다면 내 의견을 관철시켰다고 하더라도 성과는 반으로 줄어든다. 상대방의 의견을 존중하지 않고 나의 의견만 억지로 강요해서 얻어낸 승리는 가치가 떨어진다는 뜻이다.

중요한 것은 '윈윈'이다. 모두가 승리했다고 느낄 수 있는 소통 그리고 상대방이 잘못했더라도 그것을 지적해 주었을 때 그가 감사함을 느낄 수 있는 소통이 이루어져야 한다. 서로의 의견 충돌을 원만하게 해결하려면 다음의 대화의 기술을 적용할 필요가 있다.

1) 서로 생각이 다른 부분을 찾아내 꼼꼼하게 짚어 보며 무엇이 다른지에 대해 논의하는 장을 마련한다.
2) 생각이 달랐던 원인을 찾아내는 동시에 공통점을 발견해 공감대를 도출해 낸다.
3) 생산적인 의견을 제시한다. 의견 차이가 생긴 원인을 냉정하게 분석한 후 자신이 그렇게 생각하는 이유에 대해 허심탄회하게 이야기한다.
4) 자기 의견의 근거를 논리적이고 차분하게 설명함으로써 상대에게 이해할 수 있는 시간을 준다.
5) 먼저 상대를 만족시킨 후 자신이 만족할 수 있는 조건을 제시한다. 의견 일치를 위해 큰 틀만 유지하고 사소한 것은 양보하며 적극적인 대화를 통해 불만족스러운 부분을 해소한다.

자신의 의견과 생각을 고집하면 불통이 된다. 서로의 생각과 의견을 나눌 때 소통은 시작된다. 소통을 위해 서로 경청해야 한다. 서로의 생각을 펼쳐놓고 문제를 해결해 나가고 협업하는 것이 하브루타이다.
하브루타는 대화의 기술을 계발하게 한다. 대화만 한다고 해서 소통이 되는 것이 아님을 잘 알 것이다. 소통을 위한 대화에는 기술이 필요하다. 이것이 바로 하브루타이다. 서로 다른 생각을 펼쳐놓고 문제를 해결해나가는 능력, 그것이 바로 하브루타이다.

10. 한국교회의 교회학교, 학생회, 청년회에 꼭 적용해야 할 학습법이다.

지금 한국교회는 가장 큰 위기에 처해있다. 그것은 바로 교회학교와 학생회, 그리고 청년회가 무너지고 있다는 사실이다. 지금까지 만난 위기 중에 가장 큰 위기라고 할 수 있다.

부산 백향목교회 이성현 목사는 "지금 부산의 85% 교회가 교회학교가 없습니다. 앞으로 이런 추세는 점점 심화될 것입니다"라고 했다. 교회학교가 없다는 것은 한국교회가 없다는 말과 똑같은 말이다. 교회학교가 사라지면 학생회가 사라질 것이고, 학생회가 사라지면 청년대학부가 사라질 것은 자명한 사실이다.

그럼, 왜 교회학교와 학생회, 청년회가 급격히 사라지고 있는가? 그것은 교회가 본질을 잃어버렸고, 동시에 미래교회에 대한 오진(誤診)의 결과이다. 교회가 본질을 잃어버린 결과 교회는 잘못된 방향으로 달려나갔다.

솔직하게 지난 20년의 결과를 살펴보자. 청년들을 살린다는 경배와 찬양이 시작한 이래 오히려 중고등부 학생들과 청년들이 교회를 떠나갔다. QT를 한다고 하면서 오히려 본질은 사라지고 교인들은 머리에 성경지식과 자기만족으로 나태해졌다.

밀레니엄이 시작하는 2천년 이전부터 시작된 셀이란 이름의 목장, 가정교회 같은 이름의 소그룹 모임들이 활성화되었지만 교회와 성도들의 숫자는 급격하게 줄어들었다. 각종 동물 이름과 명사들을 동원한 각종 전도 프로그램들이 신문의 지면을 채우지만 전도성공률은 오히려 마이너스에 불과했다.

아버지학교가 진행되고 있는 동안 그들이 주장했던 '가정이 회복된다'는 주장은 무색해지고 한국은 OECD 국가 중 이혼율로 인한 가정해체 1위 국가가 되었다. 오진의 결과이다.

교회는 다시 본질로 돌아가야 한다. 교회의 본질이란 말씀으로 돌아가는 것이고, 말씀으로 돌아간다는 것은 성경암송을 통해 하나님의 말씀을 마음에 새기는 것이 본질이다. 시대가 바뀌고 IT 기술의 발전이 일어나도 교회의 본질은 동일하다. 교회는 변화하는 세상의 기관이 아니기 때문이다.

그 증거는 바로 유대인이다. 세계를 쥐락펴락하고, 세상의 모든 IT 기술을 보유하고 있는 유일한 유대인, 그러나 그들은 지금도 성경암송에 전념한다. 왜? 성경암송이 그들을 모든 민족 위에 뛰어난 민족으로 만드는 유일한 길임을 알기 때문이다. 그래서 죽도록 암송하고 또 암송한다.

유대인으로 태어나면 본인의 의지와 상관없이 성경암송으로 인생을 시작해야 한다. 3살부터 시작되는 방대한 분량의 성경암송, 13세가 되기 전까지 모세5경을 완벽하게 암송한다는 것은 얼마나 많은 시간을 성경암송에 할애하는지를 알려주는 단면이다.

유대인들이 가장 선호하는 직업은 랍비이다. 랍비의 역할은 매우 다양하다. 그러나 랍비가 되기 위해 그들이 해야 할 일은 성경암송이다. 랍비 3명이 모이면 구약성경이 완성된다. 유대인의 시작은 성경암송에서 시작해서 하브루타로 진행하는 것이다. 그것이 세계에서 가장 우수한 민족이 되는 길이다.

이제 암송을 했다면 우리는 그 말씀을 붙들고 하브루타를 한다. 하브루타란 암송된 하나님의 말씀을 붙들고 난상토론(爛商討論)을 하는 것이다. 하브루타를 하는 이유는 암송된 하나님의 말씀을 살려내는 것이다. 암송된 하나님의 말씀을 질문하고 대화하고 토론한다. 하나님의 말씀을 암송하는 것으로 끝나는 것이 아니라 그 말씀으로 질문하고, 대화하고, 토론하고, 논쟁을 하다보면 그 말씀이 입체적으로 그 사람에게 기억된다. 하브루타는 암송된 말씀을 완성 및 실현시키는 가장 탁월한 학습법이다.

이렇게 성경에서 시작된 하브루타는 정치, 경제, 사회, 문화, 예술, 영화 등 전 영역으로 확대된다. 어렸을 때부터 시작한 하브루타는 청소년이 되어 토론으로 이어진다. 대화 소재에 역사와 철학, 경제 등이 붙으면서 토론은 깊어진다. 아이가 고등학생 정도가 되면 식탁 대화는 논쟁이 된다. 아버지는 아버지대로 공부하고, 자녀는 자녀대로 공부하면서 거의 전문가 수준의 논쟁이 된다.

유대인들은 말한다. '하버드 입학 논술 문제가 어릴 적 식탁에서 가족과 나눈 대화보다 쉬웠다'고 한다. 그 비밀은 바로 '아버지'와 '질문'에 있다. 유대인 가정에서 아버지는 아이에게 랍비와도 같다. 아무리 바쁘고 일이 많아도 늘 저녁식사를 함께하며 자연스럽게 식탁을 대화의 장으로 만든다. 오늘은 학교에서 어떤 질문을 했는지, 오늘 하루 어떤 일들이 있었는지 이야기한다. 그것이 바로 하브루타이다.

이제 한국교회를 살릴 대안은 다시 성경으로 돌아가는 것이다. 성경을 암송하고 하브루타를 해야 한다. 한국의 수많은 목회자들과 신학자들이 여러 대안을 제시하지만 성경암송 없는 대안은 가짜 대안이다. 하브루타 없는 프로그램은 열매 없는 가짜 프로그램이다. 교회는 세상의 기관이 아닌 이 세상에서 유일한 그리스도의 몸이기 때문이다.

함께 읽으면 좋은 책들

자녀교육혁명 하브루타(전성수 著/ 두란노)
15분의 기적 테필린복음(박종신 著/ 성경암송학교)
자녀들에게 꼭 필요한 하브루타 330절 말씀(박종신 著/ 성경암송학교)

03
왜 하브루타를 해야 하는가?

유대인교육 vs 한국인교육

오래전, 교회 주일학교에서 자주 불렀던 어린이 찬양이 있다. 제목이 'This little light of mine'이라는 어린이 찬양이다. 한국어 제목으로 '이 나의 빛'이라고 번역되어 많은 어린이들에게 사랑을 받았다. 지금도 교회학교에서 자주 부르는 것으로 알고 있다.

이 어린이 찬양은 원래 유대인 'H. D. 로스'(Harry Dixon Loes)가 기독교로 개종하고 무디신학교(Moody Bible Institute)에서 공부하면서 작사, 작곡한 노래이다. 영어와 한국어로 소개하면 다음과 같다.

This little light of mine, I'm gonna let it shine

This little light of mine, I'm gonna let it shine

This little light of mine, I'm gonna let it shine

Let it shine, Let it shine, Let it shine.

Hide it under a bushel? No! I'm gonna let it shine

Hide it under a bushel? No! I'm gonna let it shine

Hide it under a bushel? No! I'm gonna let it shine

Let it shine, Let it shine, Let it shine.

Don't let Satan blow it out, I'm gonna let it shine

Don't let Satan blow it out, I'm gonna let it shine

Don't let Satan blow it out, I'm gonna let it shine

Let it shine, Let it shine, Let it shine.

이 작은 나의 빛 비추게 할 테야

이 작은 나의 빛 비추게 할 테야

빛내리, 빛내리, 빛내리.

독안에 안두고 비추게 할 테야

독안에 안두고 비추게 할 테야

빛내리, 빛내리, 빛내리.

사탄이 못끄게 비추게 할 테야

사탄이 못끄게 비추게 할 테야

빛내리, 빛내리, 빛내리.

빛을 비추고 있는가?

우리는 이 어린이 찬양을 즐겁게 불렀던 기억을 갖고 있다. 그런데 이 어린이 찬양에는 엄청난 빛의 사명이 담겨 있다. '나의 빛을 비추겠다'는 것이다. 유대인의 '티쿤 올람' 사상인 '나의 작은 실천이 세상을 치유한다'라는 사상을 담고 있다. 위대한 하나님의 빛을 만방에 전달하는 빛의 전달자가 되겠다는 의미 있는 찬양이다.

'당신은 크리스천으로서 빛을 비추고 있는가?' 우리는 이 질문 앞에 겸허하게 대답해야 한다. 예수님은 그를 믿는 사람들에게 "너희는 세상의 빛이다"라고 말씀하셨다. 빛의 사명은 비추는 것이다. 어두운 세상, 앞이 보이지 않는 세상, 불편한 세상을 밝히는 것이다. 우리는 이 말씀을 잘 알고 있지만 빛을 비추는 일에는 상당히 인색하다.

유대인들은 이 땅에 태어난 목적이 하나님의 빛을 만방에 보여주기 위함이라고 믿는다. 그런데 그 빛을 만방에 보여주기 위해선 반드시 필요한 것이 있다. 위대한 하나님의 빛을 전달하는 사람이 되기 위해서는 교육을 받아야 한다. 유대인들은 교육을 받지 않고서는 결단코 빛의 전달자가 될 수 없다고 생각한다. 왜냐하면 자신이 무지와 어둠 속에 있으면서 다른 사람들을 빛 속으로 인도할 수가 없기 때문이다.

사람이 하나님 사역에 동참하기 위해서는 먼저 하나님의 섭리를 열심히 배워야 한다고 생각한다. 열심히 배워 하나님의 섭리를 자신의 속에 담아야 한다. 그들은 하나님의 섭리를 배우는 것을 의무로 여긴다. 유대교의 오랜 전통에 의하면, 하나님을 사랑한다는 것은, 하나님의 섭리를 배우는 것과 같은 뜻으로 받아들인다.

하나님의 모든 섭리는 토라에 기록되어 있다. 그래서 그들은 열심히 토라를 배운다. 토라는 그들이 어떻게 빛의 전달자로 살아야 하는지를 알려준다. 그들이 토라를 배우는 과정에서 주석하고 적용한 것이 바로 탈무드이다. 그리고 토라와 탈무드를 학습하는 방법이 하브루타이며, 자세는 토라 리쉬마이다.

사실 '하브루타'는 생소한 단어이며 동시에 믿기 어려운 교육법이다. 우리가 듣지도 보지고 못한 학습법이기 때문이다. 적어도 우리 자신이 한국교육에 익숙해 있다면 하브루타는 생소할 뿐만 아니라 교회나 가정, 그리고 학교에서 적용하기에는 무리가 있어 보인다. 지금까지 주입식 교육을 받아 왔고 나름대로 주입식 교육에 무난하게 적응된 사람이라면 더더욱 그렇게 생각할 것이다. 굳이 새롭고 검증이 어려운, 감히 적용했다가 잘못되면 엄청난 피해를 감수할 수 있기에 겁을 먹게 되는 것은 지극히 당연할 것이다.

하브루타는 유대인교육이다. 유대인교육의 결과가 탁월하다고 해서 그대로 모방해서는 안 된다. 유대인교육의 특별한 방법론을 찾아 만병통치약처럼 한국교육에 그대로 적용하면 모든 문제들이 해결될 것처럼 생각해서는 안 된다. 얕은 방법론적인 접근만으로 유대인교육을 이해하고 적용하더라도 결코 성공적인 결과를 거두기 어렵다. 하브루타도 마찬가지이다.

예쉬바 아카데미에서 하브루타를 하는 학생들의 모습이다. 이들의 모습에서 학문을 대하는 진지한 모습이 우러져 나온다. 세계 최고가 되는 것은 먼저 학문에 대한 진지함과 경외심이라고 한다.

하나의 예를 들면, 하브루타의 기본은 성경암송이다. 유대인들은 3살에 성경암송을 시작하여 13살이 되어 '바 미쯔바'(남자), '바트 미쯔바'(여자)를 치루기 전에 토라(모세5경)을 암송한다. 그러나 어느 교육가도 성경암송을 주장하는 사람이 없다. 그들의 강의나 또는 출간된 책 어디에도 성경암송을 강조하지 않는다. 하기야 신학자들이나 설교자들조차 성경암송을 주장하지 않는데, 교육학자들이 성경암송을 주장할 이유는 더더욱 없을 것이다. 따라서 하브루타의 외양은 얼마든지 따라 할 수 있지만 알맹이는 결코 따라잡을 수 없는 것이다.

한국인은 유대인보다 뛰어만 민족이다

나는 한국인이 세계에서 가장 뛰어난 민족이라고 확신하고 있다. 유대인을 포함한 어떤 민족보다 뛰어난 민족이라고 생각한다. 우수한 두뇌, 학문적 역량, 한국교육의 교육과정, 엄청난 시간과 돈을 교육에 투자하는 것, 교육시스템과 교육방법론은 선진국을 포함한 다른 나라에 비해 훨씬 우수하다.

영국의 교육전문 그룹인 피어슨(Pearson)이 서구 선진국을 비롯한 40개 국가를 대상으로 해마다 국제학력시험 결과와 대학 졸업률을 기준으로 국가별 교육시스템 경쟁력을 평가하는 결과 보고서에 의하면 우리나라는 항상 상위권에 있다는 것은 놀랍지 않다.

그런데 전 세계의 정치, 경제, 사회, 문화, 예술, 디자인, 영화산업, 과학 등 모든 영역에서 대단한 영향력을 행사하고 있는 유대인과 비교해 볼 때, 왜 우수한 한국인들이 뒤떨어지는 이유는 무엇일까? 분명 유대인들보다 한국인들이 훨씬 우수한데 경쟁력에서 유대인의 1/100도 따라잡지 못할까? 아쉬운 점이 한 두 가지가 아니다.

나는 유대인교육인 하브루타를 무조건 신봉하지 않는다. 하브루타는 진짜 하브루타처럼 해야 한다. 주위에 하브루타를 하는 분들이 있는데 사실 눈 가리고 아웅 하는 식이다. 하브루타의 포인트가 질문과 토론을 비롯한 대화에 있다고 하지만, 사실 하브루타는 토라와 탈무드의 적용 및 실천으로 하나님의 빛을 만방에 보여주는 사람으로 살아가게 하는데 있다. 그 정신이 흐트러져선 안 된다.

나는 목회자로서, 한국인들이 유대인들보다 훨씬 유리한 조건을 가지고 있다고 믿고 있다. 한국인들은 유대인들보다 훨씬 뛰어난 조건을 바탕으로 더 뛰어난 결과를 얻어야 한다고 생각한다. 복을 받아도 유대인들보다 더 복을 받아야 한다고 생각한다. 거기에는 분명한 이유가 있다.

그들은 토라를 포함한 타나크(Tanakh 구약)가 전부지만, 우리는 구약은 물론 신약까지 믿고 있다. 그들은 성부하나님을 믿지만, 우리는 성부하나님, 성자하나님, 성령하나님을 믿고 있다. 한국인은 선천적으로 두뇌가 훨씬 우수하다. 환경도 우수하다. 교육열도 유대인 못지않다. 우리는 그들보다 못한 것이 하나도 없다. 그런데 왜 우리는 그들의 경쟁력을 따라가지 못할까?

한국인이 유대인에게 뒤처지는 이유

그러나 여기서 우리가 한 번 짚고 넘어가야 할 문제가 있다. 그것은 바로 한국교육에 치명적인 문제가 있다는 사실이다. 동시에 한국교회의 교육 역시 문제가 있다는 사실은 분명하다. 지금까지 쉬쉬하던 교육의 문제들이 수면에 떠오르면서 지금의 한국교육의 잘못을 공식적으로 인정할 수밖에 없는 상황에 이르렀다.

한국교육은 주입식이며 일방적 교육이다. 자신의 생각이나 판단을 유보하고 주입된 정보를 잘 기억하였다가 시험을 치룰 때 잘 기술하는 사람을 훌륭한 학생으로 인식했다. 감히 자신의 생각을 드러내는 것은 한국교육에서 절대적으로 금기시하는 교육방법이다. 무조건 선생님이 제시해 준 내용을 잘 기억하고 시험을 잘 치루는 사람이 모범생이 되는 것이 한국교육의 엄연한 현실이다.

한국교육의 결과는 참혹하다. 도덕, 윤리과목의 성적은 높지만 거짓말을 쉽게 한다. 미술성적은 높지만 미술작품에 대한 창작이나 감상능력은 없다. 국어성적은 높지만 탁월한 문학표현이나 교양 있는 언어구사력을 갖지 못하고 저질적인 표현에 익숙하다. 과학, 수학성적은 높지만 과학적 사고나 수학적 사고를 하지 못한다. 성적에 치중한 나머지 실력을 기르는데 소홀하다.

한국교육만 그런 것이 아니다. 교회도 마찬가지이다. 아니 한국교회는 한국교육보다 더 엄격하게 주입식이며 일방적인 교육을 실시해 왔다. 기독교의 '진리'라는 이유만으로 감히 그 주제를 가지고 분석하거나 이의를 제기하는 것은 용납하지 않았다. 일체의 다른 해석도 금기시해왔다. 일체의 소통과 피드백을 용납하지 않았다.

모든 해석의 권한을 신학교를 졸업한 목회자들에게만 허락하고 평신도들은 목회자들의 일방적 가르침을 그대로 따르게 했다는 것이다. 여기에 순응하지 못하는 사람, 다른 주장을 하는 사람에게는 '이단'(異端)이라는 굴레를 씌워 기독교 내에 발도 붙이지 못하게 했다. 결과 모든 면에 두루뭉술하고 자신의 은사를 사용하지 못했다. 신앙생활은 열심히 하지만 신앙이 성장하지 않는 결과를 가져왔다.

공과의 한계

대표적인 사례가 바로 '공과'이다. '공과'란 각 교단이나 선교단체에서 일률적으로 만든 성경공부 교과서를 의미한다. 대부분의 교회가 교단에서 만든 교회학교의 공과와 구역공과를 만들어 사용하게 한다. 각 교단에서 실력이 있는 몇몇 신학자나 목회자를 선발하여 국정교과서를 만들듯이 교단의 성경 교과서를 출판 사용하게 한다.

그러나 돌이켜 보면 그 동안의 공과교육은 여러 면에서 그 한계를 보여 왔다. 만약 공과가 좋은 것이었다면, 당위성만 옹호하지 말고 결과를 보여야 한다. 공과를 사용한 결과가 무엇인가? 교회학교가 무너지는데 어떤 도움도 주지 못했다는 것이다.

사회적 환경의 변화와 함께 인간의 문제들에 대답으로 주어지는 하나님의 말씀은 역시 새롭게 표현되고, 신학의 연구들도 더욱 새로운 이해를 가져다주고 있지만, 이러한 변화에 비하여 우리의 교회교육과 성경교육을 대변하였던 공과는 여전히 전통적인 대답에 머물러 있으며, 새로운 시대에 신세대들에게 부응하는 것이 되지 못하고 있는 데서 그 한계는 뚜렷하다.

더욱 교회교육의 방법과 공과교육의 방법에도 그리고 그 효과에 있어서 큰 성과를 이루지 못하고 있다. 이것은 일반학교 교육의 방법이 현대화되고, 과학화 되어가며, 더 나은 교사와 교육시설과 더 좋은 커뮤니케이션의 도구들을 활용함에도 불구하고, 교회교육은 도리어 낙후되어가고 있으며, 어떻게 행해야 할지 그 방법을 찾는 일에도 무관심이 되어 있다. 역시 공과 학습에 적용된 방법도 구태의연하다.

그동안 한국교회가 심취한 전도운동으로 어린이나 어른들을 교회로 데려오는 일은 힘을 다하여 노력하면서도, 데려온 그들을 어떻게 믿음 안에서 가르치고, 양육하여 온전한 믿음의 성숙에 이르게 하는 일에는 실패하고 있다. 특히 '성경을 배워야 한다', '성경을 가르쳐야 한다'고 강조하면서도 성경학습방법의 개발을 위해서는 전문인의 양성이나, 전문교육기관을 활용하는 일도 없다.

지금 성경을 가르치고 있는 것 조차도 해석자의 일방적인 소리를 듣게 하는 것이 고작이었다. 그리고 평신도나 교회학교 학생들이 얼마나 하나님의 말씀을 스스로 이해하게 하고, 충분한 자기 이해 속에서 그리스도를 따르는 믿음의 생활이 교회와 사회 속에 얼마나 성숙된 모습으로 반영되고 있는지 신앙의 자질과 그 능력에 있어서 결과를 내지 못했던 것이 사실이다.

그럼에도 우리는 오랫동안 주일학교 공과를 의지해 왔다. 공과를 대안할만한 교재가 없기 때문이다. 사실 교회학교 공과는 꼭 필요한 것이고 좋은 것이다. 그래서 각 교단들은 심혈을 기울여 공과제작에 힘쓰고 있다. 또 유명출판사들도 한국을 대표하는 신학자들과 목회자를 공과위원으로 위촉하여 공과제작에 심혈을 기울이고 있다.

그러나 결과적으로 보면 주일학교 공과는 약이 되지 못하고 오히려 독이 되었다. 공과는 주일학교가 성장하는 아이들에게 복음과 신앙을 심지 못했다. 공과는 사람들이 예상한 만큼의 결과를 얻지 못했다. 결과 주일학교는 급격하게 감소했고 10교회 중 7-8교회는 주일학교가 없는 교회로 전락하게 되었다. 그 이유는 여럿이지만 네 가지만 설명하고자 한다.

일방적이며 주입식 교육인 공과의 결과

첫째로, 공과나 성경공부 교재는 지식전달에 초점을 맞추었기 때문이다.

공과를 공부하면 성경적 지식은 얻는다. 성경의 인물들이 누구인지 다 알게 된다. 그리고 무슨 일을 했는지도 안다. 그러나 그 이상도 그 이하도 아니다. 그것으로 공과의 역할은 끝난다. 지식은 사람을 살리지 못한다.

둘째로, 공과는 주입식 교육이기 때문이다.

주입식 교육의 위험성을 알고 있을 것이다. 주입식 교육은 피교육자의 사고를 마비시킨다. 그냥 암기를 하는 정도로 그치게 된다. 말씀에 대한 적용이나 실천이 있을 수 없는 것은 주입된 지식이기 때문이다. TV가 해롭다고 하는 것은 생각의 필요성을 느끼지 못한 채 정보를 주입받게 되기 때문이다.

셋째로, 공과는 편의주의식 교육이기 때문이다.

교회학교 학생들도 그렇고 심지어 교사들도 그렇다. 교회학교 예배 후에 주어진 공과로 서로 이야기하고 빈칸에 답을 채우는 것 외에는 아무런 효과를 발휘하지 못했다. 교사들은 교사용 공과를 한두 번 훑어본 후 아이들을 가르친다. 학생들이나 교사들이 잘 다듬어진 공과의 순서를 따라가면 된다고 생각한다. 별다른 노력 없이 남들이 제작한 공과에 충실하면 임무가 끝나는 것으로 여긴다.

넷째로, 공과는 교회학교 안에서만 사용할 수 있기 때문이다.

우리의 착각 중의 하나는 자녀교육의 주체가 부모가 아닌 교회학교라고 생각하는 것이다. 그렇지 않다. 자녀교육의 주체는 교회학교가 아닌 부모이다. 이것이 성경의 주장이며 가르침이다.

잘 아는 것처럼 교육이란 '시간 뺏기 싸움'이다. 과연 그렇다면 우리는 교회학교에서 시간 뺏기 싸움에서 이미 패배한 것이다. 성공적인 교육의 결과를 얻기 위해선 시간 뺏기 싸움에서 승리해야 한다. 그렇지 않으면 실패할 수밖에 없다.

그러나 작금의 현실은 그렇지 못하다. 일주일 내내 학교교육에 시간을 뺏긴다. 심지어 휴일인 토요일과 주일에도 학교교육을 보충하는데 시간을 사용하게 한다. 고등학교 3학년이 되어 교회에 나와 예배하고 성경공부를 하는 것을 교회의 사람들이 먼저 불안해하고 지적한다. '고등학교 3학년 학생이 교회에 나와 시간을 보낸다?'를 잘못된 것으로 바라보는 것이 한국교회의 모습이다. 결과 '대학을 입학하는 순간 교회를 졸업한다'라는 말이 공공연하게 인정되고 있는 현실이다.

1주일에 1시간으로 아이들에게 신앙을 심는다는 것은 불가능하다. 공과는 처음부터 자녀교육의 주체가 부모가 아닌 교회 주일학교에 근거하여 제작한다. 그것은 부모들이 예수님을 몰랐던 60~80년대에 적용된 이야기이다. 지금은 부모들이 예수를 믿는 반면 자녀들은 교회 밖에 머물고 있다는 사실이다. 이러한 점에서 공과는 실패를 자초한 것이다.

공과에 대한 결론이다. 지금 우리는 엄청난 위기 앞에 서 있다. 너무나 많이 들어 감각이 없을 수 있겠지만 반드시 알아야 할 것이 있다. 어린이전도협회 해외사역부장인 박주동 목사는 "장년 성도들은 10대 청소년, 즉 중, 고등학생의 복음화율이 3%에 불과하다는 사실을 실감하지 못하고 있다."라고 말했다. 이런 추세로 가다간 30년 이내에 한국 내 크리스천 비율이 5% 미만대로 떨어질 것이다.

QT(경건의 시간)도 문제이다

다른 하나의 문제는, 바로 경건훈련, 또는 경건의 시간으로 정의하는 'QT'(Quite time)이다. 먼저 QT의 문제를 거론하기 전에 질문을 해보자. 'QT 자체가 잘못된 것인가?' 아니다. 그렇지 않다. QT 자체는 단어의 의도만큼이나 거룩하고 선한 것이다. 크리스천이라면 누구나 자신의 신앙을 위해 '경건의 시간'을 가져야 한다. 그런 면에서 QT는 결코 잘못된 것이 아니다. 오히려 선하고 좋은 것이다.

그렇다면, QT의 결과가 좋아야 한다. QT를 한 결과 한국교회가 더욱 부흥하고, 크리스천들의 영적성장이 이루어졌으며, 교회 밖의 사람들에게 칭찬을 받으며 믿는 자의 수가 더하는 역사가 일어나야 한다.

그러나 돌이켜 보면 그 동안의 QT는 여러 면에서 그 한계를 보여 왔다. 만약 QT가 좋은 것 이었다면, 당위성만 옹호하지 말고 결과를 보여야 한다. QT가 분명 좋은 것 같은데, QT가 영적성장을 위해 꼭 필요한 것 같은데 오히려 역효과를 냈다고 하면 믿을 것인가? QT를 사용한 결과가 무엇인가? 한국교회가 무너지는데 어떤 도움도 주지 못했다는 것이다. 그렇다면 왜 QT에 문제가 있다고 하는 것인가? 결론적으로 세 가지를 말할 수 있다.

첫째로, 결과가 좋지 않았다는 것이다.

동기가 좋다고 결과가 좋은 것은 아니다. QT의 동기는 좋았지만 결과가 좋지 않았다. 사실 교회가 부흥이 꿈틀거리던 60년대, 교회가 뿌리 내리던 70년대, 그리고 본격적인 부흥가도를 달리던 80년대에는 QT가 없었다. 물론 공과는 이미 전에 존재했지만 QT는 없었다. 국제성서유니온의 매일성경 이나 몇 개의 성경읽기 정도의 책자만 존재했지 지금과 같이 세련된 QT는 존재하지 않았다. 그럼에도 교회는 성장하고 날마다 믿는 자의 숫자는 더하는 역사가 있었다.

QT가 본격적으로 자리를 잡던 시기는 80년대 후반이다. 교회가 성장에 성장을 거듭하던 시기에 QT가 등장하기 시작했다. 교회가 성장하고 성경공부가 활성화되고, 기독교문서사역이 활발해지면서 QT가 교회 안에서 자리를 잡았다. '생명의삶', '매일성경'을 비롯한 QT 교재들이 대중화되면서 크리스천이라면 누구나 QT를 해야 하는 것 이라는 문화가 조성되었다. 그러한 문화는 현재까지 이어지면서 더 가속화되고 있다. 2016년 1월 10일, 국민일보의 신상목 기자가 쓴 기사를 보자.

경기도 고양시 일산서구 거룩한빛광성교회(정성진 목사)는 올해부터 '말씀의샘'이란 큐티(QT·Quiet Time) 교재 시리즈를 펴낸다. 성경 본문과 해설, 다양한 주제의 글을 요일별로 수록했다. 주제는 미술(월) 청년(화) 문학(수) 음악(목) 창작(금) 간증(토) 등이다. 경기도 성남시 분당구 만나교회(김병삼 목사)는 '나무생각'이라는 QT 잡지를 발간한다. 격월로 나오는 이 교재는 교구 및 교육 담당 목사가 집필한다.

내용은 담임목사의 1년 설교 계획에 맞춰 월~수요일까지는 성경 본문과 해설을, 목~토요일은 성경의 책별로 본문을 싣고 있다. 금년엔 신명기로 묵상한다. 최근엔 가정예배 순서도 추가해 신자들에게 도움을 주고 있다.

◇ QT의 춘추전국 시대 왔다=QT하는 신자들이 늘면서 지역교회가 직접 나서서 교재를 편찬, 신자들의 신앙생활을 돕고 있다. QT가 성경통독과 함께 성도들의 영적 '삼시세끼' 문화로 정착되면서 목회적 차원에서 직접 교재를 편찬하고 있는 것이다. 대부분 신자들은 그동안 전문 기독교 출판사가 펴낸 월간지 형태의 교재를 사용했다. 생명의삶(두란노), 매일성경(성서유니온선교회), GT(gtm), 시냇가에심은나무(IVP) 등이 대표적이다.

요즘 개교회가 제작하는 QT 교재에는 성경 본문과 해설은 기본이며, 교회 내 중보기도제목과 소식 등이 추가된다. 교회에 따라 가정예배나 다양한 주제의 글과 그림, 사진 자료가 첨가된다. QT제작 편집부를 따로 두는 경우가 많다.

QT 교재를 자체 출간하는 교회는 대부분 규모가 큰 편이다. 사랑의교회(날마다솟는샘물) 수영로교회(은혜의샘) 오륜교회(주만나) 동안교회(동안) 우리들교회(큐티인) 등이 대표적이다. 우리들교회(김양재 목사)의 경우 유치부와 어린이, 청소년용 교재까지 만들어 전 성도가 QT를 하고 있다. 요즘엔 주변에 입소문이 나면서 주문생산까지 하고 있다.

전문 출판사가 교회 실정에 맞게 제작한 '맞춤식' 교재를 사용하는 경우도 있다. GT의 경우 지구촌교회 남서울교회 꿈의교회 높은뜻푸른교회 등에 QT 교재를 공급하고 있다. 일반적으로 QT는 성경을 읽고 묵상해 자신의 삶에 적용하는 경건의 시간을 말한다. 개인마다 10~30분 정도 할애하는데 요즘엔 소그룹 모임 등에서 QT 내용을 나누는데 주력한다. 두란노 장덕은 본부장은 "신자들은 QT를 통해 말씀으로 자신을 돌아볼 수 있어야 한다"며 "혼자 말씀을 읽고 적용하면 자기중심적 신앙으로 빠질 수 있기 때문에 반드시 소그룹을 통해 묵상 내용을 나눠야 한다"고 말했다.

◇ 건강한 QT를 위한 조건=목회자들 사이에서는 'QT 만능론'에 대한 경계의 목소리가 나오기도 한다. QT가 신앙생활의 전부는 아니라는 것이다. 무엇보다 신학 훈련을 받지 않은 신자들이 짧은 성경 본문을 단편적으로 읽고 자의적으로 해석할 수 있다는 게 가장 큰 우려다.

이에 대해 아세아연합신학대 정성국(신약학) 교수는 지난해 한 세미나에서 "교회는 성경 전체를 하나의 이야기로 읽는 관점을 교육해야 하며 주요 성경신학적 주제들에 대해 가르쳐야 한다"고 말했다. QT가 일상화됐다면 이에 따른 건강한 교회 교육이 뒤따라야 한다는 조언이다.

QT를 목회의 주된 사역으로 동력화 하고 있는 김양재 목사는 QT와 목회의 관계에 대해 "성도들이 QT를 통해 성숙한 신앙을 갖도록 하려면 목회자의 철학이 뒷받침돼야 한다"며 "목회자부터 QT 사역의 전문가가 돼야 한다"고 말했다. 김 목사는 "말씀으로 변화된 성도들의 삶의 내용이 교회 안에서 공유될 때 파급 효과는 크다"고 말했다.

QT는 목회자 개인 영성 유지에도 필수적이다. 온누리교회 설립자인 고(故) 하용조 목사는 "설교를 하기 위해서는 먼저 QT를 하는 습관을 길러야 한다. 설교자가 되기 전에 말씀에 푹 젖어 있어야 한다"며 "설교는 화려한데 은혜가 없는 이유는 그 속에 깊은 묵상이 없기 때문이다"라고 말한 바 있다. 매일 말씀을 묵상하는 목회자가 좋은 설교자가 될 수 있다는 권면이다. 신상목 기자

이 기사는 QT의 정확한 현실에 대해 언급하고 있다. 반면 유익에 대해선 별로 언급하지 못하고 있다. QT의 현실과 신앙생활의 도움에 대해서 막연하게 추측할 뿐이다. 기사 가운데에는 가끔 QT의 위험성을 설명하는 내용도 있다. QT를 통해 개인이 변화되고, 교회가 부흥되고, 사회에 영향을 끼쳤다는 내용은 없다.

분명한 사실은 교회는 점점 침체되고, 젊은이들은 교회를 떠나가고, 교회학교는 점점 숫자가 줄거나 폐쇄되는데 오히려 QT는 점점 많아지고 있다는 것이다. 예상할 수 있는 것은 앞으로 더 많은 QT집들이 나올 것이다. 정기간행물인 만큼 수지맞는 출판사업도 없는 것은 분명하다.

무엇을 의미하는 것인가? QT의 의도는 개인의 신앙이 성숙하는 것인데, 왜 QT 후에 교회는 침체되고 사람들이 교회를 떠나가고 있는가? 그리고

왜 교회는 사회에서 영향력이 사라지고 맛을 잃어버린 소금처럼 비판의 대상이 되고 있는가? 그러는 가운데 왜 QT는 점점 많아지고 있는가? QT를 돌아볼 때가 되었다.

결론적으로, QT는 개인의 성숙도, 교회의 성장도, 사회적인 영향력에 별 다른 도움이 되지 못했다고 말할 수 있을 것이다. 물론 이에 대해 'QT론자'들은 이의를 제기하겠지만 QT는 유익하지 못했다는 사실이다. 오히려 QT가 없던 시절에 부흥이 있었지만 QT가 시작된 이후 교회는 점점 침체되고 개인의 성숙은 사라져갔다. (개인의 성숙은 두 가지 지표로 나타난다. 교회의 부흥, 사회적 영향력이다) 결국 QT는 의도만큼 제 역할을 감당하지 못했다는 사실이다. 기사의 내용에서 지적한 내용을 보자.

두란노 장덕은 본부장은 "신자들은 QT를 통해 말씀으로 자신을 돌아볼 수 있어야 한다"며 "혼자 말씀을 읽고 적용하면 자기중심적 신앙으로 빠질 수 있기 때문에 반드시 소그룹을 통해 묵상 내용을 나눠야 한다"고 말했다.

QT가 제 역할을 감당하지 못한 이유는 장덕은 본부장의 언급대로, '자기중심적 신앙에 빠질 수 있다'는 것이다. 이것만큼 위험한 것은 없다. 이것이 바로 이단의 위험성보다 더 무서운 것이다. 이단은 잘못된 것을 평가해주는 곳이 있지만, 자기중심적 신앙은 평가해주는 곳이 없기 때문에 스스로 자기중심적 신앙에 갇혀 버리는 결과를 초래한다.

QT의 산실이라고 할 수 있는 두란노의 본부장이 언급한 내용이니 주목

할 만하다. QT는 자기 신앙적 오류의 위험에 빠트릴 수 있다. 대안이 소그룹을 통해 묵상내용을 나누면서 신앙의 점검을 받아야 하는데 그렇지 못하다. 그냥 매월 QT책의 순서에 따를 뿐이다. 결국 나눔을 통한 검증은 없고 자기중심적인 신앙생활만 양산할 수 있기 때문이다.

둘째로, 일방적이며 획일화된 교육으로 신앙을 왜곡할 수 있기 때문이다.

앞에서도 설명했지만 QT의 동기는 좋았다. 개인의 신앙성숙을 위해 일정한 시간을 내어 경건의 시간을 갖도록 하는 것은 매우 유익한 것이다. 그러다보니 초신자를 비롯한 평신도들을 위한 가이드가 필요했다. 무엇을, 어떻게 해야 하는지 모르는 사람을 위해 기도를 기재하고, 찬송을 안내하고, 분문을 설정하여 경건의 시간을 갖게 하는 의도는 선한 것이었다.

평신도들은 QT집에 있는 순서대로 기도하고, 찬송하고, 말씀을 읽고, 적용 및 나눔의 시간을 가진다. 또 자신만을 위한 기도가 아닌 나라와 민족, 세계와 복음화를 위한 선교사들의 사역을 위해 기도하는 시간을 가진다. 하루에 적게는 10분, 많게는 한 시간 이상 QT집에서 인도하는 대로 따라 경건의 시간을 가지면 된다.

그러나 이것은 어린아이의 신앙의 결과를 가져왔다. 자신 스스로 성경을 읽고, 묵상하고, 암송하고, 그 말씀을 삶에 적용해야 한다. 하나님이

나에게 주신 빛의 전달자 사명, 나에게 주신 일터, 나에게 주신 가정, 나에게 주신 교회, 나에게 주신 사명을 위해 기도해야 한다. 그러나 QT는 그러한 개인의 신앙의 문화를 '국정교과서'처럼 획일화시킨 것이다. 성경에는 이런 상황에 대해 경고하고 있다.

때가 오래 되었으므로 너희가 마땅히 선생이 되었을 터인데 너희가 다시 하나님의 말씀의 초보에 대하여 누구에게서 가르침을 받아야 할 처지이니 단단한 음식은 못 먹고 젖이나 먹어야 할 자가 되었도다 이는 젖을 먹는 자마다 어린 아이니 의의 말씀을 경험하지 못한 자요 단단한 음식은 장성한 자의 것이니 그들은 지각을 사용함으로 연단을 받아 선악을 분별하는 자들이니라(히 5:12-14)

단단한 음식이 아닌 믹서로 분쇄하여 자신의 노력이나 수고 없이 한 입에 먹을 수 있도록 한 것이다. 젖이나 죽처럼 부드러운 음식을 만들어 자신의 수고 없이 쉽게 먹는 음식을 제공한 것이다. 당연히 단단한 음식을 먹도록 해야 하는데 젖 같이 부드러운 음식을 먹게 함으로 어린 아이의 상태에 머물게 했다는 것이다.
우리가 잘 아는 것처럼, 젖은 갓난아이 때만 먹는 음식이다. 태어나 1년이 되면 눈물을 머금고 젖을 떼야 한다. 젖을 떼는 이유는 귀찮아서 그런 것이 아니다. 그 아이가 정상적으로 성장하게 하도록 위함이다. 젖은 갓난아이에게는 음식이 될 수 있으나 1년 이상의 어린이에게 젖은 더 이상 필요하지 않다.

단단한 음식을 먹어야 한다. 젖이 달콤하지만 젖으로는 성장할 수 없기 때문에 이유식을 해야 하고 나중에는 이유식조차 끊고 단단한 음식을 먹어야 한다. 장성한 사람으로 성장하기 위함이다. 장성한 사람이란 어떤 사람인가? 그것은 자신의 지각을 사용함으로 선악을 분별할 줄 아는 사람이다. 어린 아이는 선악을 분별하지 못한다.

분명한 사실은 QT가 시작된 이후 가장 많은 혜택을 누리고 있는 곳이 대형교회이다. 교회가 침체하고 크리스천의 숫자가 급감하는데도 유독 성장하는 곳은 대형교회이다. 모든 대형교회들마다 지향하는 목회방향은 다르지만 공통된 것이 있다. 그것은 바로 QT이다. 대형교회 중에서 QT를 강력하게 권하지 않는 교회는 없다. 대형교회마다 QT를 강조하고 QT집을 만들어 성도들에게 보급하고 있다. 사실 QT없이 대형교회를 만들기도 어렵지만 유지하기는 더더욱 어렵기 때문이다.

그 이유가 무엇일까? 그 이유는 QT집을 통해 획일화된 교육을 통해 교회를 일체화시키기 위한 것이었다. QT가 나오기 전에 여의도순복음교회는 자신들만의 공과와 신문으로 'QT효과'를 누렸다. 성도들이 흩어져 살고 있고, 지교회를 통해 교회가 나뉘어 있어도 여의도순복음교회의 신문에 나오는 QT의 내용으로 수많은 사람들을 일체화시킬 수 있었던 것이다. 과연 그렇다면 우리가 비난하는 대기업의 부당한 독과점과 무엇이 다르단 말인가

QT는 선한 것이었지만 잘못된 의도를 가지고 사용함으로서 국정교과서처럼 획일화된 교육으로 일체화를 시키는데 사용되었다. 일체화된 교육이란 옳고 그른 것을 분별할 수 없도록 교육하는 것이다. 무조건 우리교

회면 좋고, 우리 담임목사님의 말씀이면 옳은 것으로 주입하는데 성공시키는 도구가 된 것이다. 개인 스스로의 지각을 사용하지 못하는 어린 아이로 머물게 하는 것이다. 어린 아이로 머물게 함으로 의의 말씀을 경험하지 못하게 하고 선악을 분별하지 못하게 하기 위함이다.

신앙의 획일화, 즉 신앙을 통일하여 일사분란하게 교회를 운영해 나가기 위함이다. '자기들만의 리그'를 만들어 밖으로의 이탈을 막고 오히려 밖에 있는 성도들을 자기 교회로 끌어오기 위함이다. 정말 그럴까? 다음 기사를 더 심층적으로 들어가 보자.

QT하는 신자들이 늘면서 지역교회가 직접 나서서 교재를 편찬, 신자들의 신앙생활을 돕고 있다. QT가 성경통독과 함께 성도들의 영적 '삼시세끼' 문화로 정착되면서 목회적 차원에서 직접 교재를 편찬하고 있는 것이다. 대부분 신자들은 그동안 전문 기독교 출판사가 펴낸 월간지 형태의 교재를 사용했다. 생명의삶(두란노), 매일성경(성서유니온선교회), GT(gtm), 시냇가에심은나무(IVP) 등이 대표적이다.

요즘 개교회가 제작하는 QT 교재에는 성경 본문과 해설은 기본이며, 교회 내 중보기도제목과 소식 등이 추가된다. 교회에 따라 가정예배나 다양한 주제의 글과 그림, 사진 자료가 첨가된다. QT제작 편집부를 따로 두는 경우가 많다.

QT 교재를 자체 출간하는 교회는 대부분 규모가 큰 편이다. 사랑의교회(날마다솟는샘물) 수영로교회(은혜의샘) 오륜교회(주만나) 동안교회(동안) 우리들교회(큐티인) 등이 대표적이다. 우리들교회(김양재 목사)

의 경우 유치부와 어린이, 청소년용 교재까지 만들어 전 성도가 QT를 하고 있다. - 기사 중 -

성도들의 신앙생활을 돕는다는 미명 아래 일체화된 교회를 만들겠다는 의도이다. 일본 식민지 시대의 우민화정책과 다름이 없는 것이다. 겉으로는 조선의 문명을 깨닫게 해주겠다는 미명 아래 민족말살정책과 한국사 왜곡을 했던 것처럼, 겉으로는 성도들의 신앙생활을 돕는다고 하면서 실제로는 획일화를 위한 일체화 교육을 실시하는 것이다.

이전에는 설교 하나로 성도들을 통합할 수 있었지만, 지금은 인터넷 시대에 6개 이상의 기독교 TV가 존재하는 세상이 되었다. 대형교회들은 설교 하나로 성도들을 제어하기 어렵게 되자 개인의 신앙생활을 돕는다는 명분으로 QT집을 통해 성도들에게 획일화 교육을 시도하고 있는 것이다.

교회 안에서뿐만 아니라 교회 밖에서도 QT집을 통한 일체화 교육으로 성도들을 교회에서 이탈하지 못하게 하겠다는 것이다. 그래야만 대형교회를 유지할 수 있는 시스템이 될 수 있기 때문이다. 그러한 현실을 가장 잘 파악하고 있는 곳이 대형교회의 똑똑한 담임목사들이다. 이것은 공산주의 주체사상만큼이나 무서운 사상이다.

획일화된 신앙으로 성도들의 '지각을 사용함'을 막겠다는 의도가 깔려 있다. 성도들이 지각을 사용하면 교회가 복잡해지고 통제가 어려워지기 때문이다. 그러기 위해선 끊임없이 성경의 의도와는 상관없이 담임목사의 철학을 성도들에게 주입하는 것이다. 성경의 의도는 모든 성도들이 지각을 사용함으로 선악을 분별하여 세상 속에서 크리스천의 삶을 살아가게 하는 것이다. 선악을 분별하지 못하는 어린 아이에게서 벗어나 장성한 사람이 되라고 성경은 명령한다.

그러나 교회는 성도들이 장성한 사람이 되길 원하지 않는다. 그냥 어린 아이로 머물기를 바란다. 어린 아이의 상태에서 담임목사의 철학, 교회의 획일화된 방향에 그대로 순종하길 원한다. 여기서 가장 무서운 것은 담임목사의 철학이다. 신상목 기자의 기사를 보면 그런 내용이 나온다.

QT를 목회의 주된 사역으로 동력화 하고 있는 김양재 목사는 QT와 목회의 관계에 대해 "성도들이 QT를 통해 성숙한 신앙을 갖도록 하려면 목회자의 철학이 뒷받침돼야 한다"며 "목회자부터 QT 사역의 전문가가 돼야 한다"고 말했다. 김 목사는 "말씀으로 변화된 성도들의 삶의 내용이 교회 안에서 공유될 때 파급 효과는 크다"고 말했다.

내용은 참 좋은 것 같다. 누가 성도들의 성숙한 신앙을 반대할 것인가? 누가 말씀으로 변화된 성도를 반대할 것인가? 당연히 성숙한 신앙을 가져야 하고, 당연히 말씀으로 변화되어야 한다. 그러나 '꼭 그것이 QT를 통해서만 가능한 것인가?' 하는 것이다.

그리고 거기에 '왜 담임목사의 철학에 뒷받침되어야 하는가?' '왜 목회자부터 QT 사역의 전문가가 되어야 하는가?' 언제부터 한국교회가 QT 목회로 전환되었는가?

김양재 목사가 담임하는 '우리들교회'에서 출간하는 '큐티인'을 보면 그렇다. 속된 표현이지만, 자기들끼리 울고불고 지지고 볶은 얘기를 나누는 것이 QT이고, 내적인 상처를 치유하는 것이 QT의 목적이라는 것이다. 이것이 김양재 목사의 철학이다. QT를 하는데 담임목사의 철학이 필요하단 것은 담임목사의 분명한 의도가 실려 있다는 것을 의미한다. 과연 그렇다면 김 목사의 QT 철학이 성경말씀보다 더 무오(無誤)한 진리라고 할 수 있을까? 김 목사의 QT 철학은 당연히 무오할 수 없다. 김 목사의 QT 철학에는 오류가 있을 수 있다는 것이다. 여기서 변질된 복음이 흘러나오는 것이고 변질된 복음은 한국교회와 크리스천들의 변질된 신앙의 결과를 초래한다.

깨끗한 생수에 독약 한 방울을 떨어뜨리면 그것은 100%의 생수가 아닌 독에 오염된 물이 된다. 99%의 생수라 하더라도 1%, 아니 0.1%의 잘못된 것이 혼합되면 그것은 오염된 물이 되는 것이다. QT가 한국교회에 나쁜 문화로 자리 잡지 않기 위해 경각심을 가져야 할 것이다.

셋째로, 능력이 없는 지식인을 양산한다.

QT를 보면, 성경을 주제별로, 신학적으로, 지식적으로 연구하여 지식을 제공하고 있다. QT를 하게 되면 성경의 일반적 지식을 얻게 된다. 구약과 신약의 다양한 내용을 학생들이 즐겨 사용하는 '참고서'처럼 만들어 준다. '참고서'는 좋은 것이지만 교과서를 대용할 수는 없다. 정말 참고서가 좋다면 군이 교과서를 만들 필요가 없을 것이다. 참고서에는 다양한 해설들이 즐비하다. 그 해설을 읽어보면 성경에 대한 전반적 지식을 얻는다. 자신이 직접 성지순례를 다녀오지 않아도 성지를 알게 되고, 히브리어, 헬라어를 공부하지 않아도 원문의 뜻을 알게 된다. 거기에 자신이 굳이 해석하지 않아도 자세한 해석이 뒤따라 있으니 얼마나 좋은가.

그러다보니 성경에 대해 해박한 지식을 갖게 된다. 성경의 연대에 대해, 왕들의 업적과 결과를 속속 알아간다. '학문에 왕도가 없다'라는 말이 무색할 정도로 성도들은 성경의 지식을 쌓아간다. 거기에 기독교TV를 통해 다양한 강의를 들으니 자신은 성경에 해박한 지식을 가진 사람이라고 생각한다.

지식은 좋은 것이다. 지식이 문제가 될 수 없다. 그러나 신앙은 지식으로 성장하는 것이 아니다. 지식은 사람을 살리지 못한다. 아는 것으로 능력이 나타나지 않는다. 하나님의 말씀은 마음에 새겨야 한다. 그때 능력이 나타나게 되는 것이다.

QT가 진정으로 QT가 되는 방법이 있다. QT의 말씀을 암송하고 마음에 새기는 것이다 그때 QT는 진정한 QT가 될것이다.

하브루타를 시작하라

이제 우리는 성경의 원리로 돌아가야 한다. 그것이 바로 하브루타(Havruta)이다. 앞에서 말했지만, 하브루타는 유대인교육이다. 유대인교육이라고 해서 그들만의 교육이 아니다. 그들은 화성이나 금성에서 온 사람이 아니다. 우리와 동일한 성정을 가진 사람들이다. 하브루타를 어렵게 봐서도 안 되지만 쉽게 봐서도 안 된다. 먼저 하브루타를 시작한 그들의 경험을 배우는 것은 나쁘지 않다.

예를 들어, 하브루타의 기본은 성경암송이다. 공과에서도 성경암송을 강조하지만 부분이 아닌 성경암송이 중심이 되어야 된다. 그리고 그 말씀을 함께 나누는 하브루타가 있어야 한다. 유대인들이 세계를 장악하는 힘은 하브루타에서 나온다.

지금 하브루타가 교육계는 물론 젊은 CEO들 속에서 널리 인정되고 사용되고 있다. 유대인들이 세계를 주도하는 이유가 대화식 학습법인 하브루타에 있다는 사실을 알았기 때문이다. 그래서 그들은 성경암송의 원리를 배제한 채 하브루타의 원리만을 도입하여 사용한다. 그것만으로도 충분한 결과를 얻을 수 있었기 때문이었다. 그래서 그들은 하브루타를 학교수업에 적용하기도 하고 고액 과외나 학원에서 하브루타 수업을 도입하여 효과를 보고 있다.

최근 한국의 젊은 CEO들과 교수들이 매일 새벽, 출근에 앞서 하브루타 수업을 받는다. 강남 역삼동의 하브루타 아카데미에는 한국의 유능한 CEO들과 교수들이 모여 하브루타 수업을 한다. 한 권의 책을 읽고 그 책을 가지고 상대방의 얼굴이 붉어질 때까지 질문하고, 대화하고, 토론하고, 논쟁한다. 수업료가 천만 원을 넘지만 그 이상의 가치가 있기에 참가자들의 열기는 매우 뜨겁다. 그리고 그 결과는 매우 탁월하고 효과적이기 때문이다.

그러나 하브루타의 출발은 성경암송에서 기인한 것이다. 유대인들은 3

살부터 토라(창세기, 출애굽기, 레위기, 민수기, 신명기)를 암송하기 시작한다. 성경을 암송한다고 해서 그들이 토라를 이해하는 것이 아니다. 당연히 그들의 입에서 질문이 나오는 것은 당연한 것이다. 암송하지 않으면 질문도 없겠지만 자신이 암송하는 내용에 대해 질문이 나오는 것은 당연한 것이기 때문이다.

그래서 그들은 질문한다. "이것은 무엇이에요?", "왜 그런가요?", "이건 무슨 뜻이에요?" 등등 수많은 질문이 나온다. 그 질문의 대상은 당연히 아버지와 어머니이다. 그리고 할아버지와 할머니이다. 그래서 유대인들은 자신이 궁금해 하던 문제들을 쉴 새 없이 질문하고 또 질문하다. 그 질문에 대한 명쾌한 이해가 이루어질 때까지 질문한다.

자녀들의 질문에 부모들은 귀찮아하거나 거부하지 않는다. 그들도 어린 아이였을 때 그렇게 질문했고 궁금한 것을 물었던 기억이 있기 때문이다. 또 자녀들에게 성경의 내용을 설명(강론)해주는 것이 성경의 명령이라는 사실을 알고 있기 때문이다. 그래서 열심히 대답해주고 설명해준다. 자녀들은 충분히 이해가 될 때까지 또 묻고 묻는다. 부모들은 대답하고 또 대답해준다. 저녁식사 시간이 한 시간을 넘어 두 시간이 가까워져도 그들은 대화에 충실하고 즐거워한다. 이것이 바로 하브루타이다.

따라서 하브루타의 성공은 성경암송이라는 사실은 분명하다. 수많은 사람들이 하브루타를 시도했다가 실패하는 이유는 성경암송을 하지 않기 때문이다. 억지로 질문을 만들어서 질문하기는 불가능한 것이다. 몇 번 질문을 할 수 있지만 샘물처럼 솟아오르는 질문을 하려면 성경암송은 기본이 되어야 한다. 유대인들이 하브루타를 잘 하는 이유는 그들은 이미 성경암송을 통해 수많은 질문을 마음에 품고 있기 때문이다.

반면 한국교회는 질문도 없고 대화도 없는 공과식으로 교회학교 학생들의 장래에 치명적인 손상을 끼쳤다. 밥상까지 차려주는 것은 물론 숟가락까지 들어 먹여주는 편의주의식 공과는 재미가 있을지 모르지만 교회학교 학생들을 무기력하게 만든다. 자동적으로 신앙에서 멀리하게 한다. 지식주의적이고 편의주의적인 공과는 한국교회 주일학교의 대참사를 불러왔다. 1주일에 단 하루, 그것도 한 시간의 공과시간은 한국교회 주일학교를 여지없이 무너뜨렸다. 결과 한국교회 주일학교의 현주소가 어떻게 되었는지를 살펴보라.

이것이 바로 하브루타를 해야 하는 이유이다. 하브루타는 1주일에 한 시간이 아닌 1주일 내내 하나님의 말씀을 암송하고 토론하게 한다. 편의주의적인 공과와는 달리 하나님의 말씀의 의미를 깨닫게 하고 삶에 적용할 수 있도록 한다. 틀림이 아닌 다름을 생각할 수 있는 능력을 배양한다. 성경암송과 학업에 지속적인 흥미를 불러일으킨다. 창의력과 상상력을 극대화시켜 탁월한 사람이 되게 한다. 대화의 능력을 키워주고 성경적 사고방식을 갖게 한다. 설득력과 관계의 능력, 소통의 능력을 가진 사람으로 양성하게 한다.

하브루타는 성경적 교육방식이다. "네 자녀에게 부지런히 가르치며 집에 앉았을 때에든지 길을 갈 때에든지 누워 있을 때에든지 일어날 때에든지 이 말씀을 강론할 것이며"(신 6:7)라는 말씀이 바로 하브루타를 의미하는 것이다. 하나님의 말씀으로 부지런히 가르치는 것, 쉴 새 없이 하나님의 말씀을 강론하는 것이 바로 하브루타이다. 이제 하브루타는 한국교회에 꼭 시행되어야 한다.

교육의 주체인 부모는 집에서 자녀에게 성경을 가르칠 의무를 가진다. 유대인들은 매일 가정의 식탁에서 성경을 읽고 토론한다. 특별히 안식일은 금요일 해질 무렵부터 토요일 해질 무렵까지 가정에 둘러앉아 토라와 탈무드를 가지고 하브루타를 한다. 이것은 부모와 자녀, 형제자매의 자녀의 관계 형성뿐만 아니라 자녀들의 토론 훈련에도 큰 도움이 된다. 하브루타를 통해 자녀들에게 묻고 질문에 답변한다. 따라서 교육의 주체인 부모와 가정이 건강해야만 기독교교육을 통한 하나님 나라 건설을 더 든든하게 세워나갈 수 있다.

가정에서나 교회에서도 자녀교육은 매우 시급하고 중요하다. 모든 크리스천 부모님들은 자식들을 믿음의 사람으로 잘 양성하길 원하고 있다. 교회도 마찬가지이다. 다음세대인 아이들이 교회에서 사라지는 것은 곧 미래의 한국교회가 사라지는 것을 의미하기 때문에 한국교회도 발등에 불이 떨어졌다.

그러나 대책은 전무하다. 시대가 급변하는 가운데 옛날 방식을 고집하는 것은 독을 먹이는 행위이다. 이전까지 잘 되었던 것이라면 계속 고집할 필요가 있을 수 있겠지만 결과가 좋지 않았던 것을 계속 고집하는 것은 독이다. 이젠 공과의 약효는 떨어졌다. 인정해야 할 때가 된 것이다.

하브루타를 하라. 방법은 하브루타 뿐이다. 3,500년의 임상이 있다. 유대인들의 저력이 하브루타에서 나왔다는 사실은 전 세계의 교육학자들이 알고 있는 현실이다. 심지어 하나님을 믿지 않는 사람들조차 하브루타를 도입하려고 서두르는 입장이다. 자신의 자녀들이 소중하기에 그들에게 최고의 교육을 선사하길 소망하기 때문이다. 그럼 왜 하브루타를 해야 하는지를 구체적으로 나눠보자.

1. 말씀의 진의를 깨닫고 적용 및 실천하기 위함이다.

성경암송은 4개의 단계가 있다.
첫째로 암기(暗記)이다. 암기란 그 문장을 보지 않고 외울 수 있는 상태를 의미한다.
둘째로 암송(暗誦)이다. 암송이란 암기된 말씀을 반복 또 반복하는 단계이다.
셋째로 심비(心碑)이다. 심비란 마음판에 새겨 넣는 것을 의미한다.
넷째로 실천(實踐)이다. 실천이란 참될 實 실행할 踐으로 참으로(實) 실행함(踐)을 의미한다. 실천이 중요한 까닭은 무엇일까? 아무리 암송을 잘해도 실천을 하지 않으면 소용이 없기 때문이다. 암송이란 암송의 네 가지 과정을 완수해야만 진정한 의미의 암송을 하는 것이다.
오해가 있다. 사람들이 암기를 암송으로 오해하는 것이다. 그 말씀을 암기를 하곤 암송을 했다고 오해한다. 암송은 이미 암기한 말씀을 반복, 또 반복하는 단계를 의미한다.
과연 그렇다면 왜 성경암송에 이런 단계가 필요할까? 그것은 성경암송이 다만 암기에 그치지 않기 위함이다. 진정한 성경암송은 암기로 시작하여 암송에 이르러야 하고, 암송하며 마음에 새겨야 하며, 더 나아가 적용하고 실천하는 단계에 이르러야 한다. 그것이 진정한 의미의 성경암송이다.

어떤 사람들은 100번 이상의 성경통독을 자랑하고, 7,000절 이상의 말씀을 암송한다고 자랑한다. 그러나 그런 사람들의 삶의 모습을 보면 초라하기 그지 않다. 개인의 삶도 초라하고, 섬기는 교회도 초라하다. 삶의 열매도 없고 말씀의 능력도 찾아보기 힘들다. 그런 사람들 때문에 성경통독과 암송이 초라하게 여겨지는 원인이 되기도 한다.

분명 성경통독은 좋은 것이고, 성경암송도 좋은 것이지만 단순히 읽고 암기하는 것은 아무런 의미가 없다는 것을 의미한다. 중요한 것은 성경통독을 하든지, 성경암송을 하든지, 성경필사를 하든지 그 말씀을 마음에 새기고(心碑), 진의를 찾아내어 적용 및 실천할 때 의미가 있는 것이다. 성경은 이렇게 말씀한다.

네가 네 하나님 여호와의 말씀을 삼가 듣고 내가 오늘 네게 명령하는 그의 모든 명령을 지켜 행하면 네 하나님 여호와께서 너를 세계 모든 민족 위에 뛰어나게 하실 것이라 (신 28:1)

그러므로 누구든지 나의 이 말을 듣고 행하는 자는 그 집을 반석 위에 지은 지혜로운 사람 같으리니 (마 7:24)

지키고 행하는 사람이 복을 받는 사람이고 지혜로운 사람이다. 성경은 구약에서부터 신약에 이르기까지 일관된 약속을 하고 있다. 하나님의 말씀을 지켜 행하면 하나님께서 우리에게 복을 주시겠다고 하신다. 내가 집필한『15분의 기적 테필린복음』에서는 매일 15분의 시간을 내어 하나님의 말씀을 선포하라고 한다. 그리고 그 말씀을 적용 및 실천할 때까지 반복하라고 한다. 그렇게 하면 하나님께서 성경에 약속한 복을 받는다고 말한다. 그러자 이렇게 질문한다.

"성경암송만 하면 복을 받나요?"

"테필린복음을 선포하기만 하면 복을 받나요?"

"교회에서 테필린복음을 선포하면 교회가 부흥되나요?"

복과 부흥은 반드시 이루어진다. 하나님의 말씀을 암송하고 선포하는 것만으로 복이다. 그러나 정말 중요한 것은 그 말씀을 적용하여 지키는 것이다. 말씀을 선포하고, 선포한 말씀을 마음에 새기고, 그 말씀을 적용하여 실천할 때 하나님의 복이 임하고, 부흥의 역사가 일어나는 것이다.

이 예언의 말씀을 읽는 자와 듣는 자와 그 가운데에 기록한 것을 지키는 자는 복이 있나니 때가 가까움이라(계 1:3)

그럼 어떻게 하나님의 말씀을 지킬 수 있을까? 하나님의 말씀을 지켜 행하기 위해선 말씀의 진의(眞意)를 깨달아야 한다. 진의가 무엇인가? 말씀의 참된 의미이다. 그 말씀이 주는 참된 의미를 발견하는 것이다. 그리고 발견된 말씀을 오늘의 삶에 구체적으로 적용해야 한다. 그리고 적용된 말씀을 실천해야 한다.

많은 사람들이 하나님의 말씀을 적용하여 실천하는데 실패하는 이유가 있다. 그것은 바로 하나님의 말씀의 진의를 깨닫지 못했기 때문이다. 말씀의 진의를 깨닫지 못했기 때문에 그 말씀을 적용할 수 없고, 실천할 수 없는 것이다.

말씀의 진의를 깨닫기 위해 도움이 필요하다. 하브루타가 필요한 이유이다. 단순히 성경을 읽고, 암송하고, 필사한다고 해서 성경의 깊은 진리를 쉽게 깨닫는 것이 아니다. 하나님의 말씀을 깨닫는 것은 매우 어려운 일이기 때문이다.

성경은 '단순히 성경을 통독하고, 암송하고, 필사하는 것으로 만족해서는 안 된다'라고 말씀하신다. 성경을 많이 읽다보면 이해가 될 것이라고 막연하게 말씀하지 않는다. 몰라도 계속 읽다보면 깨달을 것이라고 말씀하지 않는다. 1년에 성경통독을 한 번은 해야 한다고 말씀하지 않는다. 그런 것은 맹신(盲信)이지 하나님의 방법이 아니다. 하나님은 '말씀을 간절히 찾아서 만나라'고 하신다.

나를 사랑하는 자들이 나의 사랑을 입으며 나를 간절히 찾는 자가 나를 만날 것이니라(잠 8:17)

말씀을 찾아 만나야만 비로소 자신에게 적용하여 실천할 수 있다. 말씀은 장식이 아니다. 성경은 하나님의 감동으로 된 책이다. 교훈이 들어 있다. 책망이 들어 있다. 바르게 함이 있다. 의로 교육하기에 유익하다. 성경은 이처럼 아주 유익하다.

그런데 문제는 거기서 끝내서는 안 된다. 교훈, 책망, 바르게 함, 의로 교육에 머물러서는 안 된다. 성경은 누구에게나 적용되는 말씀이고, 누구에게나 유익한 말씀이지만 그래서 어떻다는 것인가? 성경을 자세히 읽어보라

모든 성경은 하나님의 감동으로 된 것으로 교훈과 책망과 바르게 함과 의로 교육하기에 유익하니 이는 하나님의 사람으로 온전하게 하며 모든 선한 일을 행할 능력을 갖추게 하려 함이라(딤후 3:16-17)

그 말씀을 나에게 적용해서, '하나님의 사람으로 온전하게 함', '모든 선한 일을 행할 능력을 갖춤'까지 이어져야 한다. 여기까지 와야만 제대로 성경을 읽은 것이고, 제대로 암송한 것이고, 제대로 필사한 것이고, 제대로 깨달은 것이다.

그래서 하브루타가 필요한 것이다. 하브루타는 질문하고, 답변하고, 토론한다. 무엇을 가지고? 하나님의 말씀을 가지고 질문하고, 답변하고, 토론한다. 왜 그런 절차가 필요할까? 하브루타의 절차에 의해 하나님의 말씀에 대한 이해와 적용, 그리고 실천이 가능하게 하기 위함이다.

혼자만의 노력으로, 혼자만의 연구로, 혼자만의 지식으로 하나님의 온전한 뜻을 발견하기 어렵다. 아무리 똑똑하고, 아무리 많은 공부를 하고, 아무리 우수한 머리를 갖고 있어도 사람의 지혜로는 하나님의 말씀의 진의를 깨닫기 어렵다. 설령 말씀의 진의를 깨달았다고 해도 검증이 필요하다.

혼자서는 깨닫기 어려운 하나님의 말씀을 짝을 지어 질문하고, 대답하고, 토론하고, 논쟁하는 가운데 말씀의 뜻을 깨닫게 되고, 동시에 검증을 받게 되는 것이다. 검증이 없는 자의적 해석은 하나님의 뜻을 왜곡하게 한다. 따라서 하나님의 말씀의 해석에는 반드시 검증이 필요하다. 검증을 통해 잘못된 해석, 잘못된 적용, 잘못된 실천을 제거할 수 있다.

그 방법이 바로 하브루타이다. 하브루타의 최종 목적은 하나님의 말씀의 진의를 깨닫게 하는 것이다. 짝과의 대화를 통해 질문하고, 대답하고, 토론하고 논쟁하는 사이 말씀의 진의를 깨닫고 그 말씀을 삶에 적용하고 실천할 수 있게 된다. 빛을 전달하는 티쿤 올람을 실현할 수 있게 된 것이다.

따라서 하브루타는 하나님이 주신 강력한 도구이며 명령이다. 예화나 장황한 설명 없이도 말씀을 제대로 적용할 수 있도록 돕는 도구이다. 그리고 해석의 오류를 검증하는 잣대이기도 하다.

2. 틀림이 아닌 다름을 생각할 수 있는 능력을 갖게 하기 위함이다.

사람들에게 '+'가 그려진 카드를 보여주면, 수학자는 '덧셈'이라 하고, 산부인과 의사는 '배꼽'이라고 한다. 목사님은 '십자가'라고 하고, 교통경찰은 '사거리'라고 하고, 간호사는 '적십자'라고 하고, 약사는 '녹십자'라고 대답한다. 모두가 다 자기 입장에서 바라보기 때문이다. 틀린 것이 아니고 다를 뿐이다. 그래서 사람은 '비판의 대상'이 아니라 '이해의 대상'이다.

사람은 모두 다르다. 만약 '사람은 모두 틀리다'라고 정의한다면 말이 되지 않지만, '사람은 누구나 다르다'라고 하면 정확한 정의가 된다. 세상의 모든 것은 다름의 원리를 갖고 있다. 사람은 모두 틀린 것이 아니라 모두 다른 것이다. 그리고 다르게 볼 수 있는 관점이 능력이다.

세상에 있는 모든 것은 다 다르다. 사람도 모두 다르다. 세상의 수많은 사람들 중에 똑같은 사람은 단 한 사람도 없다. 심지어 일란성 쌍둥이도 다르다. 사람은 외모만 다른 것이 아니라 생각도 다 다르다. 어느 부분은 일치하지만 전체적으로 볼 때 사람은 모두 다르다.

반면 하나님의 말씀은 진리이다. 진리의 특성은 변함이 없다는 것이다. 세상이 변하고 시간이 흘러도 하나님의 말씀은 일점일획도 변하지 않고 다 이루어지는 특성이 있다.

> 진실로 너희에게 이르노니 천지가 없어지기 전에는 율법의 일점일획도 결코 없어지지 아니하고 다 이루리라(마 5:18)

> 풀은 마르고 꽃은 시드나 우리 하나님의 말씀은 영원히 서리라 하라(사 40:8)

하나님의 말씀은 영원히 변함이 없는 진리이지만, 사람에 따라, 그리고 그 사람의 환경, 상황에 따라 말씀의 해석은 다를 수 있다. 똑같은 말씀을 대해도 처해진 환경, 상황, 문화적 배경에 따라 얼마든지 해석과 적용이 달라질 수 있는 것이다.

우리는 지금까지 성경말씀의 해석에 대해 매우 신중한 입장을 취해왔다. 잘못된 해석을 낳을 수 있기 때문이다. 이단으로 정죄되는 이유 역시 잘못된 성경의 해석에 따른 것이었다. 그래서 우리는 언제나 공인된 해석만을 용인하곤 했다.

그러나 실제적으로 100명의 설교자가 같은 본문을 가지고 설교해도 해석과 적용이 모두 다르다는 사실이다. 같은 본문의 말씀으로 설교해도 설교의 내용과 적용이 다 다르다. 따라서 다른 것을 용인해야 하고 받아들일 수 있어야 한다. 다른 것은 틀린 것이 아니기 때문이다. 물론 이단적인 해석은 용인할 수 없지만, 모두의 해석이 모두 다르다는 점을 인정해야 한다.

하브루타는 사람의 생각이 다 다른 만큼 해석과 적용이 다 다르다는 사실을 알게 해준다. 실제로 하브루타 세미나의 참가자들에게 같은 본문을 가지고 둘씩 짝을 지어 하브루타를 하게 한 후 발표하게 되면 해석과 적용이 모두 다르다.

그동안 한국사회는 '다름'을 '틀림'으로 인정하는 편협한 사고방식을 추구해왔다. 우파는 좌파가 잘못되었다고 하고, 좌파는 우파가 잘못되었다고 한다. 우파는 좌파의 말을 인정하지 않고 좌파는 우파의 말을 인정하지 않는다. 이것은 자신의 편견을 넘어 심각한 '이해장애 증후군'(CDS: Comprehension Down's Syndrome)이라고 한다. 심각하게 이해력이 부족한 정신적 장애이다.

교회도 마찬가지이다. 진보 측은 보수 측을, 보수 측은 진보 측이 서로

틀렸다고 주장한다. 그런 배경에는 자신만이 옳다는 그릇된 사고가 있다. 이런 사고는 한국사회와 교회를 분열하게 하고 서로 간에 상처를 주고받는 결과를 가져왔다.

승자도 패자도 없는 시소게임(Seesaw game)을 하는 사이 한국사회는 병들어가고, 세대 간의 생각의 차이는 점점 심화되었으며, 교회는 쓸모없는 일에 힘을 낭비하다 보니 정작 교회가 감당해야 할 제 역할을 감당하지 못하고 침체하는 상황에 이르렀다. 이 모든 것이 바로 다름을 인정하지 않은 결과이다. 그러나 근본적인 이유는 이해장애 증후군으로 인해 이해에 대한 장애가 있기 때문이다.

하브루타는 이런 장애를 치유하는 특효약이다. 하브루타를 하다보면 상대방의 주장에 깜짝 놀랄 때가 많다. 하브루타는 다른 사람의 생각이 내 생각과 다르다는 사실을 알게 해준다. 상대방의 생각이 내 생각보다 훨씬 뛰어나다는 사실을 발견하게 된다. 엄청난 관점의 차이를 발견하게 된다. 더 나아가 내가 알고 있는 것이 얼마나 미약한 것임을 알고 겸손해진다. 그리고 하브루타를 통해 문제가 쉽게 해결되는 결과를 목격하게 된다.

틀림이 아닌 다름을 생각하는 것은 현대인에게 꼭 필요한 능력이다. 우리는 내 자녀를 틀림이 아닌 다름을 생각할 수 있는 사람으로 키워야 한다. 그렇지 않고는 치열한 국제경쟁 사회에서 살아남을 확률이 없다. 언어가 다르고, 문화가 다르고, 가치관이 다르고, 역사가 다르면서도 이해력이 뛰어난 세계인들을 만나기 위해선 다름을 생각할 수 있는 능력을 키워야 한다.

우리는 그동안 다름을 인정하지 못하는 장애적 시각 때문에 한국사회와 국가, 그리고 교회가 중병에 걸려 있었다는 사실을 인정해야 한다. 다름을 틀림으로 인정하는 것은 시대착오적인 생각이며, 어리석은 사람의 교만한 생각이며, 세상을 다양하게 창조하신 하나님의 의도를 인정하지 않는 어리석음이다.

우리는 우리의 생각과 전혀 다른 전 세계 사람들을 상대하기 위해 다름을 생각하는 능력을 키워야 한다. 지금은 글로벌 시대이며 인터넷 시대이다. 세계와의 벽이 허물어지고 지구의 끝의 정보를 단 1초의 지체도 없이 나눌 수 있는 시대가 되었다. 이런 시대에 필요한 것은 다른 것을 인정하는 능력이다. 이런 능력을 배양하지 않고는 세계시장으로 나아갈 수 없다. 하브루타는 이런 한계성을 극복하고 틀림이 아닌 다름을 통해 세상을 조화롭게 다스리는 하나님의 법칙을 인정하는 것이다.

3. 성경암송과 학업에 지속적인 흥미를 불러일으키기 위함이다.

성경암송에는 분명한 한계가 있다. 성경암송의 중요성을 알게 된 부모들은 저마다 자녀들에게 성경암송을 강요한다. 하지만 명분이 부족하다. '왜 성경암송을 해야 하는지?' 그 이유에 대해 명확하게 설명하지 못한다. 다만 유대인들처럼 똑똑해진다는 근거 하나로 성경암송을 강요한다. 그러고 보면 성경암송을 신앙교육이 아닌 천재교육 또는 영재교육으로 오해하는 부모들이 많다. 하나님의 말씀을 마음에 새겨 일평생 하나님의 말씀대로 살아가게 하는 신앙교육이 아니라 천재교육, 영재교육 차원에서 성경암송을 강요하는 부모들이 적지 않다. 이러한 강요는 잘못된 목적이며 오히려 부모와 자녀 간의 관계를 나쁘게 하는 요인인 동시에 자녀들이 신앙을 떠나게 하는 부작용만 낳았다.

성경암송은 머리를 좋게 만드는 유대인 교육이 아니다. 성경암송의 목표는 노벨상도 아니고, 아이비리그에 진학하는 것도 아니다. 바로 말씀을 마음에 새겨서 그 말씀대로 살아가게 하는 신앙교육이다. 나의 작은 실천이 세상을 치유한다는 사실을 깨닫게 하는 것이다. 그렇게 할 때 하나님께서 복을 주심으로 세계 모든 민족 위에 뛰어나는 복을 받게 되는 것이다.

성경암송은 유대인에게나 우리 한국의 크리스천 자녀들에게 생명과 같은 신앙교육이다. 유대인들은 이미 성경암송을 통해 이를 증명했고, 이젠 한국의 크리스천 자녀들이 성경암송을 해야 한다. 세상의 어떤 학문보다 성경암송은 탁월한 학문이다. 성경암송을 제대로만 하면 하나님은 그 자녀에게 하나님에 대한 신앙, 세상과 비교할 수 없는 지혜, 그리고 복을 선물로 주실 것이다.

그러나 실제적으로 성경암송은 한계가 있다. 성경암송이 어렵기도 하지만 더 어려운 것은 그렇게 어렵게 암송한 말씀을 해석하고 적용할 방법이 없기 때문이다. 목회자의 경우 암송된 말씀을 설교에 사용하고, 전도자의 경우 전도에 사용한다고 하지만 우리의 자녀들은 암송한 말씀을 사용할 곳이 없다. 이것이 성경암송의 딜레마이다. 여기서 성경암송의 한계가 발생하는 것이다.

이러한 문제 앞에서 부모들은 더 이상 자녀들에게 성경암송을 강요하지 못한다. 또 자녀들이 중학교 및 고등학교에 진학하면서 교과과목을 공부하는데도 시간이 부족하다고 느낀다. 청소년에 들어서면서 반항기에 들어선 자녀들에게 더 이상 성경암송을 강요하는 것도 부모와 자녀 간에 갈등을 일으키는 요소가 된다. 대부분의 부모들은 여기서 성경암송에 손을 들어버린다.

자, 그렇다면 여기서 성경암송을 중단할 것인가? 그렇다면 지금까지 성경암송을 하느라 수고했던 모든 과정들은 어떻게 되는 것인가? 이제 성경암송을 그만두고 학과공부에 더 집중하게 할 것인가? 대부분의 부모들은 이 시점에서 한계에 부딪치게 된다.

그러나 이 문제를 해결할 방안이 있다. 이것이 바로 하브루타이다. 성경암송은 하브루타를 위한 기초체력이다. 즉 하브루타를 하기 위해 가장 필요한 것이 성경암송인 것이다. 유대인들이 하브루타에 100% 성공하는 이유는 그들이 어렸을 때부터 모세5경을 암송한 결과이다. 성경암송은 하브루타의 성공은 물론 풍성하고 창의적으로 실행할 수 있는 원동력이다.

유대인들이 성경암송을 지속적으로 감당할 수 있었던 것은 매일 진행되는 하브루타가 있었기에 가능한 것이었다. 그들은 성경암송의 고단함을 하브루타를 통해 풀었다. 그리고 성경암송 중에 끊임없이 흘러넘치는 궁금증을 하브루타를 통해 해결했다. 하브루타는 성경을 암송하고 테필린을 선포하는 고된 일과 중에서도 밝은 빛을 제공하는 등불이 되었던 것이다.

더 나아가 하브루타는 공부를 즐겁게 만들어 준다. 둘이서 질문과 대답, 그리고 토론을 하는 과정에서 지루할 틈이 없고 자신의 의견을 표현하고, 자신이 생각하지 못한 창의적인 것을 뇌가 생각해내도록 하는 능력을 스스로 체험하게 한다. 즉 뇌의 능력을 최대한 끌어내는 학습법을 통해 공부를 즐기게 한다. 그들은 하브루타를 통해 토라 리쉬마를 실현하게 된 것이다.

하브루타의 가장 큰 효과는 즐겁게 공부하기 때문에 행복하다는 것이다. 그 행복은 바로 학습에 대한 효과로 연결되어 더 깊이, 더 넓게, 그리고 더 열심히 공부하고자 하는 동기를 부여한다.

4. 창의력과 상상력을 배양하기 위함이다.

사람은 태어날 때 엄청난 창의력과 상상력이라는 선물을 부여받았다. 어린 아이들은 다양한 창의력과 풍성한 상상력을 가지고 있다. 아이들은 엄청난 창의력과 풍성한 상상력을 동원하여 집을 짓는가 하면, 부수기도 하고, 새롭게 만들어 보기도 한다. 둥둥 날아다니기도 하면서 다양한 세계를 꿈꾸기도 했다.

분명 창의력과 상상력은 엄청난 에너지이며 능력이다. 창의력과 상상력은 배양하면 할수록 커지고 실현가능한 능력으로 바뀌어 사용할 수 있게 한다. 세상의 모든 작품은 모두 창의력과 상상력의 산물이다. 자동차가 점점 세련되게 변해가는 것도 창의력과 상상력의 산물이고, 100층에

달하는 멋진 건물이 세워지는 것 역시 창의력과 상상력의 산물이다. 모든 것이 다 창의력과 상상력의 산물이다.

그러나 각박한 현실 속에서 창의력은 점점 사라지고 상상력은 힘을 잃어가게 된다. 오히려 창의력과 상상력을 가진 사람을 비하(卑下)하는 문화 속에서 살아가게 된다. 특별히 한국사회는 창의력과 상상력을 가진 사람을 '4차원'이라고 비하하고 멸시하는 사회이다.

결과 한국사회는 엄청난 경제의 발전에 비해 창의력과 상상력이 가장 뒤떨어지는 국가로 전락하게 되었다. 삭막하고 메마른 지식으로 풍성하고 다양한 세계에서 뒤떨어지는 결과를 낳았다. 세계적인 디자이너, 음악가, 그리고 예술가를 단 한 명도 배출하지 못했다. 세계수준의 영화제작, 노벨상, 문학 등을 엄두도 내지 못하는 콘텐츠 부족국가로 전락하고 만 것이다.

그럼 창의력과 상상력은 무엇을 의미하는가? 쉽게 말하면, 물건을 디자인하는 능력, 무를 유로 만드는 능력, 역발상, 하늘을 나는 능력, 사실이 아닌 것을 사실처럼 만드는 애니메이션 능력, 1천 원짜리를 1천만 원짜리로 바꾸는 능력 등을 의미한다. 이런 능력이 사람을 즐겁게 하고, 살아갈 이유를 발견하게 하며, 네트워크로 세상의 모든 사람과 교류할 수 있는 오묘함을 창조한다. 유대인이 바로 이런 능력을 십분 활용한 케이스이다.

사실 이런 능력은 우리의 몸에 내재되어 있었다. 그러나 주입식 교육, 일방적 교육 등은 이런 창의력과 상상력을 산산 조각을 내어 깨어버렸다. 창의력과 상상력을 회복하는 학습법이 바로 하브루타이다.

하브루타를 하면 창의력과 상상력이 살아난다. 우리의 자녀들의 창의력과 상상력을 키우는 방법은 하브루타를 하게 하는 것이다. 국제시대에 세계적인 리더로 성장하는 방법은 지식만으로는 불가능하다. 창의력과 상상력이 요구된다. 우리의 자녀를 세계적 리더로 키우기 위해선 하브루타가 절대적으로 필요하다.

5. 시끄러움 속에 학습효과를 극대화하기 위함이다.

학습효과는 조용한 곳에서 나타나는 것이 아니다. 만약 조용한 곳에서만 학습효과가 나타난다면 시끄러운 곳에서는 학습효과를 기대할 수 없을 것이다. 하브루타는 시끄러움 속에 학습효과를 극대화시키는 능력을 창출한다.

한국의 도서관과 전혀 다르게 시끄러운 유대인 도서관의 모습이다. 빈자리가 보이지 않을 정도로 그들은 학습을 좋아하고 즐겁게 공부한다. 이것이 토라 리쉬마의 정신이며 하브루타의 근간이 된다.

유대인의 도서관은 시끄럽다. 한국의 도서관은 매우 조용하지만 유대인의 도서관은 하브루타를 하는 사람들로 인해 매우 시끄럽고 요란하다. 마치 시골장터 같은 느낌을 받기도 한다. 그렇게 하는 이유는 눈으로 공부하는 것이 아닌 입으로 공부하는 이유 때문이다. 이렇게 입으로 공부를 하는 사이에 백색 소음이 발생한다.

많은 작가들이 카페에서 글을 써서 베스트셀러를 배출한 사실을 알고 있는가? 해리포터로 유명한 조앤 롤링은 에든버러의 여러 카페를 전전하며 소설을 썼다. 그리고 어니스트 헤밍웨이도 카페에 앉아 소설을 쓰곤 했다. 단순히 갈 곳이 없고 일할 곳이 없어서 카페에 간 것이 아니다. 카페에 가면 신기하게도 글이 잘 써졌다는 고백을 들을 수 있다.

그 이유는 백색 소음이 최고의 집중력을 만들어 주기 때문이다. 백색 소음이란 라디오에서 들을 수 있는 찌직거리는 소리와 같이 모든 주파수를 포함한 소리라고 한다. 보통 소리는 주파수에 따라 낮은 저음이나 높은 고음 등 특색을 가지기 때문에 '웅' 하는 저음이나 '삐' 하는 고음에 우리 청각이 반응을 하게 되지만 백색 소음은 모든 주파수가 고르게 들어가 있어서 편안하게 들을 수 있다고 한다.

한국산업심리학회의 연구에 의하면, 백색 소음이 학습효과에서 집중력 47.7%의 향상효과, 기억력 9.6%의 향상효과, 스트레스 27.1%의 감소효과 및 학습시간 13.6%가 단축된 결과가 나왔다. 백색 소음은 심신이 안정될 때 나오는 알파파를 유도하고 산만할 때 나오는 베타파를 감소시킨다고 한다.

카페에서 들리는 잔잔한 음악 소리와 사람들이 도란도란 이야기를 나누는 그 소리가 집중력 향상에 도움을 준다는 것이다. 아무 소리도 들리지 않는 곳에서는 내면에서의 이런저런 잡생각이 떠오를 수 있지만, 오히려 잔잔한 소음이 있는 곳에서는 집중력이 향상된다고 하니 재미있는 일이다. 백색 소음과 관련해서 정보를 드린다면, 최근 들어 백색 소음을 인위적으로 내주는 앱(App)들이 생겼다고 한다. 백색 소음이 집중력에 큰 도움을 준다는 사실이다.

하브루타는 최고의 학습법이다. 최고의 학습법이란 언제, 어디서든 학습할 수 있는 방법이어야 한다. 하브루타는 조용한 가운데 학습효과를 얻는 것이 아닌 언제, 어디서나 집중하여 최대의 학습효과를 얻는 학습법이다.

6. 설득의 능력, 관계의 능력, 소통의 능력을 극대화하여 법조계, 언론계, 정계, 문화계, 학계, 경제계, 금융계를 장악하기 위함이다.

세상을 장악하는 방법은 시험을 잘 치루고, 높은 성적을 내는 것만으로는 불가능하다. 설득의 능력이 있어야 하고, 관계의 능력이 있어야 하며, 소통의 능력이 있어야 한다. 이것이 바로 세상을 장악하는 기술이다. 하브루타의 목적은 분명하다. 하브루타는 학습법인 동시에 세상을 장악하는 최고의 방법이기도 하다. 하브루타를 하면 먼저 설득의 능력이 뛰어나게 된다. 관계의 능력도 증가된다. 소통의 능력은 더욱 더 발전하게 된다. 이것이 바로 세상을 장악하는 기술이다.

한국인들의 약점은 발표의 능력이 부족하다보니 설득력이 떨어지고, 관계의 능력이 저하되며, 소통이 불가능해진다는 점이다. 그것은 바로 소통과 피드백이 없는 교육을 받았기 때문이다.

학교를 보내는 부모는 자녀에게 "선생님 말씀 잘 들어라!"고 말한다. 질문을 하라고 하거나 자신의 입장이나 생각을 설명하라고 하지 않는다. 선생님의 말씀을 잘 듣고 이의를 제기하지 않는 학생을 모범학생으로 인정하는 문화 때문이다. 이 문화가 한국을 선진국이 아닌 개발도상국에 머무르게 하는 이유가 된다.

교회는 더욱 심하다. 목사의 설교에 이의를 제기하는 사람을 용납하지 않는다. 설교의 내용이 맞던 틀리던 상관없이 "은혜 받았습니다!"라고 해야 한다. 만약 목사의 설교에 동의하지 않는 사람에 대해 '이 교회에 적합하지 않은 사람', '교회에 불만이 있는 사람', '신앙이 좋지 않은 사람'으로 매도해 버린다. 이런 매도는 치명적이어서 그 사람이 그 교회에 머물지 못하게 하는 퇴거명령과 같다.

예수님이 12살이 되었을 때 예루살렘에 올라갔다가 길에서 예수님을 잃어버린 사건이 있었다. 사흘 후에 만난 예수님은 성전에서 선생, 즉 랍비들과 듣기도 하고 질문도 하면서 하브루타를 하고 계셨다.

사흘 후에 성전에서 만난즉 그가 선생들 중에 앉으사 그들에게 듣기도 하시며 묻기도 하시니 듣는 자가 다 그 지혜와 대답을 놀랍게 여기더라 (눅 2:46-47)

얼마든지 묻기도 하고 듣기도 하는 교육이 필요하다. 베뢰아 사람들도 그랬다. 그들은 설교를 들으면 무조건 '아멘'한 것이 아니라 그 말씀이 정말 그러한지, 그렇지 않은지를 분석하곤 했다. 그 말씀이 그러할 때 생명이 되지만 그 말씀이 그렇지 않으면 독약이 될 수 있기 때문이다.

베뢰아에 있는 사람들은 데살로니가에 있는 사람들보다 더 너그러워서 (신사적이어서) 간절한 마음으로 말씀을 받고 이것이 그러한가 하여 날마다 성경을 상고하므로(행 17:11)

설득은 이해가 될 때 이루어진다. 관계는 말이 통할 때 형성된다. 소통은 마음을 열 때 열려진다. 말은 쉽지 않지만 설득과 관계, 소통은 우리의 영원한 숙제이다. 부모와 자녀 사이, 목회자와 교인 사이, 교사와 학생 사이, 상사와 부하직원 사이를 해결하는 방법은 하브루타이다. 하브루타는 이런 문제를 자연스럽게, 그러면서도 확실하게 이루는 세계 최고의 학습법이다.

7. 감성적, 직관적인 한국인(우뇌형)들을 입과 논리적, 분석적(좌뇌형)을 고르게 발전시키기 위함이다.

우리의 뇌는 우뇌와 좌뇌로 나눌 수가 있는데, 그 역할이 각기 다르다. 좌뇌는 언어, 계산 등의 처리와 같은 논리적인 사고를 주로 담당하는 반면, 우뇌는 시각적인 정보의 처리나 직감적으로 새로운 것을 받아들이는 뇌이다. 다시 말하자면 미지의 새로운 것에 도전하는 뇌가 우뇌이고,

그 미지의 것에 대한 처리방법이 밝혀지면 그대로 처리하는 뇌가 좌뇌이다.

대부분의 한국인들은 우뇌형이라고 한다. 감성적이고 직관적인 우뇌가 발달되어 있다. 그래서인지 한국인들은 감성적인 면이 매우 강하다. K-pop을 비롯한 드라마 등 한류문화를 주도하는 것이 이와 무관치 않다. 한국인들은 감성적이며 예술적인 기질이 뛰어나다.

시각적이거나 감성, 감정에 관여 되어 있는 부분이 많은 우뇌형 일수록 예술가가 많다. 복잡한 상황에서도 거리낌 없이 당황하지 않고 과감하게 행동, 실천하며 즉각적인 변화에 바로바로 적응 하는 능력이 뛰어나다. 그래서 조금은 단순하지만, 감정처리나 예체능에 관련하여서는 우뇌의 발달이 큰 역할을 한다.

우뇌형인 한국인들이 좀 더 논리적이기 위해선 좌뇌를 고르게 발전시켜야 한다. 좌뇌는 지적인 능력을 담당하고 언어에 대한 부분과 의미를 파악함에 있어 분석력과 판단력이 굉장히 빠르다. 또한 일관성을 유지하면서도 모순된 상황에서 방어하는 판단력이 있어서 선택하는 부분에 있어서는 좌뇌의 역할이 크다고 할 수 있다.

하지만 우리의 뇌는 우뇌나 좌뇌 중 어느 하나만 뛰어난 것 보다는 그 균형이 맞아야 한다.

그렇게 하려면 과연 어떤 방법이 있을까? 먼저 음악을 활용하는 방법이 있다. 처음 듣게 되는 음악은 우뇌의 담당이고 여러 번 들었던 음악은 좌뇌의 담당이다. 따라서 여러 쟝르의 음악을 다양하게 들어보는 것이 우뇌와 좌뇌를 균형있게 발전시키는 방향이다.

미술을 활용하는 방법도 있다. 그림을 그리는 창작은 우뇌를 자극한다. 한국인들은 그림을 잘 그리지만 그림을 감상하는 능력은 부족하다. 하지만 명화를 감상 후 느낀 이미지에 대해 감상문을 글로 작성한다면 우뇌와 좌뇌를 함께 사용하는 효과가 있다.

그러나 우뇌와 함께 좌뇌를 고르게 발전시키기 위한 최고의 방법은 하브루타이다. 하브루타를 하게 되면 지적이며 논리적인 언어의 능력을 극대화 할 수 있다. 동시에 하브루타는 분석력과 판단력을 강화시키는 좌뇌의 기능을 강화시킨다. 따라서 하브루타를 하게 되면 우뇌와 함께 좌뇌를 균형있는 뇌량을 통해 서로간의 정보를 교환하면서 공동 작업을 통해 전체적인 두뇌발달을 이루게 된다. 이런 면에서 하브루타는 우뇌와 좌뇌를 균형 있게 발전시키는 최고의 학습법이다.

함께 읽으면 좋은 책들

성경암송에 길을 묻다(박종신 著/ 성경암송학교)
교회 하브루타(전성수, 이익열 共著/ 두란노)
부모라면 유대인처럼 하브루타로 교육하라(전성수 著/ 예담)

04
하브루타를 성공하기 위한 전제조건

하브루타의 성공의 전제조건

하브루타의 성공을 위한 전제조건이 있다. 누구나 쉽게 시작할 수 있는 하브루타이지만 성공하기는 쉽지 않다. 유대인들이 하브루타를 한다고 해서, 하브루타가 세계 최고의 학습법이라고 해서 무조건 시작해서는 안 된다. 준비 없이 하브루타를 시도해서는 안 된다. 철저한 준비 없이 하브루타를 시도하면 실패할 수밖에 없다.

실제로 하브루타를 시작했다가 중간에 포기하는 사람들이 적지 않다. 주위를 보면, 하브루타를 시작한 가정이나 교회는 많지만 대부분 실패의 과정을 통해 중간에 포기하는 모습을 본다.

또 서로 간에 흥분하여 얼굴이 붉어지고 핏대를 세우는 변론으로 그치는 현상들도 나타나고 있다. 질문하고, 대답하고, 토론한다는 대화식 교육은 상당히 긍정적이고 효과적이지만, 실제적으로 성공적인 결과를 얻는 경우는 드물다. 아직 한국에서는 학습법으로 정착되지 않았으며 입증할만한 결과도 찾아보기 힘들다.

하브루타가 이뤄지는 현장에 가보면, 실제로 하브루타 학습법이라고 할 수 없는 일들이 벌어진다. 말도 안 되는 논리와 주장을 하는 사람, 짝의 공격에 지나치게 흥분한 사람, 논쟁이라는 이유로 예의 없는 행동을 하는 사람, 사실이 아닌 상상(想像)에 의해 쓰인 이야기나 소설인 픽션(Fiction)을 놓고 무리한 질문을 하는 사람의 모습을 볼 수 있다. 이런 요인들이 하브루타의 실패 원인이 된다.

그럼 하브루타에 실패의 원인은 무엇인가? 하브루타의 형태를 알아보면 쉽게 이해할 수 있다. 하브루타는 형태적으로 산출(Output)이다. 즉 하브루타는 외부(外部)로 산출하는 형태를 가진 학습법이다. 외부로 산출하기 위해선 먼저 내부의 입력(Input) 과정이 있어야 한다. 내부의 입력이 없이 외부로 산출을 하는 것은 한계가 있고 결국 하브루타를 실패하게 하는 원인이 된다.

먼저 Input이 있어야 한다

그럼 하브루타를 성공하려면 어떻게 해야 하는가? 유대인을 세계에서 가장 우수한 민족으로, 세계에서 가장 창의력이 높은 민족으로 만드는 비결은 하브루타이다. 그런데 유대인들이 하브루타에 성공하는 이유는 강력하고도 지속적인 입력(Input)이 있기 때문이다.

그것이 바로 토라암송, 탈무드, 테필린, 그리고 다양한 분야의 독서이다. 그들이 암송하는 토라는 하브루타를 성공으로 이끄는 첫 번째 스텝이다. 유대인들은 3살부터 토라의 암송을 시작하여 13살이 될 때까지 토라 전체를 암송하는 어마어마한 일에 도전한다. 만 13세에 치루는 '바 미츠바'를 치루기 전에 그들은 이미 토라(Torah)를 완벽하게 암송한다. 사실 10년에 걸쳐 토라를 암송한다는 것은 불가사의한 일이다. 이것이 바로 유대인이 하브루타를 성공하는 비결이다.

토라(Torah, 율법)란, 구약성서의 첫 다섯 편으로, 곧 창세기, 출애굽기, 레위기, 민수기, 신명기를 말한다. 흔히 '모세오경'(모세五經, 또는 '모세율법'이라고도 하며 유대교에서 가장 중요한 율법서이다. 히브리어로 '가르침' 혹은 '법'을 뜻하기도 한다. 유대인들은 3살부터 13살이 되는 10년 동안 이 방대한 토라를 암송하게 된다. 읽기도 힘든 토라를 암송한다는 것은 10년 동안 거의 대부분의 시간을 암송에 전념한다는 의미이다. 이것이 바로 하브루타의 근거가 되는 동시에 성공으로 이끄는 원동력이 된다.

일본의 명언 가운데, '하나를 알면 열을 안다. 열을 알면 백을 안다'라는 말이 있다. 유대인의 저력은 토라암송에 있다. 세상에서 가장 난이도가 높은 토라를 암송한다는 것은 그 외의 어떤 일에도 성공을 보장할 수 있다는 것이다.

성공한 사람은 성공한 사람과 만나게 되어 있다. 사람은 정상(頂上)에서 만나게 되어 있기 때문이다. 가는 길은 달라도 결국에는 정상에서 만나게 된다. 우리는 각 분야의 정상에 선 사람들이 친분을 나누는 것을 본다. 정치, 문화, 예술, 스포츠, 미술, 음악 등 서로 다른 분야에서 최고로 인정받는 사람은 결국 정상에서 만나 친분을 나누게 된다. 유대인의 탁월함은 토라에서 시작되고, 그들은 각각 다른 길을 걷지만 최종적으로 정상에서 만나게 된다. 이것이 바로 유대인의 저력이다.

하브루타는 자연스러운 것이다. 방대하고 어려운 토라를 암송하는 내내 유대인 소년들과 소녀들에게는 질문이 나온다. 토라를 암송하면서 이해하기 힘든 단어나 문장, 그리고 표현법 등에 대한 무한한 질문이 쏟아져 나온다. 이것이 바로 하브루타를 시작하는 이유가 되는 것이다. 결국 하브루타는 토라를 암송하면서 궁금했던 것을 아버지와 교사, 친구들과 질문하고, 대답하고, 토론하고, 논쟁하는 것에서 시작된 교육법인 것이다.

즉 하브루타는 선입력이 있었기에 후산출이 가능한 것이다. 입력이 없다면 질문도 없을 것이고 하브루타로 이루어질 수 없는 것이다. 그토록 방대하고 어려운 토라를 암송하면서 쏟아져 나오는 질문들을 질문하고, 대답하고, 토론했던 것이 바로 하브루타다. 따라서 토라의 암송 없이 하브루타는 존재할 수 없는 불가분의 관계인 것이다.

세상에 공짜는 없다. 유대인들이 하브루타를 위해 토라를 암송하면서 방대한 분량의 탈무드를 공부한다. 그리고 독서벌레라는 별명을 들을 정도로 독서에 집중한다. 대부분의 유대인의 가정에는 3,000~5,000권의 책이 비치되어 있다. 1만권이 넘는 책이 비치된 가정도 있었다. 혹시 책만 진열한 것이 아닐까 해서 그 중의 한 책을 가리키며 읽어보았느냐고 묻자 4번 완독한 사인을 보여주었다. 이것이 바로 하브루타를 깊고 넓게 학습할 수 있는 능력이 된다.

하브루타의 실패의 원인

한국의 학생들이 하브루타에 도전하기 전에 준비하는 것은 거의 없다. 성경암송을 하지 않는다. 탈무드를 읽거나 테필린을 선포하지 않는다. 다양한 분야에 대한 독서도 하지 않는다. 신문도 거의 읽지 않는다. 학교의 커리큘럼에 의한 교과과정을 따라갈 뿐 성경, 정치, 경제, 사회, 문화, 예술, 철학, 역사, 디자인 등에 대한 지식이 부족하다 못해 무식하다. 결과 한국인들은 하브루타를 실패할 수밖에 없는 구조를 가진 것이다.

교회에서의 하브루타도 마찬가지이다. 교회학교의 침체에 대한 대안으로 하브루타를 시도하는 교회들도 마찬가지이다. 하브루타가 좋다는 이야기를 듣고 사전 준비 없이 시작하는 경우가 많다. 100% 실패할 수밖에 없다. 하브루타에 대해 알지도 못하고, 필요성도 알지 못하고, 하브루타에 대한 준비도 부족하기 때문에 결국 실패하게 된다. 교회이기에 백설공주를 놓고 하브루타를 할 수도 없고, 성경의 말씀을 가지고 하브루타를 해야 하는데 성경의 지식이 부족하기 때문에 실패할 수밖에 없는 것이다.

많은 사람들이 하브루타를 시작했다가 실패하는 이유는 이와 무관치 않다. 입력이 없이 산출하게 되면 실패할 수밖에 없다. 하브루타를 한다고 하지만 결국 알맹이 없는 잡담이나 변론에 그치게 된다. 그러한 것은 하브루타가 아니다. 단순한 잡담이나 변론에 불과하다.

그럼 하브루타를 성공하기 위한 삼위일체인 성경암송과 테필린, 그리고 독서를 어떻게 해야 하는지를 설명하려고 한다.

1 성경암송

하브루타의 성공을 위해서 반드시 해야 할 일은 성경 말씀을 암송하는 것이다. 성경을 읽는 것만으로 하브루타를 성공할 수 없다. 성경을 암송하여 마음에 새길 때 하브루타를 성공할 수 있다. 만약 성경암송 없이 하브루타를 시도한다면 실패를 경험하게 될 것이다. 진정으로 하브루타를 정착시키고 성공하려면 성경암송을 해야 한다. 유대인의 하브루타는 성경암송에서 시작되었다는 사실을 기억해야 한다.

여러 교회와 기독교 단체에서 진행되고 있는 하브루타를 보면 진정한 의미에서의 하브루타가 아닌 말장난이나 시시한 잡담으로 이어지는 것을 볼 수 있다. 중간에 쓸데없이 말꼬리나 잡고 공격을 하거나 본론과 관계없이 다른 얘기를 하다가 대화를 종료한다. 그렇게 하고서 자신들이 하브루타를 했다고 흡족해한다.

이러한 하브루타는 시간낭비에 불과하다. 차라리 하지 않는 것이 훨씬 낫다. 사도바울은 하나님의 말씀에 대한 준비없이 하브루타를 하는 것은 어리석고 무식한 변론이 될 뿐만 아니라 다툼의 원인이 된다는 사실을 경고했다.

어리석고 무식한 변론을 버리라 이에서 다툼이 나는 줄 앎이라(딤후 2:23)

최근에는 '성경암송 없이 하브루타는 없다'라는 나의 주장에 의해 많은 교회와 기독교 단체들이 종종 성경암송의 중요성을 언급하는 것을 봤다. 그러나 실제로 암송을 적용하여 하브루타를 하는 경우는 거의 없었다. 성경암송을 하는데 시간이 걸리기 때문이다. 하루라도 빨리 하브루타의 기술을 배워 교회나 가정에서 적용하려는 성급함이 실패의 원인이 될 수 있다. '천리 길도 한 걸음부터'라는 말이 있듯이 지금부터라도 성경암송을 시작해보자.

랍비들 앞에서 성경암송을 하는 어린 학생의 모습이다. 약 10세 정도의 이 아이는 창세기와 출애굽기를 이미 암송했고, 레위기 암송을 랍비들에게 보여주고 있다.

하브루타는 탁월한 교육법이나 화려한 언어의 기술이 아니다. 하브루타는 '도저히 혼자서 찾을 수 없는 말씀의 진의(眞意)를 친구와의 토론과 논쟁을 통해 설명할 수 있는 상황에 이르는 것'이다. 하브루타에는 화려한 언어기법이 필요한 것이 아니라 풍성하게 나눌 지식이 필요한 것이다. 우리가 진정으로 하브루타를 통해 개인이 변화되고 교회가 회복되는 결과를 얻기 원한다면 우리는 성경으로 돌아가야 한다. 성경에서 출발하여 정치, 경제, 사회, 문화, 예술, 디자인, 건축, 영화 등으로 확산되어야 한다.

성경으로 돌아간다는 것은 바로 그 말씀을 암송하는 것이다. '성경으로 돌아가야 한다', '말씀으로 돌아가야 한다'고 주장하는 사람에게 그 의미를 물으면 대답하지 못하는 사람들이 많다. 성경으로 돌아가는 것, 말씀으로 돌아가는 것은 신명기 6장 6절의 말씀인 "오늘 내가 네게 명하는 이 말씀을 너는 마음에 새기고…"이다. 그 이상도 그 이하도 아니다. 성경으로 돌아가는 것도 성경암송이고, 말씀으로 돌아가는 것도 역시 성경암송인 것이다.

우리가 던져야 할 질문

여기서 우리는 한 가지 질문을 던져야 한다. 하브루타는 신앙교육인가? 학습방법인가? 지금 학교와 단체는 하브루타를 학습방법으로 이해하고 있다. 하브루타를 통해 창의력과 상상력을 배양하고 탁월한 인재를 양성하는 목표를 가지고 하브루타를 시행하려고 한다. 그러나 그런 생각은 기독교와 전혀 관계가 없는 교육방법에 불과하다.

그러나 우리는 하브루타를 신앙교육으로 이해해야 한다. 하나님의 사람으로 온전하게 하며 모든 선한 일을 행할 능력을 갖추게 하기 위한 신앙교육이 되어야 한다. 주일학교가 사라지고 중, 고등학생들이 교회를 떠나가고 있는 시점이다. '인구절벽'이라는 말이 나오고 있는 세상에서 교회는 '교인절벽'을 예상해야 한다. 어느 날 갑자기 교회가 문을 닫고 사라질지 모른다. 교회가 박물관의 유물처럼 역사의 한 페이지를 장식하는 것을 막아야 한다.

이를 위한 유일한 대안은 하나님의 말씀으로 하브루타를 하는 것이다. 우리는 신앙의 계승을 위해 하브루타를 시행해야 한다. 비논리적이고, 비상식적으로 받아들여지고 있는 기독교의 진리를 올바로 이해하는데 하브루타 만큼 탁월한 도구가 없기 때문이다.

유대인은 토라 리쉬마를 주장한다. 문자 그대로, 토라 리쉬마는 토라 자체를 위한 공부이어야 한다. 토라의 실천도, 물질적인 보상도, 영적인 즐거움도 모두 부수적인 의미인 반면, 토라 자체가 보상이며, 토라만이 최고의 공부의 대상과 목적과 가치가 돼야 한다는 것이다. 어떤 보상과 대가없이 토라 존재 자체의 가치와 권위와 영광을 위해 토라를 암송하고 공부한다는 뜻이다.

과연 그렇다면, 우리의 하브루타의 시작은 성경암송이 되어야 한다. 암송하고 또 암송해서 하나님의 말씀이 마음판에 새겨져야 한다. 입력이 없이 산출만 하려고 하면 알맹이가 없는 잡담이 될 것이 분명하기 때문이다. 손대면 "톡!"하고 터질 것 같이 하나님의 말씀이 쏟아져 나오도록 암송해야 한다.

가장 큰 문제는, 교회 내에 성경암송을 무의미하게 생각하는 사람들이 많다는 것이다. 그들 중에는 성경암송이 시간낭비나 의미 없는 헛수고처럼 생각한다. 그들은 이렇게 쉽게 생각하고 말하기도 한다.

"성경암송을 한다고 달라지는 것이 있겠어요."
"요즘 스마트폰 시대에 성경암송을 하는 것은 의미가 없는 것 같아요."
"학과공부만으로도 시간이 부족한데 언제 성경암송을 하겠어요."
"그러잖아도 머리가 아픈 세상인데 어떻게 성경암송을 하겠어요."

정말 그렇게 생각하는가? 그렇다면 하브루타를 하지 말라. 그런 생각을 가지고 하브루타를 시행한다면 결과는 분명할 것이다. 그렇게 생각하는 사람이 하브루타를 해봤자 실패할 것은 분명하다. 그런 사람은 성경의 말씀을 믿지 못하는 사람이다. 그런 사람에게 하브루타는 시간낭비이며 무의미한 교육에 불과할 것이다.

그래서 하나님은 유대인을 선민(Elect People 또는 Navigation)으로 사용하신 것이다. 내비게이션이 없으면 스스로 찾아가야 하지만, 내비게이션이 있으면 그대로 따라가면 된다. 내비게이션이 지시하는 대로 가면 거의 틀림없이 목적지에 도착할 수 있다.

하나님은 유대인을 내비게이션으로 선택하셨다. 유대인이 탁월한 것이 아니다. 전문가들은 유대인들이 한국인들보다 뛰어난 것은 하나도 없다고 주장한다. 사실 환경이나 유전적 지능지수를 놓고 봐도 한국인은 유대인보다 뛰어나다. 여러 상황을 놓고 봐도 한국인이 유대인에게 뒤지는 점이 하나도 없다.

그러나 결과는 다르다. 결과적으로 볼 때 유대인이 세계 최고의 민족인 반면 한국인은 뛰어난 점이 하나도 없다. 한국인은 정치, 경제, 사회, 문화, 예술, 영화, 디자인, 노벨상, 의학 등에서 전혀 뛰어나지 않다. 세계적 천재들의 명단에 유대인의 이름으로 가득한 반면, 한국인의 이름은 전무하다. 노벨상을 학교 우등상 정도로 석권하고 있는 유대인에 반해 한국인은 향후 30~40년에 수상할 가능성조차 희박하다.

무엇의 차이인가? 바로 성경암송의 차이인 것이다. 성경암송은 유대인을 세계 최고의 민족으로 만들었다. 유대인은 성경을 암송한다. 암송하는 것으로 그치지 않는다. 반드시 자기가 암송한 말씀을 가지고 하브루타를 한다. 하브루타를 하면서 그 말씀을 적용하여 실천할 방법을 찾는다.

먼저 그들은 그 방법을 613개의 미쯔보트(계명)에서 찾는다. 613개 중 248개의 미쯔보트는 "~을 하라"이고, 365개는 "~을 하지 말라"이다. 그런데 자신이 암송했던 명령이 248개의 미쯔보트 안에 들어 있다. 그러면 그들은 그대로 실천한다.

예를 들어, 신명기 16장 20절 말씀에 "너는 마땅히 공의만을 따르라 그리하면 네가 살겠고 네 하나님 여호와께서 네게 주시는 땅을 차지하리라"는 말씀을 암송했다. 그리고 그 말씀을 하브루타를 통해 248개 미쯔보트 속에서 '쩨다카'라는 적용을 찾아냈다.

그들은 '공의'(Righteousness)를 '구제'로 받아들였고, 구제는 공의의 차원에서 이루어져야할 의무라고 믿는다. 모든 유대인은 이 말씀에 순종하여 한 사람도 예외 없이 구제에 참여 하여야 한다.

수입의 1/10을 구제에 쓰는 것이 보통 수준이고, 1/20이나 그 이하를 구제에 쓰는 사람은 인색한 사람으로 취급하고, 5/10를 쩨다카에 쓰는 사람은 최선을 다한 사람이라고 하였다. 십 분의 오 이상을 구제에 쓰는 것은 권장하지 않았다.

유대 전통에 따르면, 구제 대상의 선정에 우선순위가 있다. 제 1순위는 아내나 남편이다. 제 2순위는 자녀들 중의 미성년자들이다. 자기 가정에 어려움이 없다면 가정 밖의 사람들을 돌아본다. 자기 가정 밖의 제일 대상은 부모님이다. 그 다음은 장성한 자녀들, 자기의 형제자매들, 가까운 친척들, 자기가 살고 있는 동네의 가난한 이웃들 등으로 확장한다. 쩨다카를 할 때에는 번호가 높을수록 더 훌륭한 쩨다카가 된다. 유대인들은 공의차원에서 번호가 높은 쩨다카를 실천하도록 가르친다.

1) 아까워하면서 주는 것이다.
2) 줄 수 있는 것보다 덜 주지만 즐겁게 주는 것이다.
3) 달라고 해서 주는 것이다.
4) 달라고 하기 전에 주는 것이다.
5) 받는 사람이 주는 사람이 누구인지를 알게 주는 것이다.
6) 주는 사람은 받는 사람이 누군지 알지만 받는 사람이 모르게 주는 것이다.
7) 쌍방이 누군지 모르고 주고받는 것이다.

8) 받는 사람이 자립할 수 있도록 도와주는 것이다.

이 순서는 훌륭한 쩨다카를 정하는 법이다. 쩨다카에도 순위가 있는 것이다. 결국, 8번이 가장 훌륭한 쩨다카가 된다. 유대인들은 이렇게 하브루타를 통해 세심하게 실천사항을 만든다.

유대인의 집에 가면 어느 집에 가던지 쉽게 동전함을 발견할 수 있는데 구제를 목적으로 만든 이 동전함을 가리켜 '푸슈케'라고 한다. 유대인들은 어릴 때부터 자기의 용돈을 아껴 푸슈케에 넣도록 가르침을 받는다. 그들은 푸슈케에 떨어지는 동전소리를 들으며 누군가가 이 돈으로 도움을 받으리라 확신한다고 한다.

푸슈케는 가정뿐 아니라 회당, 또는 유대인 학교에서 쉽게 발견된다. 안식일에 촛불을 밝히기 전 각각의 유대인 가정에선 동전을 푸슈케에 넣는 것이 하나의 관례로 되어 있다. 어릴 때부터 이것을 모아 자녀들에게 가장 적합한 사람에게 가장 좋은 방법으로 구제하게 하여 경제 교육을 시킨다. 유대인들은 어릴 때부터 구제를 임무로 가르치는 것이다.

이런 미쯔보트를 가진 민족과 가지지 못한 민족의 차이는 엄청난 것이다. 하브루타 학습법은 유대인을 가장 우수한 민족으로 만들어 주었다. 위대한 실천력을 만들어 준 것이다. 성경암송과 하브루타, 이것이 바로 유대인을 세계 최고이며 위대한 민족으로 만든 비결이 될 수 있는 이유이다.

2   탈무드(Talmud)

탈무드(Talmud)를 배우겠다며 찾아온 한 청년에게 랍비가 질문을 던진다.
"두 아이가 굴뚝 청소를 했다. 한 아이는 얼굴이 검게 돼 내려왔고, 다른 아이는 깨끗한 얼굴로 내려왔다. 과연 누가 얼굴을 씻을 것인가."
청년은 한 치의 망설임도 없이 "얼굴이 검게 된 아이"라고 말한다.
그러자 랍비는 차갑게 고개를 저으며 말했다.
"얼굴이 더러운 아이는 얼굴이 깨끗한 아이를 보고 자신의 얼굴도 깨끗하리라 생각하지만, 얼굴이 깨끗한 아이는 얼굴이 더러운 아이를 보고 자신도 더러울 거라 생각해 세수를 한다."
깜짝 놀란 청년은 한 번만 더 기회를 달라고 랍비를 조른다. 그러자 랍비는 어쩐 일인지 아까와 똑같은 문제를 낸다. 청년이 밝게 웃으며 "얼굴이 깨끗한 아이"라고 말하자 랍비는 대노하면서 이렇게 말한다.
"너는 탈무드를 배울 자격이 없다."

이유인 즉 두 아이가 똑같이 굴뚝을 청소했는데 한 아이만 얼굴이 더럽다는 것은 논리에 맞지 않다는 것이다.

탈무드 머리말에 등장하는 이 이야기는 얼핏 생각하면 말장난 같지만 우리가 가진 상식이나 지식의 한계를 일러준다. 특히 전제부터 잘못된 상황에서 옳고 그름을 가리는 것이 얼마나 부질없는지를 강조한다. 탈무드는 유대인 랍비들이 토라를 해설하여 적용한 내용이 구전으로 내려온 것을 집대성한 책으로 전 세계에 퍼져 있다.

랍비이며 탈무드 저자인 마빈 토케이어(Marvin Tokayer) 그가 지난 2010년 8월 6일 한국에 방문하여 유대인들의 탈무드 공부와 하브루타에 대해 자세히 설명했다.

하루에 15시간씩 탈무드를 공부하는 유대인

2010년 8월 6일, 랍비이며 탈무드의 저자인 마빈 토케이어(Marvin Tokayer)는 40여명의 랍비들을 대동하고 한국을 방문했다. 그리고 한국

기독교 100주년 기념관에서 '문명 발달과 유대인의 탈무드'를 제목으로 강의했다. 이 강의에서 그는 탈무드에 대해 아주 인상적인 이야기를 들려줬다.

"유대인들이 매일 매일의 공부 시간에 실제로 강조하는 책은 탈무드입니다. 유대인들에게 있어 가장 중요한 교육의 장소는 학교가 아닌 가정입니다. 유대인 부모들은 그들의 자녀들로 하여금 매일 15시간씩 탈무드를 공부하게 합니다. 탈무드는 유대인들이 공부하는 교과서 중의 교과서입니다. 탈무드 안에는 성경역사의 전반이 기록돼 있고, 유대교의 율법 및 의식 체계의 모든 것들이 낱낱이 실려 있습니다. 유대인들이 세계에서 가장 많은 노벨상을 수상하게 된 이유가 바로 탈무드에서 비롯된 것입니다."

탈무드는 약 250만 개의 단어, 5,894 페이지에 중량 75킬로그램이나 되는 방대한 책이다. 유대인들이 탈무드를 읽고 공부하는데 7년 반의 시간을 필요로 한다.

탈무드(Talmud)

탈무드는 BC. 500년부터 AD. 500년까지의 토라의 해석 및 적용을 구전(口傳)으로 내려온 것을 10년 동안 2천 명의 학자들이 편찬한 것이다. 유대인 4천 년의 지혜이며 모든 정신의 샘터라고 할 수 있다.

탈무드의 의미는 '가르침', '공부'라는 뜻이고, 유대인의 랍비들에 의하여 유대인의 법, 도덕, 관습, 역사가 토론되고 정립되어 유대인의 핵심이자 전통의 척추 역할을 하여왔다.

탈무드는 두 가지로 나뉘는데, 미쉬나(Mishnah)라고 서기 200년경에 쓰인 것으로 유대인들에게 구전되어 내려오던 토라를 기록화한 것과, 서기 500년경에 집성된 게마라(Gemara)는 미쉬나와 연관된 사항을 토론하여 기록한 것이다.

탈무드(Talmud)와 게마라(Gemara)는 흔히 동일하게 사용되었고, 게마라는 유대교의 모든 코드의 기본이 되어왔다. 탈무드 정경은 전통적으로 'Shas'라고 불려왔으며 히브리어의 'shisha sedarim'를 줄인 말로써, '미쉬나의 6개 훈령'(six orders of the Mishnah)이란 뜻이다.

탈무드는 심오하고 방대한 문학이다.

탈무드가 어떻게 해서 만들어 졌으며 어떤 내용의 책인가를 설명한다는 것은 거의 불가능하며 본질을 왜곡시키게 되기 때문에 상세히 설명하려면 끝이 없다. 탈무드를 책이라고만 말할 수는 없다. 탈무드는 엄연한 문학이다. 탈무드는 법전은 아니지만 법을 설명하고 있고, 역사책이 아니지만 역사를 설명하고 있으며, 인명사전도 아니지만 여러 인물에 대해 설명을 하고 있다.

탈무드는 '인생이 갖는 본래의 뜻은 무엇인가?', '하나님을 사랑하는 방법은 무엇인가?', '인간의 존엄성이란 무엇인가?', '행복이란 무엇인가?', '사랑이란 무엇인가?' 라는 질문에 대한 4천 년 이상의 유대인의 지적인 보고(寶庫)와 정신적인 양분이 담겨 있다.

탈무드는 진정한 의미에서의 뛰어난 문헌이며 웅장하고 화려한 문화의 모자이크이다. 서양 문명을 낳은 문화 양식과 서양 문명을 지배하는 사고방식을 이해하려면 탈무드를 이해하지 않으면 안 될 것이다.

탈무드의 뿌리

탈무드의 뿌리는 구약성경이다. 고대 유대인의 사상이 아닌 구약성경의 해석과 적용을 구전으로 내려온 것을 편찬한 것이 바로 탈무드이다. 탈무드가 편찬되기 전에는 구전으로 선생으로부터 학생들에게 전해 내려왔다. 그래서 내용 중 대부분이 하브루타의 방식으로 질문하고 대답하는 문답 형식을 취하고 있다.

동시에 이것은 유대 4천 년의 지혜이며, 온갖 정보의 원천이라고도 말할 수 있다. 그러나 이것은 정치가, 사업가, 과학자, 철학자, 부호, 저명인이 만든 것이 아니다. 랍비에 의하여 문학, 도덕, 종교, 전통이 전달됐던 것이다. 탈무드는 유대교 경전이 아니다.

탈무드는 법전은 아니지만 법이 말해지고 있다.

탈무드는 역사책은 아니지만, 역사가 말해지고 있다.

탈무드는 인명사전은 아니지만 많은 인물이 말해지고 있다.

탈무드는 백과사전은 아니지만 백과사전과 똑같은 구실을 하고 있다.

탈무드는 '하나님을 어떻게 섬길 것인가?'를 명확하게 설명하고 있다.

탈무드는 '인생의 의의는 무엇인가?'를 명확하게 설명하고 있다.

탈무드는 '인간의 위엄이란 무엇인가?'를 명확하게 설명하고 있다.

탈무드는 '행복이란 무엇인가?'를 명확하게 설명하고 있다.

탈무드는 '사랑이란 무엇인가?'를 명확하게 설명하고 있다.

탈무드에는 4천 년에 걸친 유대인의 영적 재산, 지적 재산, 정신적 자양분이 모두 들어 있다. 참된 의미에서의 뛰어난 문헌이며, 장려한 문화의 모자이크이다. 서양 문명의 근본적인 문화양식과 서양 문명의 사고방식을 깊이 이해하기 위해서는 탈무드를 보지 않으면 안 될 것이다.

기독교의 문제는 단편적이라는 것이다. 이어져 내려오는 것이 아닌 자기 역량만으로 지혜를 찾아야 한다. 기독교의 목회자는 2,000년의 전통을 배우지 못한다. 신학과정 중 짧은 시간 교회사만 공부할 따름이다. 그것만으로 지혜의 계승은 불가능하다.

종교개혁은 위대했지만 2,000년의 기독교 역사 중 1,500년의 시간을 잃어버렸다. 잘못된 것은 개혁해야 했지만 좋은 것은 계승해야 했다. 그러나 기독교는 잘못된 것, 좋은 것 모두 잃어버렸다. 잘못된 것이 많았지만 좋은 것이 얼마나 많았을 것인가. 개혁이라는 이름으로 모든 것을 다

잃어버리고 말았다. 그리고 1,500년의 역사는 가톨릭에 위임해 버렸다. 결과 기독교는 목회자 개개인의 역량만으로 교회를 이끌어 가야하고 설교를 해야 하는 상황에 이르렀다. 결과는 단편적이고 깊이가 부족하다는 것이다.

그러나 유대인들은 고통스럽고 모진 박해 속에서도 신앙계승은 물론 지혜를 계승하는 일에 총력을 기울여 왔다. 그들의 지혜는 어느 개인의 지혜가 아니다. 오랫동안 토라로 하브루타를 하면서 그들은 지혜를 모으기 시작했다. 그리고 그들은 지혜의 바다를 만들었다. 그것이 바로 탈무드인 것이다.

한 사람의 지혜보다 열 사람의 지혜가 넓고, 열 사람의 지혜보다 백 사람의 지혜가 넓다. 백 사람보다 만 사람의 지혜가 넓다. 10년의 지혜보다 100년의 지혜가 깊고, 100년의 지혜보다 1,000년의 지혜가 깊다. 유대인은 4,000년 동안 넓고 깊은 지혜를 계승해왔고 오늘 그 열매를 거두고 있는 것이다.

탈무드는 읽기만 하는 것이 아니라 배우는 것이다. 탈무드란 위대한 연구, 위대한 학문, 위대한 고전 연구 등의 뜻을 갖고 있다. 탈무드는 첫 페이지와 마지막 페이지를 백지로 남겨 두는 출판의 도를 벗어나는 것을 원칙으로 여긴다. 누구에 의해서든 항상 덧붙여 쓰일 수 있다는 것을 상징한다.

유대인은 탈무드를 바다라고 부르기도 한다. 바다는 거대하고 모든 것이 거기에 있고 그리고 무엇이 있는지 확실히 알 수 없기 때문이다. 이제부터 위대한 인물들이 천년 동안을 이야기해 온 진리의 소리가 질문과 답문의 형식으로 펼쳐진다. 우리는 탈무드를 통해 위대한 지혜의 세계로 한발 한발 여행을 떠나게 될 것이다. 탈무드를 공부하라. 탈무드는 우리를 지혜의 바다로 인도할 것이다.

3 테필린(Tefillin)

미국에 유명한 조셉 테루슈킨(Joseph Telushkin)이라는 랍비가 있다. 유대인을 가장 잘 설명한 『유대의 교양』의 저자이며 CLAL(유대 교육 및 리더십 센터)의 선임랍비이다. 랍비는 많은 사람들에게 탁월한 메시지, 명쾌한 분별력, 검소함, 그리고 오랜 상담의 경험을 바탕으로 많은 사람들에게 꼭 필요한 조언을 해주었다.

조셉 텔루슈킨의 지혜로운 말씀은 마치 아로새긴 은 쟁반에 금 사과 같았다. 말 한 마디 한 마디는 주옥같았다. 랍비 조셉의 조언은 예리하고 정확했으며, 그의 말대로 하면 언제나 좋은 결과를 얻을 수 있었다. 어려움에 처한 사람들이 랍비 조셉을 찾아가 문제를 내어놓으면 랍비는 그 사람에게 꼭 필요한 처방을 제시해 주었다고 한다. 말 그대로 해결사와 같았다.

이처럼 지혜롭고 연륜이 깊은 랍비에게서 도움을 받을 수 있다면 하물며 하나님의 지혜와 하나님이 친히 제정하신 전략은 얼마나 탁월할까. 사람의 지혜에는 유한하지만 하나님의 지혜는 무한하다. 지혜에 풍성하신 하나님의 말씀에 어떤 능력이 있을까?

테필린은 하나님의 불가사의한 전략이다

지금으로부터 약 3,500년 전, 하나님은 토라의 말씀 중에서 네 개의 말씀을 제정하셨다. 이 말씀은 구약의 핵심가치이며 한 개인이, 한 가정이, 한 민족이 이 말씀을 붙잡으면 반드시 복을 받게 되고, 가장 어려울 때 극복할 수 있는 능력이 되는 말씀이다. 더 나아가 세계 모든 민족 가운데 가장 뛰어나게 하시는 하나님의 전략이 그대로 담겨 있었다.

유대인들은 수많은 박해와 어려움 속에서도 이 말씀을 붙들었고, 포로로 잡혀가는 순간에도 부모들은 자식에게 이 말씀을 전해주었다. 결국 이 말씀은 유대인을 세계 최고의 민족이 되게 해주었다. 그 말씀이 무엇일까? 바로 테필린(Tefillin)의 네 개의 말씀이다.

바벨론에게 망하여 포로가 되고 디아스포라(흩어짐)가 된 민족, 또 2,000년 전에는 '모든 길이 로마로 통한다'는 로마에 의해 정복당하고 다시 디아스포라가 된 민족 이스라엘, 이 국가의 이름은 지구상에서 사라질 수밖에 없었던 약소국가의 이름에 불과했다.

이스라엘을 정복했던 국가들의 이름은 이미 지구상에서 사라졌다. 그러나 정복한 민족이 아닌 정복당한 이스라엘이 오히려 2천 5백년 후 1948년 5월 14일에 유엔(UN)의 승인으로 이스라엘이라는 국호로 독립하게 된다. 뿐만 아니라 오늘의 지구상에서 가장 뛰어난 민족으로, 각 분야에서 천재들로, 노벨상의 약 30%를 수상하는 우수민족을 넘어 신비민족으로 세계를 주름잡고 있다.

성경의 핵심 테필린

현재 세계 70억 인구 가운데 1500만 명으로, 세계인구의 약 0.25% 밖에 되지 않는 소수 민족이 이렇게 세계 최고의 민족으로 거듭나게 된 비결은 무엇일까? 그것은 바로 테필린(Tefillin)이다.

테필린을 차고 설교하는 유대인 랍비. 사실 유대인들은 테필린(Tefillin)을 이방민족에게는 소개하지 않아 우리는 낯선 용어로 생각한다. 그러나 유대인들에게 테필린은 생명과 같은 것이며 이것을 빼고는 유대인의 역사가 이어질 수 없는 것이다.

테필린이란 가죽으로 만든 네 개의 방 안에 들어 있는 하나님의 말씀이다. 사람이 선정한 말씀이 아닌 하나님이 친히 제정하신 말씀이다. 하나님은 이 네 개의 중요한 말씀을 주신 후 '이것을 손목에 매어 기호를 삼고 미간에 붙여 표로 삼으라'고 명령하셨다. 그만큼 중요하다는 것이다. 첫째 말씀은 구원의 말씀(출애굽기 13장 1-10절)이고, 둘째 말씀은 헌신의 말씀(출애굽기 13장 11-16절), 셋째 말씀은 신앙계승의 말씀(신명기 6장 4-9절)이고, 넷째 말씀은 축복의 말씀(신명기 11장 13-21절)이다.

이 네 개의 말씀은 유대인들이 디아스포라가 될 것을 아신 하나님이 그들을 위해 친히 준비하신 말씀인 동시에 구약성경의 4대 핵심이라고 할 수 있다. 아니 성경전체의 4대 핵심이다. 성경 전체를 몰라도 네 개의 말씀만 알면 성경전체를 이해하는 것과도 같다. 유대인들은 이 네 개의 말씀을 구약성경의 네 개의 기둥으로 이해했다. 그들은 이 말씀에 목숨을 걸었고 이 말씀을 지키기 위해 최선을 다했다.

유대인들은 테필린을 자식들에게 전수하는 것이 칼보다 더 강한 것이라고 믿었고 지난 3천5백 년 동안 테필린을 유산으로 물려주었다. 로마인이 자식들에게 칼과 창을 쓰는 방법을 전수했다면, 유대인들은 오로지 테필린을 전수하는데 온 힘을 쏟았다. 테필린 안에 있는 네 개의 말씀이 하나님의 명령인 동시에 자신들이 살아갈 생명과 지혜의 원천이라고 확신했다. 유대인의 모든 신앙의 철학은 모두 이 네 개의 말씀에서 비롯된 것이다.

테필린의 능력은 상상했던 것보다 훨씬 막강했다. 이 네 개의 말씀들은 역전의 능력의 말씀이었다. 이 말씀을 붙들고 나아가 순종하면 하나님은 기적과 역사를 나타내셨다. 보잘 것 없는 것 같았던 유대인들이 끝까지 테필린을 붙잡고 나아갔을때 하나님은 그들을 세계 모든 민족 위에 가장 뛰어난 민족으로 세워주셨다. 그것이 바로 하나님의 약속이었다.

테필린은 4개의 하나님의 말씀을 왼쪽 팔과 머리에 차는 가로 5cm 세로 5cm의 가죽으로 만든 방을 말한다. 하나님은 유대인들에게 이것을 머리와 왼쪽 손목에 맬 것을 명령하셨다. 유대인들은 이 명령이 테필린 말씀을 늘 상기하는 것으로 받아들이고 하루에 세 번(아침, 점심, 저녁) 테필린을 차고 그 말씀을 선포한다. 유대인들은 이 명령을 생명처럼 여기고 있다. 심지어 유대인들은 전쟁터에서 전투 중에도 그들은 테필린을 차고 그 말씀을 선포한다.

전장에서도 테필린을 차고 선포하는 유대인 군인의 모습이다. 유대인들은 테필린을 가진 것을 가장 자랑스러워하며 이 성구함이 자신과 자신의 후손을 지켜주는 하나님의 전략이라고 확신한다. 노예로 팔려가는 아들에 손에 들려준 것이 단 하나, 테필린이라고 한다면 그들이 테필린을 얼마나 중요하게 여기는 것일까.

테필린은 신호등이다

우리는 여기서 질문을 던지게 된다. "왜 테필린이 그토록 중요한가?", "테필린에 무슨 능력이 있단 말인가?", "성경의 모든 말씀이 다 중요한데 하나님은 왜 테필린의 말씀을 제정하셨을까?" 등등.

그 이유는 명확하다. 테필린은 신앙의 기준, 삶의 기준이기 때문이다. 하나님은 테필린을 통해 신앙과 삶의 분명한 기준을 제시한 것이다. 유대인들이 흔들리지 않고 성공을 향해 달려갈 수 있었던 것은 하나님이 친히 제정하신 신앙의 기준, 삶의 기준이 있었기 때문이다. 기준이 있는 사람과 기준이 없는 사람의 차이는 엄청나다.

기준은 신호등과 같다. 신호등을 지키면 순조롭고 사고가 일어나지 않지만, 신호등이 없으면 막히고 사고가 일어난다. 하나님이 친히 제정하신 테필린은 신앙의 신호등, 인생의 신호등이었던 것이다. 파란 불이면 가고, 빨간 불이면 정지하면 된다. 결코 어려운 것이 아니다. 실천하기 어려운 것이 아니다. 하나님은 테필린 말씀을 주신 후에 이렇게 말씀하셨다.

내가 오늘 네게 명령한 이 명령은 네게 어려운 것도 아니요 먼 것도 아니라 하늘에 있는 것이 아니니 네가 이르기를 누가 우리를 위하여 하늘에 올라가 그의 명령을 우리에게로 가지고 와서 우리에게 들려 행하게 하랴 할 것이 아니요 이것이 바다 밖에 있는 것이 아니니 네가 이르기를 누가 우리를 위하여 바다를 건너가서 그의 명령을 우리에게로 가지고 와서 우리에게 들려 행하게 하랴 할 것도 아니라 오직 그 말씀이 네게 매우 가까워서 네 입에 있으며 네 마음에 있은즉 네가 이를 행할 수 있느니라 (신 30:11-14)

사람들이 망각할 것을 아신 하나님은 이것을 이마에 붙여 표로 삼고, 손목에 매어 기호로 삼으라고 하셨다. 이렇게 말씀하신 이유는 매우 중요하고 절대로 망각해서는 안 되는 명령이기 때문이다.

유대인들은 모든 명령에 의미를 찾아내는 특징이 있다. 하나님이 테필린을 미간에 붙이라(모든 생각의 기준은 하나님의 말씀이다)는 것은 모든 사고와 판단을 그 말씀대로 하겠다는 뜻으로 받아들였다.

또 테필린을 손목에 맬 것을 명령한다. 그래서 유대인들은 왼쪽 손목에 테필린을 W의 모양으로 7줄씩 맨다. 테필린을 손목에 매는 것에도 의미를 부여한다. 손은 모든 동작 및 행동을 의미하기 때문에 손목에 맨다는 것은 그 말씀대로 행하며 살겠다는 의미(모든 행동의 기준은 하나님의 말씀이다)로 받아들였다.

문설주에 매는 것(이 집의 주인은 하나님이시며 들어갈 때와 나갈 때에도 하나님의 말씀 앞에 순종한다)은 삶의 센터인 가정의 모든 일을 이 말씀대로 이루어지기를 소망하는 뜻으로 받아들이고 있다.

중요한 것은 자신들이 먼저 이렇게 믿고 행하여 중심을 잡고, 자녀들에게 반드시 고집스럽게 전하여 반복적(Haggadah)으로 듣게 하고, 아침, 점심, 저녁으로 선포하게 하며, 적용 및 실천하게 하도록 체질화시킨다는 것이다.

15분의 기적 테필린복음

유대인들이 토라를 암송하고 테필린을 선포하는 것은 그들이 여전히 율법주의자들이기 때문이다. 그러나 우리 크리스천들이 유대인과 똑같이 토라를 암송하거나 그들이 선포하는 테필린을 선포할 이유는 없다. 우리는 율법주의자가 아닌 복음주의자이기 때문이다. 따라서 우리는 그들의 테필린을 율법이 아닌 복음으로 적용해야 할 사명이 있다.

만약 테필린이 성경 밖의 명령이라면 우리는 재고할 가치도 없는 것으로 여겨야 한다. 그러나 테필린이 하나님의 명령이라면 복음으로 적용해야 할 사명이 있다. 테필린은 명백히 우리가 하나님의 말씀으로 믿는 66권의 정경 속에 있는 하나님의 명령이다.

나는 지금까지 테필린을 복음으로 적용하자는 한국의 신학자나 설교자를 본 적이 없다. 테필린을 복음으로 적용시켜 한국교회에 적용시켜야 한다고 주장하는 신학자나 설교자를 본 적이 없다. 세계 모든 민족들 가운데 뛰어난 유대인들이 하나님의 말씀을 어떻게 대하는지 면밀히 연구하여 적용한 신학자나 설교자를 본 적이 없다. 다만 유대인이 예수님께 책망을 받았다거나, 예수님을 십자가에 못 박혀 죽게 한 장본인이라는 단편적인 편견만으로 그들을 잘못 판단하고 정죄하는 어리석음을 범하곤 했다.

유대인의 잘못을 우리는 잘 알고 있다. 그들에게 아직 수많은 문제점이 있음을 안다. 그러나 그들의 잘못과 문제는 우리의 모습이기도 하다. 우리는 완벽한데 유대인들은 잘못되었다는 식의 접근은 잘못된 것이다.

예수님 당시의 바리새인들의 잘못은 지금 한국교회에서 그대로 나타나고 있다. 예수님 당시의 사두개인들의 잘못 역시 한국교회에서 그대로 재현되고 있다.

요즘 정치권에서 '내로남불'이라는 우스운 말이 나돌고 있다. '내가 하면 로맨스이고 남이 하면 불륜'이라는 말의 줄임말이다. 내로남불 현상이 지금 한국교회에 만연하다. 그것이 바로 교만이다. 교만은 눈이 멀었다는 증거이다. 우리는 교만을 버리고 겸손하게 성경의 가르침에 귀를 기울여야 한다.

우리는 유대인들의 좋은 점을 적용해야 한다. 그것은 유대인의 전통이 아닌 성경의 가르침이기 때문이다. 우리는 유대인들의 토라암송을 성경암송으로 적용해야 하고, 그들의 테필린을 테필린복음으로 적용해야 한다. 하나님의 말씀을 마음에 새기는 토라암송과 함께 테필린의 4개 주제인 구원의 말씀, 헌신의 말씀, 신앙계승의 말씀, 축복의 말씀을 복음으로 새롭게 적용해야 한다.

테필린복음을 선포하면 하나님의 음성이 들린다

나는 오랜 시간에 걸쳐 테필린을 테필린복음으로 재정립하는데 집중했다. 구약의 테필린 말씀의 의미를 복음으로 정립하여 구약과 신약을 총망라한 400절의 말씀을 선정했다. 구원의 말씀 100절, 헌신의 말씀 100절, 신앙계승의 말씀 100절, 축복의 말씀 100절이다. 하나님이 친히 제정하신 테필린의 의미를 담은 신구약 400절의 말씀을 선정하여 테필린 복음이라고 명명했다. 그리고 유대인과 같이 매일 15분의 시간을 할애 하여 테필린복음을 선포했다. 나의 저서인『15분의 기적 테필린복음』이 바로 그 책이다.

나의 저서인『15분의 기적 테필린복음』과 핸드북이다. 유대인들은 구약의 4개의 말씀을 선포하지만, 우리는 복음적인 입장에서 신, 구약 성경의 구원의 말씀, 헌신의 말씀, 신앙계승의 말씀, 축복의 말씀을 선포해야 한다.

이 책에는 테필린에 대한 상세한 설명과 함께 테필린복음에 대한 설명이 포함되어 있다. 내가 테필린을 알게 된 것(유대인들은 이미 3,500년 전부터 시행하고 있었음)은 내가 구원받은 날 이후의 가장 큰 충격이며 위대한 발견이었다.

테필린복음을 선포하기 전에는 왜 유대인들이 하나님의 말씀을 입술로 선포하는지 이유를 몰랐다. 시편 1편 2절의 말씀 '오직 여호와의 율법을 즐거워하여 그의 율법을 주야로 묵상(Hagah)하는도다'를 암송하면서도 그 의미를 몰랐다. 그러나 하나님의 말씀을 선포하면서 그것이 바로 하나님이 기뻐하시는 것이고, 열매를 맺는 길이며 형통의 길이라는 것을 알게 되었다.

기적과 능력을 체험하는 테필린복음

많은 사람들이 교회생활에 충실하고, 열심히 하고, 올바른 행위를 하는 것이 좋은 신앙이라고 생각하며 살아간다. 그러나 그것은 자신의 기준이지 하나님의 기준이 아니다. 테필린의 구원, 헌신, 신앙계승, 축복은 하나님이 친히 제정하신 하나님의 기준이다. 하나님의 능력과 기적은 자신이 생각하는 기준에 있는 것이 아니다. 하나님의 기준인 테필린복음을 선포하고 그 말씀을 마음에 새겨 실천할 때 기적과 능력이 나타난다.

성경에 기록된 말씀을 로고스(Logos)라 하고, 그 말씀을 선포할 때 레마(Rhema)가 된다. 하나님의 '말씀은 선포할 때 레마의 능력이 나타난다. 하나님의 말씀은 문자가 아닌 말씀 그 자체이기 때문이다. 말씀이 말씀될 때 능력이 나타난다. 아무리 위대한 말씀도 책에 갇혀 있을 때 능력이 나타나지 않는다. 하나님의 말씀은 선포될 때 기적과 능력이 나타나고 귀신들이 물러가고 역사가 일어난다.

지금도 많은 크리스천들은 이런 사실을 모르고 있다. 성경을 읽고, QT 하고, 설교를 듣는 것으로 만족하고 있다. 그렇기 때문에 하나님의 기적과 역사를 체험하지 못하고 있는 것이다. 하나님의 말씀은 선포될 때 능력이 나타난다. 하나님의 말씀을 그저 눈으로 읽는 것이 아닌 입으로 선포해야 한다.

나의 저서인 『15분의 기적 테필린복음』이 출판된 후, 많은 분들이 하루 15분의 시간을 할애하여 하나님의 말씀을 선포하는 시간을 가졌다. 구원의 말씀 100절, 헌신의 말씀 100절, 신앙계승의 말씀 100절, 축복의 말씀 100절 총 400절의 말씀을 선포하기 시작했다. 성경의 4대 핵심인 구원, 헌신, 신앙계승, 축복의 말씀에서 각 100절씩 선정된 말씀이다.

400절의 말씀을 다 선포하려면 1시간 이상의 시간이 소요되기 때문에 매일 100절로 나누어 선포하게 했다. 월요일은 구원의 말씀 100절, 화요일에는 헌신의 말씀 100절, 수요일에는 신앙계승의 말씀 100절, 그리고 목요일부터 다시 반복하여, 목요일에는 구원의 말씀 100절, 금요일에는 헌신의 말씀 100절, 토요일에는 신앙계승의 말씀 100절, 그리고 주일에는 축복의 말씀을 선포한다.

기적이 일어나기 시작했다. 하루 15분씩 말씀을 선포하는 동안 자신이 변화되고, 가정이 변화되고 사업장이 변화되고, 섬기는 교회들마다 변화의 바람이 일어나기 시작했다. 그중 가장 큰 기적은 자신이 변화되는 것임을 이구동성으로 고백했다. 세상에서 가장 큰 기적은 사람이 변화되는 것이다.

보너스도 있었다. 그 보너스는 자신도 모르는 사이에 '전도자'로 변화되는 것이었다. 지식적으로 알던 하나님의 말씀이 마음에 담겨지면서 살아서 역사하는 것을 느끼게 된 것이다. 그리고 말씀에 대한 감동과 기쁨을 느끼기 시작했다.

400절의 말씀을 1년만 선포하게 되면 대부분 암송하게 된다. 그동안 피상적으로 알던 하나님의 말씀을 직접 입으로 선포하게 되자 자신도 모르는 사이에 그 말씀을 암송하게 되었고, 그 선포된 말씀이 암송되자 자신도 모르는 사이에 그 말씀을 선포하는 사람이 된 것이다. 모두 예레미야의 심정을 알게 되었다고 고백했다.

내가 다시는 여호와를 선포하지 아니하며 그의 이름으로 말하지 아니하리라 하면 나의 마음이 불붙는 것 같아서 골수에 사무치니 답답하여 견딜 수 없나이다(렘 20:9)

억지로 되는 것이 아니다. 전도하라고 강요한다고 해서 되는 것이 아니다. 전도는 자신이 하나님의 말씀을 마음에 담고 있기만 하면 자동적으로 선포하게 되고 증거될 수밖에 없는 것이다.

하브루타를 잘 하기 위해선 테필린복음을 선포해야 한다. 테필린복음은 그냥 말씀을 선포하는 것이 아닌 성경말씀에 근거한 질문을 하고, 그 질문을 말씀으로 대답하는 말씀훈련이다. 이런 말씀훈련이야 말로 최강의 말씀훈련 및 전도훈련이다.

예를 들어, 테필린복음 구원편 96번 질문은 "왜 아멘 해야 합니까?"이다. 그러면 "하나님의 약속은 얼마든지 그리스도 안에서 예가 되니 그런즉 그로 말미암아 우리가 아멘 하여 하나님께 영광을 돌리게 되느니라(고후 1:20)"고 대답한다. 자기의 기준으로 대답하는 것이 아닌 하나님의 말씀으로 대답하는 훈련이다. 이런 훈련은 전도의 현장에서 100% 진가를 발휘하며 하브루타를 할 때에도 큰 도움이 된다.

4 독서

세계에서 독서를 가장 많이 하는 민족

유대인의 집을 방문해 보면 깜짝 놀랄 것이 몇 가지가 있다. 서재는 물론 거실까지 빽빽하게 꽂혀있는 책들에 놀랄 것이다. 조상 대대로 물려받은 책들이 빽빽하게 쌓여있다. 마치 도서관을 방불케 하는 어마어마한 책의 분량에 놀랄 것이다. 헌책방에서 나는 책 냄새에 흠뻑 취할 것이다. 집마다 TV가 없다는 사실에 놀랄 것이다. 최첨단 IT 기술을 가진 그들이 30년이나 됨직한 오래된 핸드폰을 사용하는 모습에 또한 놀랄 것이다. 이것이 유대인들의 실생활의 모습이다.

세계에서 독서를 가장 많이 하는 민족은 유대인이다. 또 인구비율 당 가장 많은 책을 집필하는 민족도 유대인이다. 모든 국가의 노벨상의 비율은 높은 독서 인구에서 나온다. 책을 많이 읽는 민족이 노벨상을 많이 수상한다. 유대인을 비롯한 가까운 이웃 국가인 일본인까지 노벨상의 근본 원인으로 독서를 꼽는다.

유대인 가정을 방문했을때 깜짝 놀랠 정도로 많은 분량의 책들. 사실 이보다 더 많은 책을 소장한 유대인 가정도 있다. 그들을 가리켜 '책의 민족'이라고 부르는데 아무런 이의가 없을 정도이다.

유대인들의 집에 많은 것을 세 가지로 들 수 있다. 그릇, 포도주, 그리고 책이다. 그릇과 포도주는 그들의 신앙생활 때문이고 책은 그들의 왕성한 독서욕 때문이다. 그들은 탈무드 공부를 제외하고도 가장 많은 책을 읽는 민족이다.

유대인의 집거구인 이스라엘에는 14세 이상의 사람들은 평균 매달 한 권 이상의 책을 읽는데, 이는 세계에서 가장 높은 수치이다. 이스라엘의 각 촌과 진에는 환경이 우아하고 장서가 풍부한 도서관이나 열람실들을 곳곳에서 볼 수 있다. 인구가 겨우 800만에 불과한 그들은 900여종의 잡지를 발간하고 있으며 100만 여명이 도서관 대출증을 지니고 있다고 한다.

예로부터 유대인들은 묘지에 제물과 함께 책도 놓곤 했다. 밤이면 고인이 나와 책을 읽는다고 여겼기 때문이다. 고인들의 적막함을 달래주기 위해 책을 놓는 것이 어떤 제례처럼 진행되었던 것이다.

책의 중요성을 아는 민족

유대인 가정의 많은 집들에서는 아이들이 글을 배우기 시작할 때 책의 갈피에 꿀을 발라놓곤 한다. 아이들이 손가락에 침을 묻혀 책을 만지면 달콤한 맛을 느끼는데 독서는 지겨운 것이 아니라 달콤한 일이며, '책을 읽어야 너의 미래도 달콤할 수 있다'고 어려서부터 독서의 중요성을 지혜롭게 환기시켜준다.

또한 아이들은 입학하면 누구나 '만약 집에 불이 났다면 무엇부터 구하겠는가?'라는 질문을 받는다. '금전이나 재물이 아니라 지혜 곧, 바로 책부터 구해내야 한다.', '재물은 불에 타거나 도둑을 맞을 수 있지만 지식은 영원히 간직할 수 있다.'라는 교육을 받는다.

유대인의 '탈무드'에는 책에 대한 유명한 명언이 있다.

'책이 없는 집은 영혼이 없는 몸과 같다.'

'생활이 궁핍하면 금, 은 보석을 제일 먼저 팔고, 그래도 궁핍하면 집을 팔고, 다음에 땅을 팔아라. 그러나 아무리 궁핍해도 책을 팔면 안 된다'

'지갑과 책이 땅에 떨어지면 책부터 주어라' 등등 독서에 관한 수많은 명언이 기록되어 있다. 이렇듯 유대인들은 독서에 대한 중요성을 어느 민족보다 강하게 인식하는 민족이다.

고대로부터 유대인에게 독서는 질곡과 형극의 가시밭길 역사에서 유일하게 그들의 생존을 지켜주었던 자산이다. 그래서 교육이 최대의 사업이라는 것이 유대인들의 공통된 생각이다. 이렇듯 독서 교육은 유대인 사회의 굳건한 기본 가치이다. 그리고 과거의 삶을 지켜주었듯이 미래를 여는 열쇠이기도 하다.

책을 읽으면 산다

예로부터 유대인은 책의 민족이라 일컬어져 왔다. 유대인들이 다른 민족에게 숱한 박해를 받은 이유의 하나도 문명사회에서 유독 유대인들만 책을 많이 읽었기 때문이다. 그들이 책으로부터 획득한 지혜를 토대로 바른 말을 하며 강력히 정의를 주장하지 않을까 하는 집권층의 두려움이 있었던 것이다.

14세기 유대인 출신의 계몽가인 임마누엘은 책의 중요성을 이렇게 말했다.

"그대의 돈을 책을 사는 데 써라. 그 대가로 거기서 황금과 지성을 동시에 얻을 것이다."

"만약 잉크가 책과 옷에 동시에 묻었거든 먼저 책에 묻은 잉크부터 닦아

낸 다음 옷에 묻은 잉크를 닦아내라."
"만약 책과 돈을 동시에 땅에 떨어뜨렸다면 먼저 책부터 집어 올려라."
"독서를 많이 한 자가 돈을 가진 자보다 훨씬 배가 부르다."

18세기 유럽 유대인촌에서는 책을 빌려달라는 것을 거부한 사람에게 벌금을 물렸다는 기록이 있다. 그만큼 유대인은 책에 대한 경외심을 가지고 있다. 그런 만큼 유대인 중에 학자와 교사가 많이 나왔다. 뿐만 아니라 탁월한 지혜와 경제교육을 전수받았던 유대인들이 당시 문맹이었던 다른 민족을 앞서 나갈 수 있었던 것은 너무나 당연한 일이었다.

그럼 왜 독서를 해야 하는가? 독서는 유익한 점이 많다. 독서를 통해 간접 경험을 얻고, 작가의 다른 생각을 접할 수 있다. 그리고 새로운 지식을 얻는다. 독서를 통해 책 안에 내포되어 있는 내용과 사상과 지식들을 자신의 내면에 체계화하고 정립할 수 있다. 자녀가 어릴 때부터 책과 대화하는 법, 동일한 책을 읽은 짝과 대화하고 소통하는 법을 배우게 하는 것은 장래 하브루타를 성공으로 이끄는 좋은 기초가 된다.

함께 읽으면 좋은 책들

테필린(김형종 著/솔로몬)
불완전한 사람을 위한 완전한 진리(박종신 著/ 성경암송학교)
몸을 굽히면 진리를 줍는다(M 토케이어/ 동천사)

05
이렇게 하브루타 하라

1 하브루타의 출발은 성경암송이다.

우리는 지금까지 실전 하브루타를 위한 방법을 소개했다. 5부에서는 구체적으로 하브루타를 어떻게 시작해야 하는지, 하브루타의 자세, 방법을 구체적으로 나누려 한다. 하브루타 실전이론은 공식 같아서 어렵게 느껴지지만 한 번 익히면 하브루타를 하는데 큰 도움이 될 수 있다. 그럼 먼저 하브루타의 실전이론은 다음과 같다.

하브루타의 출발은 성경암송이다. 진정으로 하브루타에 성공하려면 반드시 성경암송은 필수가 되어야 한다. 물론 일반 책을 읽고도 하브루타는 가능하겠지만, 그런 하브루타는 하브루타 본연의 의도와는 상관이 없는 것이다. 내 의견에 동의하는 분들도 있고 동의하지 않는 분들도 있겠지만, 왜 성경암송을 해야 하는지 그 이유를 설명하려고 한다.

유대인들이 가장 사랑하는 말씀이 신명기 6장 4절에서 9절의 말씀이다. 얼마나 사랑하면 이 말씀에 '쉐마'(Shema)라는 이름을 붙였다. 쉐마는 '들으라'라는 명령어이다. 유대인들은 쉐마를 사랑하고, 여기서 많은 사람들이 선호하는 쉐마교육이 나온다. 이 쉐마 명령에는 성경암송, 하브루타, 테필린의 명령이 함께 담겨 있다.

Hear, O Israel, Adonai is our God, Adonai is One!

בָּרוּךְ שֵׁם כְּבוֹד מַלְכוּתוֹ לְעוֹלָם וָעֶד.

Baruch sheim k'vod malchuto l'olam va-ed.
Blessed is God's glorious majesty forever and ever.

테필린(Tefillin)의 3번째 명령 쉐마(Shema)의 원문

4 이스라엘아 들으라 우리 하나님 여호와는 오직 유일한 여호와이시니

5 너는 마음을 다하고 뜻을 다하고 힘을 다하여 네 하나님 여호와를 사랑하라

6 오늘 내가 네게 명하는 이 말씀을 너는 마음에 새기고(성경암송)

7 네 자녀에게 부지런히 가르치며 집에 앉았을 때에든지 길을 갈 때에든지 누워 있을 때에든지 일어날 때에든지 이 말씀을 강론할 것이며(하브루타)

8 너는 또 그것을 네 손목에 매어 기호를 삼으며 네 미간에 붙여 표로 삼고(테필린)

9 또 네 집 문설주와 바깥 문에 기록할지니라(신 6:4-9)

6절에, '너는 마음에 새기고'라는 말씀이 있다. 구약학자들은 이 말씀이 성경암송이라는데 모두 동의한다. 먼저 하나님의 말씀을 마음에 새김이 있어야 한다.

7절에 '이 말씀을 강론할 것이며'라는 말씀이 있다. 여기서의 강론은, 설교나 일방적 가르침이 아닌 '하브루타'를 의미한다.

8절에, '너는 또 그것을 네 손목에 매어 기호를 삼으며 네 미간에 붙여 표로 삼고'라는 말씀이 있다. 이 말씀은 바로 테필린(Tefillin)의 3번째 명령인 쉐마이다.

즉 쉐마에는 성경암송과 하브루타, 그리고 테필린이 담겨 있다. 쉐마의 순서는 정확한 순서의 배열이다. 먼저 하나님의 말씀을 마음에 새겨야 하고, 그 말씀으로 하브루타를 해야 하며, 그리고 그것을 잊지 않기 위해 테필린을 부착하라는 것이다.

즉 먼저 '새김'이 있어야 한다. 그래야 하브루타가 가능하다. 그 이유는 다른 말씀이 아닌 '이 말씀을 강론할 것이며'이기 때문이다. 즉 마음에 새긴 이 말씀으로 하브루타를 하라는 것이다. 백설 공주같이 재미있는 동화나 사실이 아닌 픽션을 놓고 하브루타를 하라는 것이 아니다. 하브루타의 시작은 언제나 하나님의 말씀을 마음에 새기는 것부터 시작하는 것이다.

물론 하브루타는 대화식 학습법이기 때문에, 얼마든지 일반 주제를 가지고 하브루타를 할 수 있고 효과를 볼 수 있는 것이 사실이다. 크리스천이 아닌 경우에 굳이 성경말씀으로 하브루타를 할 필요는 없을 것이다. 그러나 하브루타의 시작은 토라로 시작했던 것이 분명하다. 토라를 암송하면서 자연스럽게 하브루타로 이어진 것이다.

하브루타의 영역은 넓어질 수 있다. 아니 넓어져야 한다. 하브루타는 유대인들이 하나님의 말씀을 적용하고 실천하기 위해 3,500년 이상 지켜온 전통이며 학습법이다. 이렇게 하나님의 말씀으로 시작했던 강론, 즉 하브루타는 정치, 경제, 사회, 문화, 학문, 예술, 디자인, 영화, 의학 등으로 자연스럽게 확산되어 가게 된다. 그것은 자연스러운 현상이며 목표이기도 하다.

앞장에서도 언급한 바와 같이 하브루타를 위해선 기본실력이 필요하다. 기본실력을 갖추지 못한 채 하브루타를 시도하는 것은 서로에게 부담을 가중시킨다. 결국 쓸데없는 잡담으로 전락하거나 지루한 시간이 될 것이 분명하다.

성경암송학교에서 주최하는 하브루타 세미나는 제일 먼저 본문 말씀을 암송하게 한다. 그 다음 조(組)별로 하브루타를 실습하도록 한다. 이때 주어진 본문을 놓고 둘씩 짝을 지어 하브루타를 실습한다. 그리고 실습 후에는 조별로 짝과 함께 나누었던 하브루타의 내용을 발표한 후 쉬우르의 시간을 갖는다.

여기서 우리는 놀라운 사실을 발견하게 된다. 이미 잘 알고 있었던 본문인데 각 사람들이 나누었던 하브루타 내용들이 너무 다양하고 풍성하다는 사실에 놀란다. 단 하나도 똑같은 내용이 없다. 토라는 변함이 없지만 해석과 적용은 얼마든지 다를 수 있음을 보여주는 사례이다.

문제는, 준비성이 부족하거나 내용에 대한 이해가 부족했던 조는 주어진 본문과 전혀 상관없는 엉뚱한 내용을 발표하거나, 또 본문을 설명한다고 해도 기본적인 설명밖에는 하지 못하는 경우를 보게 된다. 참가자들이 대부분 목회자이거나 교사들로 지적 수준이 높은데도 그렇다면 학생들이나 어린 자녀들에게는 더 어려운 학습이 될 수 있다는 것이다.

하브루타를 성공적으로 정착시키기 위해선 성경암송, 테필린, 그리고 다양한 분야의 독서는 절대적이다. 성경암송과 그리고 테필린과 다양한 분야의 독서로 무장된 사람에게 하브루타는 극히 자연스러운 현상이다. 질문이 쏟아지고 답변할 콘텐츠가 넓고, 깊어지기 때문이다.

학문에는 왕도(王道)가 없듯이 하브루타에도 왕도가 없다. 성경암송, 테필린, 그리고 독서를 통해 탄탄한 기초를 쌓아야만 풍성한 하브루타가 가능하다. 질문이라고 같은 질문이 아니고 답변이라고 같은 답변이 아니다. 더 날카롭게 질문할 수 있어야 하고, 더 넓고 깊이 있게 답변할 수 있어야 한다.

유대인의 질문은 모르는 것에 대한 질문이 아니다. 이미 알고 있는 사실을 확인하기 위한 질문에 가깝다. 유대인들은 하나님이 에덴동산에 숨은 아담에게 "네가 어디 있느냐?"(창 3:9)라고 물으신 것은 아담이 정말 어디에 있는지 몰라서 질문하신 것이 아니라고 생각하고 있다. 이미 알고 있는 사실을 확인하기 위함이라고 말한다. 따라서 유대인의 질문은 몰라서 질문하는 것이 아닌 이미 알고 있는 사실을 확인하고 정리하여, 적용하고 실천하기 위한 실제적 질문인 것이다.

물론 유대인들은 하브루타 중에도 리서치과정을 통해 학습과 연구를 계속하게 하지만, 그 이전에 하브루타를 위한 기본실력을 갖추고 있다는 사실이다. 하브루타는 간단명료하게 답변하는 것이 아닌 때로는 한가지 질문에도 한 시간 이상의 답변을 하려면 풍성한 지식이 필요하다. '예', '아니오' 같이 단답형으로 답변하는 것으론 하브루타를 지속할 수 없다.

유대인들이 하브루타에 성공하는 이유는 그들이 어렸을 때부터 성경암송, 테필린, 그리고 다양한 분야의 독서에 집중한 결과이다. 하브루타가 자연스럽게 진행되려면 이런 일련의 기본실력이 있어야 가능하며, 이는 메타 하브루타로 가는 길이 된다.

2 적용 및 실천을 위해선 탈무드를 읽어야 한다.

유대인하면 탈무드(Talmud)를 먼저 떠올린다. 탈무드는 유대인의 영적, 정신적 보물창고라 할 수 있다. 탈무드란 히브리어로 '배움'이라는 의미로, 유대교 율법, 전통적 습관, 축제, 민간전승, 해설 등을 총망라한 유대인의 정신적, 문화적 유산을 담은 책이다.

탈무드는 팔레스타인에서 발견된 탈무드(4세기말경 편찬)와 메소포타미아에서 발견된 탈무드(6세기경까지 편찬) 두 종류가 있다. 전자는 '팔레스타인 탈무드' 혹은 '예루살렘 탈무드'라 부르며, 후자는 '바빌로니아 탈무드'라고 부른다.

탈무드는 약 250만 개의 단어, 5,894 페이지로 이뤄진 방대한 분량의 책이다. 그러나 엄격히 말해 탈무드는 책이 아니고 문학이다. 문학이기 전에 토라해설서이다. 탈무드는 기원전 500년경부터 시작되어 기원후

500년경에 걸쳐 천년 동안이나 구전되어 온 미쉬나를 수많은 학자들이 수집, 편찬한 것이다.

기나긴 세월을 살아온 유대인들의 온갖 영적, 지적 재산과 정신적 자양분이 모두 이 탈무드에 담겨져 있다고 해도 과언이 아니다. 서구 문명을 만들어낸 문화의 양식이나 서양 문명을 쉽게 이해하기 위해서라도 무엇보다 먼저 이 탈무드를 공부하지 않으면 안 된다.

탈무드는 토라(모세5경)을 해석 및 적용한 책으로 유대인의 영적, 정신적 보물창고이다. 랍비 조셉 텔루슈킨의 저서 『죽기 전에 한 번은 유대인을 만나라』를 읽어보면 탈무드에 대한 이해가 깊어질 것이다.

그런데 탈무드의 시작을 찾아 거슬러 올라가면 구약성경, 즉 토라에 이르게 된다. 그러므로 탈무드는 옛 유대인들의 사상을 모은 것이 아니라 구약성경의 해설 및 적용, 그리고 지혜를 담은 것이라 할 수 있다. 매우 어려운 구약성경, 즉 어려운 토라를 하브루타를 통해 해설하고 적용하여 오늘에 실천할 수 있도록 만든 것이 탈무드이다.

탈무드가 책으로 엮어져 정착되기 전에는 스승에서 제자에게로 구전되어 전승되었다. 그러므로 탈무드는 내용 대부분이 질문하고 대답하는 형식으로 되어 있고, 내용 범위도 광범위하여 모든 주제들이 히브리어나 아람어로 기록되었다.

머리말이나 맺는말도 없는 자유분방한 체제로 이루어져 있는 경우가 많다. 탈무드가 만들어지던 당시에는 내용이 양적으로 방대했기 때문에 유대인들은 탈무드의 일부분이 잊혀져가는 것을 막기 위해 전승자들을 각처에서 두루 모았다고 한다.

유대인들은 그때 전승자들 가운데서 머리가 뛰어나게 우수한 사람은 일부러 제외시켰는데, 그것은 탈무드를 전승하는 과정에서 자기 의견이나 소신을 가미시킬 염려가 있었기 때문이다.

탈무드는 토라의 정신을 일상생활에서 적용하도록 토론과 논쟁한 것이다. 탈무드를 미쉬나(Mishna)라고도 하는데, 미쉬나는 유대교 율법에 대한 랍비들의 주석과 해설을 의미한다. 미쉬나는 '반복하다'라는 의미를 갖고 있는 히브리어 동사 '샤나'에서 파생되었다. 유대인들의 교육방법은 구전된 율법 내용을 반복하여 학습하는 것이기 때문에 '반복'이라는 의미를 지닌 미쉬나는 동시에 '가르침'을 의미하기도 한다.

또한 그 가르침은 유대교의 전통적 규범에 관한 가르침이기 때문에 유대인들의 '전통적 율법'을 의미한다. 마가복음 7장 3절부터 15절에 나오는 '장로들의 유전'이라는 것이 바로 미쉬나이다. 유대교는 토라(율법)를 중심으로 형성되어 있다. 그런 점에서 유대교의 이해는 정확한 토라의 이해를 전제하고 있다.

미쉬나는 랍비 유대 한나시(Rabbi Judah Hannasi; AD 135-219)가 그의 동료들과 함께 3세기 초 티베리아에서 수집하여 편찬한 것이다. 미쉬나는 팔레스타인에 살고 있었던 유대인들이 4세기 동안 구전형태로 전승된 종교적 혹은 문화적 활동의 유산이다.

유대인의 법과 윤리가 무엇인지를 집합적으로 보여주는 미쉬나는 구약성서 다음으로 중요한 위치를 차지하고 있다. 또한 미쉬나의 본문에 대한 논쟁이 곧 탈무드의 자료가 되었다는 점에서 미쉬나는 탈무드 형성의 기초를 제공하고 있다.

또 미쉬나의 토론과 논쟁을 모아놓은 것을 '게마라'(Gemara)라고 부른다. 즉 미쉬나와 게마라를 편찬한 것이 탈무드가 되는 것이다. 즉 탈무드란 토라(Torah)에 대한 랍비들의 해석과 주석을 미쉬나라고 하며, 미쉬나에 대한 토론과 논쟁을 담은 구전을 담은 책이 바로 게마라인 것이다. 따라서 탈무드를 읽는 것은 성경의 적용 및 실천을 위해 꼭 필요한 것이다.

유대인의 소명의식을 '티쿤올람'(Tikun Olam)이라고 한다. '세상'을 의미하는 '티쿤'과 '고친다'는 뜻의 '올람'이 합쳐진 단어다. "하나님이 세상을 창조해 인간을 보냈다면, 인간은 그 세상을 더 좋은 곳으로 만들어야 한다"는 탈무드의 가르침을 실천하려는 자세를 지니고 있다.

유대인은 "하나님의 은총으로 세상에 태어났기 때문에 그 보답으로 살아 있는 동안 뭔가 좋은 것 하나는 남겨야 한다"는 소명의식을 갖고 있다. 또 "이 세상 사람의 얼굴이 모두 다른 이유는 하나님이 세상에 필요한 역량을 한 사람씩 나눠줬기 때문"이라 믿는 신앙에서 하루를 살아간다. 그것이 바로 구약성경을 해석하고 적용한 탈무드의 가르침이다.

3 하브루타의 장소는 가정에서 시작한다.

지금 한국교회는 커다란 위기에 처해있다. 이 위기는 단발성의 위기가 아닌 장기적인 위기이며 동시에 회복이 불가능한 위기이기도 하다. 그것은 바로 다음 세대들에게 신앙의 계승이 단절된 것이다. 실제로 교회마다 교회학교가 사라지고 있는 현실이다. 굳이 미래학자의 견해를 빌리지 않아도 한국교회는 침체를 넘어 급격하게 죽어가는 현실이다.

이를 위한 대안으로, 교회와 각 청소년 사역단체들이 해결방안을 찾아내려고 노력하고 있다. 그러나 그 어떤 대안도 소용이 없었고, 앞으로도 어떤 효과적인 대안도 마련되지 않을 것이 분명하다. 그 이유는 근본적인 신앙에 대한 인식이 크게 잘못되었기 때문이다. 오판하고 있다는 사실이다.

한국 내 최대 교단 중 하나인 예장통합이 2014년 7월 21일 발표한 보고

서에 따르면, 예장통합에 소속된 전체 교회(8383개) 중 영아부가 없는 교회 비율은 무려 78.5%인 것으로 나타났다. 전체중 약 6580개의 교회에서 영아부 주일학교가 운영되지 않고 있는 셈이다.

유아부가 없는 교회(77.4%), 유치부가 없는 교회(51%), 1학년~3학년 부서가 없는 교회(47%), 4~6학년 부서가 없는 교회(43%), 중등부가 없는 교회(47%), 고등부가 없는 교회(48%) 등도 상당수인 것으로 파악됐다. 2014년 자료이기 때문에 지금은 더 악화되어 가고 있다.

점점 사라지고 있는 초라한 한국의 교회학교의 모습이다. 옛날에는 개척교회라고 해도 주일학교가 인산인해를 이룰 정도였다. 그 결과가 오늘을 유지하고 있는 현실이다. 하지만 내일에 희망이 없는 이유는 교회학교가 사라지기 때문이다.

한국교회가 이런 문제의 심각성을 모르는 것은 아니다. 그러나 대처방안은 매우 미흡하다. 아니 근본적인 문제부터 잘못 인식하고 있다. 젊은 층의 교회이탈 현상이 시대적 상황이라고 이해하는 것 같다. 그러면서 내놓는 대안들은 현실성이 없는데다가 근본적인 원인에 대한 이해조차 하지 못하는 것 같다.

예장통합 박봉수 목사(상도중앙교회)는 "80년대 한국교회의 수적증가는 60년대 주일학교 부흥의 결과였지만, 90년대부터 시작된 교회학교의 쇠퇴는 젊은 층의 교회 이탈 현상과 맞물리며 한국교회 침체의 근본 원인이 되고 있다"며 "한국교회는 대책 없이 다음세대를 떠나 보내고 있다"고 강조했다.

보고서는 주일학교 운영의 주된 어려움으로 '교회의 재정적 어려움'때문이라고 지적했다. 재정 문제로 교육전도사를 두지 못하는 교회가 많다는 것이다. 이에 대한 대안으로는 평신도의 전문 교육을 통한 '평신도 교육사' 제도 및 훈련과정 신설, 교회학교가 개설되지 못한 지역에 교사를 파송하는 '확장주일학교운동' 등을 제시했다.

신앙에 대한 근본적인 인식부터 잘못된 것이다. 목회자들은 신앙의 시작이 교회라고 이구동성으로 주장한다. 그러나 그것은 아주 잘못된 인식이다. 신앙은 교회에서 시작하는 것이 아닌 가정에서 시작하는 것이다.

문화시설이 존재하지 않던 70년대, 80년대의 교회는 문화의 선두주자였다. 그래서 문화에 목마른 아이들이 교회로 몰렸다. 또 그중에는 부모들이 불신자였기 때문에 아이들이 주일학교를 통해 스스로 교회를 찾는 일시적 현상도 있었다.

그런 향수를 기억하는 목회자들은 그런 시대가 다시 돌아올 것을 기대하지만 그것은 실현 불가능한 이야기이다. 이제 아이들은 스스로 교회를 찾아오지 않는다. 교회보다 재미있는 것이 교회밖에 너무 많기 때문이다. 교회는 젊은 층들에게 이미 '노잼'의 대상으로 인식되기 시작했다. 실제로 통계가 말해주고 있다.

이제 교회는 더 이상 문화의 선두주자가 아니다. 교회는 세상의 문화를 따라갈 수 없다. 사실 교회는 그동안 성경에도 없는 '교회중심 신앙관'이라는 이데올로기를 만들어 교인들을 교회 속에 가두려고 했다. 그래야만 교회와 교세를 유지할 수 있다는 검은 계산이 있었기 때문이다.

그런 잘못된 교회중심주의와 이데올로기가 한국교회를 위기로 몰아간 것이다. 마치 신앙의 시작이 교회인 것처럼 주장한 목회자들, 그리고 이를 옹호한 신학자들의 거짓논리가 한국교회를 기형으로 만든 것이다. 대가는 아이들이 교회를 떠나는 교회절벽이다.

분명히 말하지만, 신앙의 시작은 교회가 아닌 가정이다. 가정 속에서 신앙생활이 시작되어야 한다. 가정은 하나님이 창조하신 첫 번째 기관이다. 가정에서 아버지를 중심으로 함께 예배드리고, 함께 기도하고, 함께 성경을 공부해야 한다. 교회는 가정 속에서의 신앙생활을 지원해야 하고 또 그런 시간을 만들어 주어야 한다. 그것이 사람을 세우는 것이고, 가정을 세우는 것이고, 더 나아가 교회를 세우는 것이기 때문이다.

교육학자들은 '교육은 시간 뺏기'라고 말한다. 그런 면에서 자녀의 신앙교육을 교회에 맡기는 것은 효과적이지 못하다. 자녀의 신앙교육은 아버지를 중심으로 하는 가정에서 이루어져야 한다. 그것이 단순하면서도 가장 효과가 큰 방법이다. 이 세상에서 가장 큰 유산이 믿음의 유산이라고 믿는다면, 그것이 가정을 살리고 교회를 부흥시키는 유일한 길이라고 믿는다면 자녀의 신앙교육의 장소는 가정이어야 한다. 1주일에 신앙교육 70분으로 세상교육 70시간을 이길 수 없다.

2010년 8월 6일 한국을 방문한 유대교 랍비이며 탈무드 저자인 마빈 토케이어(Marvin Tokayer)는 유대인이 노벨상을 받는 이유를 이렇게 말했다.

"유대인 부모는 자녀와의 시간을 가장 소중하게 생각합니다. 안식일인 토요일은 반드시 하루 종일 자녀교육에 시간을 쏟죠. 아이들한테는 공부하라고 하고 자신들은 TV를 보는 그런 유대인 부모들은 없어요. 제가 알기로 한국 부모들은 아이를 학교나 학원에 데려다주고 데려오는 건 잘하지만 아이와 함께 공부하는 것은 익숙하지 않은 것 같습니다. 하지만 아이들에게 가장 훌륭한 선생님은 부모입니다."

유대인은 안식일이나 모든 절기 때마다 가정에서 정성스럽게 식사를 한다. 떡을 떼면서 자녀들에게 토라를 가르치기 위해서다. 그들은 절기 식사시간에 부모와 자녀가 함께 매주 할당된 분량의 토라를 가족 단위로 공부하고 하브루타를 한다.

가정에서 안식일을 지키며 하브루타를 하는 모습이다. 오늘의 유대인들이 풍성한 것은 아버지를 중심으로 가족들이 함께 모여 음식과 함께 토라를 가지고 하브루타를 하기 때문이다.

유대인의 식사시간은 먹기 위한 시간이라기보다는 먼저 토라를 실천하기 위한 하브루타의 시간으로 보아야 한다. 음식이 없는 곳에 토라도 없고, 토라가 없는 곳에 음식도 없다. 이는 식사 시간에 하나님의 말씀이 있어야 함을 강조하는 말이다.

유대인은 식탁을 제단으로 여긴다. 제단에는 여호와의 말씀이 있어야 하듯이 성도의 식탁에는 하나님의 말씀이 있어야 한다. 식탁에 앉아 토라에 관해 하브루타를 하면 모든 것이 깨끗한 식탁에서 먹는 것과 같다고 생각했다. 유대인에게는 절기 식사 때마다 그 절기에 맞는 순서와 교훈이 담긴 책자가 있다. 이는 하나님의 말씀에 근거하여 만든 책자로 이 책자들에 의하여 각 절기들이 진행된다.

이렇게 하나님의 말씀과 같이하는 식사시간은 유대인만의 전통은 아니다. 유럽에서 건너온 미국의 보수적인 기독교인들도 식사시간에 성경공부를 시켰다. 그 예로 정신과 의사이며 달라스 신학교(Dallas Seminary) 실천신학과 마이어(F.B Meyer) 교수의 회고를 들어보자. 그는 어린 시절 자신의 가정에서 매일 드린 식탁 가정예배 경험을 이렇게 술회했다.

"제 인생에 가장 인상적인 것은 저녁식사 때 식탁에 둘러 앉아 매일 드리는 예배였습니다. 이 예배 때 우리는 찬송가를 부르고 1장 정도의 성경 말씀을 읽은 다음 말씀을 해석하고 적용했습니다. 그런 다음 의자 옆에 무릎을 꿇고 각자 바라는 것들을 위하여 기도합니다. 그것이 바로 저를 25년 동안 교육을 계속하도록 영향을 준 배경이었으며, 육적인 가정보다는 영적인 가정이 되도록 돕고 싶은 소망을 가진 크리스천 정신과 의사가 되게 해준 배경이라고 생각합니다."

가정에서 식사 시간이 성경공부 시간인 것은 초대교회도 마찬가지였다. 사도행전에 나오는 신약의 초대교회는 가정마다 떡을 떼며 사귐의 시간을 가졌다.(행 20:7,11) 이것은 셀교회들이 주장하는 목장교회의 개념이 아니다. 말 그대로 가정 속의 교회였다. 유대인들의 전통은 다른 사람을 가정으로 초청하는 것이 아닌, 자신의 가족들을 중심으로 드리는 가족모임, 또는 가족예배였던 것이다.

초대교회의 공예배는 성전에서 드렸지만, 가정에서는 식탁에서 자녀들과 성경말씀을 함께 나누었다. 이런 좋은 전통이 현대에 들어오면서 퇴색해졌다. 이제 우리도 가정마다 식사시간에 성경을 공부해야 하고 하브루타를 통해 자녀들에게 신앙의 계승을 이뤄가야 한다.

세계 최대 종교는 기독교가 아닌 이슬람이다. 이슬람은 23.4%인 16.4억으로 세계에서 가장 많은 종교 인구를 자랑한다. 전 세계 인구 네 명 중 한 사람이 무슬림인 셈이다. 그 다음으로 힌두교는 14.1%로 9.9억의 종교 인구를 가지고 있다. 더 놀라운 것은 지금도 종교인구가 폭발적으로 늘어나고 있다는 것이다.

반면, 개신교는 전 세계 6.3%인 4.4억으로 5위에 불과하다. 문제는 기독교 인구가 대폭 감소되고 있다는 것이다. 젊은이들이 교회를 떠나고 있는 휑한 유럽과 오세아니아 지역교회에는 노인들만 자리를 차지하고 있다. 특히 기독교 국가였던 지역이 이슬람지역으로 바뀌고 있다는 사실은 경악할 사실이다.

놀라운 것은, 이슬람은 외부 전도를 주장하지 않는다는 것이다. 다른 사람에게 이슬람을 믿으라고 강요하지 않는다. 그럼에도 종교 인구는 폭발적으로 늘어나고 있다. 그 이유는 무엇인가? 그것은 바로 신앙의 시작이 가정이라는 사실을 알기 때문이다. 그들도 모스크에 나가서 기도하고 예배를 드리지만 그들의 신앙은 가정에서 시작한다. 그들은 "내 자녀를 무슬림으로 만드는 것이 알라의 계시!"라는 말에 따라 자녀를 무슬림으로 만드는 것이다. 신앙계승의 확률은 거의 100%이다.

내가 사역하던 호주를 보면, 크리스천들이 보통 1~2명의 자녀를 두는 반면, 호주의 무슬림들은 자녀의 평균수가 8명을 웃돌고 있다. 그들은 향후 30년 이내에 호주를 이슬람국가로 만들겠다고 호언장담하고 있으며, 실제로 진행 중이다. 이런 방식으로 서방의 기독교 국가들이 무너지고 그 터전 위에 이슬람이 재건되고 있는 것이다. 결과 이슬람은 세계에서 가장 많은 종교 인구를 보유하게 된 것이다.

힌두교도 그렇다. 힌두교도 전도 또는 개종을 요구하지 않는다. '모든 사람은 이미 힌두이다'라는 힌두교의 교리대로 개종을 권유하지 않는다. 다만 자녀들을 힌두교인으로 만들 뿐이다. 그들도 만디르(Mandir)에 나가서 기도하고 예배하지만 그들의 신앙은 가정에서 시작한다. 결과 세계에서 10%에 가까운 힌두교인들을 양산하게 된 것이다.

개신교의 신앙계승은 이루어지지 않고 있지만, 이슬람이나 힌두교가 자녀들에게 신앙을 계승하는 확률은 거의 100%에 달한다. 이 간단한 논리를 개신교는 망각하고 있었다. 바로 교회이기주의 때문에 이런 결과가 발생한 것이다.

그동안 한국교회는 가정이나 가족들을 안중에 두지 않았다. '오직 교회'라는 교회중심주의, 아니 교회이기주의를 통해 교세를 강화 및 유지하기 위해 혈안이 되었던 것이 사실이다. 주일예배, 새벽기도회, 수요기도회, 금야철야, 그리고 전도 및 교회모임에 참석을 강요하면서 자녀들의 신앙교육을 소홀하게 만들었다. 그러다보니 자연스럽게 가정에서 자녀들과 함께 시간을 보내는 시간이 작아질 수밖에 없었고, 결국 자녀들에게 신앙을 심어줄 수 없게 되었다.

하브루타는 가정에서 시작한다. 가정에서 시작된 하브루타는 학교로, 교회로 확산되어 간다. 가정에서 익히지 못한 하브루타는 도서관이나 공공장소에서 시행할 수 없다. 하브루타는 가정에서 아버지와 아들, 아버지와 딸 사이에 진행된다 아이들이 아빠에게 질문을 하기도 하지만, 대부분의 경우 아빠가 아들에게, 또는 딸에게 차례대로 질문을 한다. 대답을 하지 못하거나 틀린 대답을 하면 다른 질문으로 대체한다. 대답을 하지 못할 때 중간 중간에 다른 아이들이 그 대화에 끼어 들어간다.

신기한 것은 정답을 알려주지 않는다는 것이다. 하브루타를 통해 질문에 대한 답을 알기 원하는 아이들은 더 궁금증을 가지게 되고 그것이 스스로 공부를 하는데 효과를 발휘한다. 질문을 통해 지식과 지혜가 더 날카롭고 논리가 정연해진다.

우리는 하브루타를 교회의 프로그램으로 이해하려고 한다. 교회에 도입하여 적용하려고 한다. 과연 그렇다면 교회는 하브루타를 위해 얼마나 많은 시간을 할애할 수 있는가? 일주일에 한두 시간으로 하브루타를 하는 것으로는 부족하다. 하브루타는 하나의 질문에 대해서도 한 시간이 소요될 수 있기 때문이다.

하브루타는 가정에서 시작해야 한다. 그리고 교회로 확산되어야 한다. 교회는 가정에서의 하브루타를 지원해야 한다. 교회에서 지정해 준 본문을 가지고 아버지와 아들이, 아버지와 딸이 하브루타를 할 수 있도록 도와야 한다. 신앙의 진원지가 가정인 것을 재천명해야 한다.

하브루타의 목적은 하나님의 말씀의 진의를 찾아 적용하고 실천하기 위함이다. 그렇기 위해선 교회가 아닌 가정에서 먼저 하브루타가 시작될 수 있어야 한다. 그것이 바로 자녀들에게 신앙을 계승하는 길이고, 교회가 회복하는 길이고, 하나님의 말씀을 적용하고 실천할 수 있는 길이다.

4 하브루타의 교사는 아버지이다.

『공부기술』의 저자 조승연 작가는 KBS2 '1대100'에 출연해 미국 유학 중 자신의 인생을 바꿔준 유대인 친구에 대해 이야기를 했다.

2016 신년특집으로 KBS2에서 1:100에 출연하여 유대인의 교육방법에 대해 이야기하고 있는 조승연 작가

"고교 시절 유대인 친구가 있었는데, 집안 대대로 교수를 해 온 유대인 지식인 가문 출신이었습니다. 수능 전날에도 밤새도록 재즈 클럽에서 놀고 시험 봤는데 만점을 받고 백악관에 초대를 받고 상도 받았던 친구입니다. 사실 그 친구는 나에 비해 머리가 좋은 편이 아니었고 고등학교 때 성적 역시 그렇게 뛰어나지 않았습니다. 그런데 그 친구가 고등학교를 졸업하고 하버드대학교에 입학했다는 것이었습니다. 어떻게 하버드대학교에 합격할 수 있었냐고 물었더니 그가 들려준 대답이 '하버드대학교 논술 문제가 내가 아버지랑 식탁에서 토론했던 내용보다 훨씬 쉬웠어!'라는 것이었습니다. 그 친구는 늘 토론을 하고, 밤에 읽는 책도 수준 높은 책들이었습니다. 유대인의 이런 문화는 나를 변화시켰고 나는 깨달은 바를 전달하기 위해 책을 쓰기 시작했지요."

유대인 아버지들은 퇴근하면 가정에서 가족들과 함께 시간을 보낸다. 집안일도 많이 한다. 가정에서 아버지의 자리는 확고하며 가족 모두가 아버지의 권위를 인정한다. 유대인의 일차 교육의 교사는 아버지이다. 유대인들은 "토라와 탈무드를 가르치는 사람은 시내산에서 율법이 담긴 돌판을 직접 받은 것같이 실감나게 가르쳐야 한다."라고 말한다. 자손에게 대대로 계승해야 하기 때문이다. 교사인 아버지의 역할이 매우 중요하다.

유대인들은 자녀와의 시간을 가장 소중하게 생각한다. 그것이 바로 유대인의 신앙계승이 이루어지는 원인이다. 유대인 가정에서 아버지는 토라를 가르칠 의무가 있다. 히브리어로 '아버지'는 '교사'라는 의미가 담겨 있다.

사실 유대인에게 랍비는 아버지보다도 더 중요하다. 감옥에 아버지와 랍비가 들어갔을 경우 한 분만 꺼낼 수 있다면 아이는 랍비를 꺼내야 한다고 가르친다. 그래서 유대인 아버지는 아버지인 동시에 가정의 랍비가 되어야 한다. 아버지는 아이들이 배우고 따를 수 있는 아버지이자 랍비가 되기 위해 자신이 모범이 되려고 배우게 된다. 가르치면서 배우는 것이 많기 때문이다.

아버지는 가정에서 아이들에게 차례차례로 토라와 탈무드에 대한 질문을 한다. 유대인들은 매일 읽어야 하는 토라의 분량과 탈무드의 분량이 있다. 토라는 유대인의 계파에 따라 다르지만 보통 1년에 토라를 한 번 읽을 수 있도록 배정되어 있고, 탈무드는 7년 반에 한번을 읽도록 분량이 정해진다. 이 과정에서 가장 중요한 것은 하브루타 모임을 이끌어가는 아버지의 역할이 매우 중요하다.

안식일, 식탁, 또는 잠자리에서 쉴 새 없이 하브루타가 진행된다. 처음에는 토라에서 시작되지만 점차 주제의 폭이 넓어지고 깊이가 깊어진다. 처음에는 토라와 탈무드가 주된 내용이지만 정치, 경제, 사회, 문화, 예술, 종교, 철학, 의학, 법률 등으로 다양하면서도 깊이 있게 다뤄진다. 그래서 유대인들은 그들의 하브루타에 오르지 않는 주제가 없다고 말할 정도이다.

아버지가 하브루타의 교사가 되기 위해선 직장이나 사업보다 자녀들을 더 소중하게 여길 때 가능해진다. 한국의 아버지들의 문제는 자녀의 교육을 학교, 학원, 그리고 교회에 의탁하고는 더 이상 관여를 하지 않으려고 한다.

아버지는 가정의 제사장이며 교사이며 책임자이다. 모든 교육은 아버지로부터 시작된다고 해도 과언이 아닐 정도로 아버지의 역할은 매우 중요하다. 아버지로부터 신앙을 전수받지 않은 자녀는 성인이 되었을 때 대부분 신앙을 떠나게 된다. 그들이 신앙을 저버린 것은 그들의 책임이기도 하지만 근본적으로는 아버지가 교육의 책임을 저버린 것 이기 때문이다.

5　하브루타를 위해선 부모가 먼저 변해야 한다.

하브루타는 우리에게 생소한 학습법이다. 사실 하브루타는 우리의 문화와는 전혀 다른 문화에서 시작된 학습법이다. 우리는 전통적으로 아랫사람이 윗사람에게 말하는 것에 대한 제한된 문화 속에서 살아왔다.
늘 윗사람이 먼저 말해야 하고, 일방적으로 말해야 한다. 그리고 아랫사람은 말을 하지 않거나 말을 하더라도 예의를 갖추어야 하고 최대한 간단명료하게 의사표현이나 답변을 해야 한다. 이것을 예의라고 생각했고, 그렇게 하는 사람이 좋은 사람으로 평가를 받는 문화 속에서 살아온 것이 사실이다. 그런 면에서 볼 때 하브루타는 우리와는 전혀 맞지 않는 학습법이다.
그러나 이제 하브루타는 문화를 넘어 한국교육은 물론, 한국교회와 가정에 꼭 필요한 학습법으로 도입해야 한다. 이제 하브루타는 선택의 문제가 아닌 필수가 되었다. 하브루타를 하지 않고는 모두 공멸(共滅)할 수 있기 때문이다. 한국교육이 실패하고, 가정교육이 실패하고, 더 나아가 신앙계승이 실패한 상황에서 우리는 하브루타를 반드시 실천해야 할 상황에 이르렀다.

과연 그렇다면, 하브루타를 정착시키기 위해 가장 먼저 해야 할 것은 무엇인가? 그것은 부모, 또는 어른들의 생각이 바뀌어야 한다는 것이다. 이제까지 학교와 교회에 의뢰했던 학습을 이젠 가정으로 끌어와야 한다. 물론 학교나 교회를 소홀히 여기라는 것이 아니다. 학교와 교회생활도 중요하지만 아이들의 최종책임은 부모에게 있다는 사실을 강조하는 것이다.

유대인들의 교육은 가정에서 시작하지만 학교나 회당을 다니지 않는 것이 아니다. 그들도 학교에 다니고, 그들도 회당에 나가지만 유대인 자녀들의 교육의 책임은 부모에게 있다. 그들의 교육은 가정에서 시작되고 그 교육이 회당과 학교로 이어지는 것이다.

현재 한국의 실정은 학과공부를 학교에 의뢰할 수밖에 없다고 하지만 신앙교육은 가정에서 시작해야 한다. 교회생활도 잘 해야 하지만 더 중요한 것은 가정 속에서 신앙교육, 즉 하브루타가 있어야 한다는 사실이다. 그 이유는 부모에게 책임이 있을뿐더러 자녀들이 가정에 머무는 시간이 가장 많기 때문이다.

이를 위해선 부모의 생각이 먼저 달라져야 한다. 세상에는 중요한 것이 참 많다. 교회생활은 참 중요하다. 그러나 자녀들과 함께 하브루타를 통해 신앙을 계승하고 그들과 소통하는 시간은 그 무엇보다 중요하다. 자녀들을 잘 키워 교회와 사회, 그리고 국가를 위한 인재로 만들어야 한다. 세계적인 인물은 부모의 헌신에 달려 있다.

자녀들의 교육을 학교나 학원에 맡겨선 안 된다. 신앙교육을 교회에만 맡겨선 안 된다. 그것은 자녀의 장래성을 해치는 것임을 결과가 증명하고 있다. 부모가 나서야 한다. 부모보다 좋은 교사는 없다. 이를 위해선 자녀들과 시간을 같이 보내야 한다. 그리고 가장 탁월한 학습법인 하브루타를 하는 것이다. 한시가 급하다. 자녀들이 한 살이라도 어릴 때에 시작해야 한다.

시간이 흘러 먼 훗날, 자녀들은 부모의 은혜에 감사할 것이다. 하브루타를 통해 자신들과 함께 대화했던 부모의 사랑을 잊지 못할 것이다. 그리고 하브루타를 통해 탁월한 인재로 쓰임받게 된 것에 대해 추가로 감사할 것이다. 그러나 가장 감사한 것은 신앙을 마음 깊이 심어준 부모에게 감사할 것이다. 이것이 바로 하브루타이다.

6. 하브루타는 주입식 교육이 아닌 대화식 교육이다.

우리는 그동안 일방적인 주입식 교육을 접해왔고 이에 대해 아무런 이의를 제기하지 않았다. 주입식 교육은 너무나 당연한 것이었고 학교에서나 교회, 그리고 가정에서도 모든 교육은 주입식으로 이루어졌다.

주입식 교육의 가장 큰 문제는 소통과 피드백이 없는 것이다. 주입식 교육은 전형적인 일방적으로 이루어지는 교육법이다. 질문이나 소통이 있을 수 없고 교사의 일방적 가르침에 의존해야 하는 학습이다.

물론 주입식 교육이 모두 나쁜 것은 아니다. 주입식 교육의 장점도 있다. 평가가 매우 빠르고 답이 이미 정해져 있다는 사실이다. 또 교육의 속도도 매우 빠르다 중요한 점만 뽑아 외우면 된다. 동시에 교육의 효과도 빠르다. 모든 것을 복잡하게 보지 않고 요점을 가지고 공부하기 때문에 높은 점수를 낼 수 있는 장점이 있다.

그러나 소통과 피드백이 없는 주입식 교육은 그 한계를 분명히 드러냈다. 주입식 교육은 학생들의 창의력과 논리력, 그리고 의사소통능력을 상실하게 하고 획일화된 교육으로 다름과 틀림을 구별하지 못하게 했다. 뿐만 아니라 실전에서 거의 사용할 수 없을 정도로 획일화되어 약간만 다른 상황이 되면 문제를 풀어내지 못하게 한다. 결국 스스로 생각하지 못하는 바보를 만들게 된다.

하브루타는 대화식 교육, 즉 말로 공부를 하는 학습법이다. 유대인 자녀교육의 핵심은 하브루타이다. 유대인 아이들은 무척 시끄럽고 말이 많다. 우리나라 관점으로 보자면 어른 말에 토를 달고 말대꾸하는 버릇없는 아이들이다. 유대인들은 아이를 가르쳐야 할 대상으로 보는 것이 아니라 동등한 인격체로 대해서 어른과 똑같이 토론하고 그 결론을 이끌어내는 대화식 교육법으로 자녀들을 양육한다.

이런 교육법은 부모에게 상당한 인내와 끈기를 요구한다. 예를 들어, 아이가 장난감 가게에서 인형을 사달라고 떼를 쓰면 유대인 엄마는 몇 시간이 걸리든 간에 '왜 사줄 수 없는가'에 대해 아이에게 설명하고 또 아이의 말을 듣는다.

선생님의 설명이 끝나자마자 무섭게 질문하는 학생들 이런 모습은 유대인의 공교육 기관에서도 흔히 볼 수 있는 장면이다.

그래서 유대인 엄마와 아이가 논쟁하는 모습은 언제 어디서나 쉽게 볼 수 있다. 학교수업 역시 마찬가지다. 선생님은 설명하고 아이들은 조용히 듣는 일반적인 학교 모습은 상상할 수 없다. 선생님의 말이 떨어지기 무섭게 아이들은 질문하고 또 대화한다.

이런 하브루타 학습법은 학생들에게 논리적 사고를 할 수 있는 바탕을 키워주고, 나아가 자신의 의견을 당당히 말할 수 있는 자신감을 길러준다. 한국과 한국교회, 그리고 가정에 하브루타가 절대적으로 필요한 이유이다.

7. 스스로 질문하고 생각하도록 한다.

유대인 가정에선 자녀교육을 아내에게 맡기지 않고 남편이 직접 한다. 질의응답식으로 진행된다. 성경공부뿐만 아니라 일상생활에서도 질문으로 시작해 질문으로 끝난다.

예를 들면, 아버지가 어린 아들에게 성경역사에 대해 질문한다. "아들아, 이스라엘의 1대 왕은 누구였지?" "다윗이요." 한국의 부모는 아마도 이럴 때 "왜 이스라엘의 1대 왕이 왜 다윗이야. 사울이지. 이렇게 쉬운 것도 몰라서 큰일이다, 쯧쯧."

그러나 유대인 아버지는 잠시 여유를 두고 웃으면서 다시 질문한다. "그래? 그러면 이스라엘의 3대 왕 솔로몬의 아버지는 누구지?" 이런 식으로 자꾸 질문을 던져 생각하게 만들면 아이는 "솔로몬이 3대 왕이면 다윗 사이에 2대 왕이 따로 있었는가? 그럼 그 2대 왕이 누구였지?"라고 생각하게 된다.

결국 아이는 "1대 왕이 사울이었고, 2대 왕이 다윗이었고, 3대 왕이 솔로몬이었네요. 제가 다윗을 너무 좋아한 나머지 다윗을 1대 왕으로 생각했나 봐요."라고 답한다. 그러면 아버지는 웃으면서 말한다. "그렇지. 내 아들 똑똑하네."

유대인 아버지와 어린 아들이 질문과 대답하는 모습이다. 이런 모습이 유대인 가정에서 가장 흔한 모습이며, 세계 최고를 향한 첫걸음이라고 한다.

유대인은 자녀에게 답을 즉시 가르쳐 주지 않고 질문을 계속하여 스스로 답을 찾도록 도와준다. 그리고 설사 틀리더라도 윽박지르지 않고 더 잘할 수 있다는 가능성을 심어준다.

랍비이며 탈무드의 저자인 마빈 토케이어(Marvin Tokayer)는 토론 위주의 하브루타 교육에서 무엇보다 중요한 건 '질문'이라고 강조한다. 질문하는 것을 두려워하지 않아야 지식을 얻어가는 과정이 재미있게 다가온다는 것이다.

"한국인 엄마들은 아이들이 학교에서 돌아오면 '오늘은 학교에서 뭘 배웠니?'라고 묻지만, 유대인 엄마는 '선생님한테 무슨 질문을 했니?'라고 묻습니다. 수업을 잘 듣는 것도 중요하지만 궁금한 걸 묻고 토론하는 걸 더 중요하게 생각하는 거죠. 유대인 학교에서 가장 좋은 학생은 좋은 질문을 하는 학생입니다. 변변찮은 질문은 있을 수 있어도 나쁜 질문이란 없어요."

유대인 학교에서는 매일 오전 토라와 탈무드를 가지고 하브루타를 한 뒤 오후에 일반 교과 과목을 배운다. 하브루타 시간에는 랍비가 학생들에게 한 가지 주제를 던져주면 아이들끼리 토론을 벌인다고 한다. 이후 랍비의 강의가 끝나면 아이들은 복습을 하면서 자신들이 생각했던 것과 선생님의 가르침은 어떤 차이점이 있는지에 대해 또다시 토론을 벌인다.

다행스러운 것은, 지금 한국의 초등학교 교과서는 주입식이나 연산이 아닌 스토리텔링 형으로 바뀌고 있다. 교육부 발표로는 가령, 자석을 배우는 단원에서는 아이들이 직접 자석을 가지고 놀게 한 다음, 발생한 문제점과 이를 어떻게 보완해야 하는지를 발표하는 방향으로 교과서가 바뀔 것이라고 했다.

이제 한국교육도 출제자의 의도에 맞는 답을 쓰는 시험이나 수업은 없어질 것이다. 이에 대비하기 위해서는 문제를 놓고 다양한 가설을 세우며, 스스로 질문하고 확산적으로 사고하는 연습을 많이 해야 할 것이다. 학생이든 학부모든 경직된 사고에서 벗어날 필요가 있다. 자유롭게 경계를 넘나드는 다양한 생각을 할 수 있는 사람만이 미래 사회에 필요한 인재가 될 것이기 때문이다.

8 절대로 흥분하거나 인신공격을 해선 안 된다.

주입식 교육에 익숙한 한국 사람들은 하브루타에 익숙하지 못하다. 익숙하지 못한 상태에서 하브루타를 하게 되면 가장 먼저 드러나는 현상은 감정의 동요, 즉 흥분하는 것이다. 하브루타를 하면서 자신의 의견이 공격을 받을 때, 상대방이 자신을 공격한다고 할 때 사람들은 감정의 동요가 생기고 심지어 흥분하게 된다.

실제로 나이든 사람들이 젊은 사람들과 하브루타를 할 때, 목회자가 일반 성도들과 하브루타를 할 때, 남자가 여자와 하브루타를 할 때 흥분하는 현상들이 종종 나타난다. 상대방의 말이 공격이라고 느끼기 때문이다.

때로는 무례하고 예의를 벗어난 말이 상대방의 감정을 건드릴 수 있다. 예의 없고 공격적인 말에 마음이 상한다. 그럼에도 꼭 명심해야 할 것은 절대로 흥분하거나 인신공격성 말을 해서는 안 된다는 사실이다.
오스트리아 출신의 언어분석 철학의 슈퍼스타라고 불리는 유대인 '루트비히 비트겐슈타인'(Ludwig Wittgenstein)은 '인격은 말에 의해 나타난다'고 했다. 말은 한 사람의 인격과 교양의 척도라는 뜻이다. 유대인들은 부주의한 한 마디의 말이 중요한 비즈니스 협상을 망치고, 화가 나서 부지불식간에 퍼부은 감정 섞인 말 한 마디가 아내와 자녀의 가슴에 평생 지울 수 없는 상처를 남길 수 있다는 점을 경고하고 있다.
하브루타는 혀를 놀려서 하는 학습법이다. 유대인들은 혀에는 힘이 있기 때문에 혀를 조심하라는 구약의 말씀을 명심한다.

죽고 사는 것이 혀의 힘에 달렸나니 혀를 쓰기 좋아하는 자는 혀의 열매를 먹으리라(잠 18:21)

입과 혀를 지키는 자는 자기의 영혼을 환난에서 보전하느니라(잠 21:23)

조상 대대로 혀의 재앙을 경계하라는 말을 들어온 때문인지, 유대인들은 하브루타를 할 때에도 말하기보다 듣는 것을 더 중시한다. '입을 다물 줄 모르는 사람은 대문이 닫히지 않는 집과 같다'는 격언을 실천하는 것이다.
유대인들이 협상의 명수라는 소리를 듣는 것도 이런 전통과 무관하지 않다. 대개 협상 과정의 논리 싸움에서 말을 많이 하는 쪽이 위험에 더 노출되기 마련이다. 흥분하거나 감정적이 돼 손해를 보는 것도 말을 많이 하는 쪽이다. 말을 많이 하기보다 신중히 경청하면서 때때로 질문을 하다 보면 상대방이 진정으로 원하는 것이 무엇인지 귀중한 정보를 얻을 수 있다. 협상의 승자가 누가 될지는 자명하다.

함께 읽으면 좋은 책들

잃어버린 구약의 지상명령 쉐마 1.2.3(현용수 著/ 쉐마)
자녀들에게 꼭 필요한 하브루타 330절 말씀(박종신 著/ 성경암송학교)
꿈이 열리는 리쉬마교육(허정문 著/ KIM)

06
하브루타 스킬
(Havruta Skill)

하브루타의 스킬

하브루타는 질문과 대답, 그리고 토론인 대화이다. 하브루타는 언제, 어디서나 쉽게 시작할 수 있다. 사람은 누구나 대화의 방법을 알고 있기 때문이다. 그러나 대화의 스킬이 필요하다. 물론 하브루타는 말의 스킬보다는 내용을 더 중요하게 여기지만 더 좋은 결과를 위해 대화의 기술을 익히는 것도 좋은 방법이다.

하브루타를 하는 유대인의 모습이다. 많은 사람들이 하브루타가 자녀교육 학습법이라고 오해한다. 물론 어린 자녀들도 하브루타를 하지만 어른들은 더 많이 하브루타를 한다.

오랜 하브루타 역사를 가진 유대인들에게는 하브루타를 효과적으로 이끌어내는 스킬이 있다. 이 스킬들은 하브루타를 더 깊이, 그리고 더 풍성하고, 더 진지하게 만드는 효과가 있다. 상대방의 주장을 무력화시키는 것이 목적이 아닌 함께 말씀의 진의(眞意)를 찾아내는 친구가 되어 최고의 가치를 발휘한다. 또 자신을 겸손하게 하며 자신의 인격을 함양하는 도구로 사용된다. 더 나아가 상대방을 존중하며 하브루타를 통해 공동의 답을 찾아가는데 도움이 된다.

하브루타의 대표적인 스킬에는 『코칭 스킬』(Coaching Skill) 『반응 스킬』(Reactive Skill)과 『창의적 표현스킬』(Creative Skill), 등이 있다.

1 코칭 스킬(Coaching Skill)

하브루타는 한국식 학습법이 아니다. 전통적인 유대인 학습법이다. 하브루타는 유대인에게 아주 익숙하지만 한국인에게는 매우 어려울 수 있다. 처음 하브루타를 도입하는 과정에서 '굳이 이런 학습법을 도입해야 하나?, 과연 성공할 수 있을까?' 라는 생각이 든다.

따라서 하브루타를 성공하려면 하브루타의 대상자인 자녀, 학생, 팀원을 이끌어 줄 하브루타 코칭 스킬(Coaching Skill)이 필요하다. 코칭 스킬은 하브루타를 코칭할 수 있는 스킬을 말한다. 하브루타를 진행하거나 운영하는 사람은 부모, 목회자, 교사, 랍비, 리더 등인데, 총칭하여 코치(Coach)라고 정의할 수 있다. 그리고 코치가 인도하는 학습법을 코칭(Coaching)이라고 한다. 코칭 스킬에는 칭찬 스킬과 모션 스킬이 있다.

1) 칭찬 스킬(Praise Skill)

하브루타를 할 때에 가장 중요한 코치의 스킬은 바로 칭찬이다. 칭찬 스킬은 다른 어떤 스킬보다 중요하다. '칭찬은 고래도 춤추게 한다'라는 책(저자 켄볼렌챠드)이 있는 것처럼, 칭찬은 자녀, 학생, 혹은 팀원들이 가지고 있는 잠재력을 최대한 끌어올릴 수 있는 원동력이다.

칭찬을 싫어하는 사람은 없다. 하브루타를 할 때 코치의 역할은 칭찬해 주는 것이다. 칭찬은 하브루타의 분위기를 밝게 하며, 의욕을 높이며, 자녀, 학생, 팀원 속에 있는 무한한 잠재력을 이끌어내는 방법이다. 그럼 하브루타 중에 어떻게 효과적으로 칭찬할 수 있을까?

첫째, 적절한 말로 칭찬해야 한다.

칭찬에는 방법이 있다. 진심어린 칭찬은 많을수록 좋지만 칭찬의 방법을 알면 더욱 효과적이다. 고래를 춤추게 하려면 'SMS 화법'으로 칭찬하라. 짧게(Short), 분위기(Mood)에 맞게, 웃는 얼굴(Smile)로 칭찬하라고 한다.

또 고래를 날게 하려면 '예찬의 원칙'을 지켜라. 남성을 예찬하는 8가지 원칙은 '위대함, 용기, 공정함, 조심성, 관대함, 대범함, 친절함, 부드러움'을 칭찬하는 것이다. 여성을 예찬하는 2가지 원칙은 간단하다. 제1원칙 찬사는 외모에 초점을 모을 것, 제2원칙 아름다운 여성은 간접적으로, 못생긴 여성은 직접적으로 칭찬하는 것이다."

이렇듯 칭찬에도 요령이 있다고 한다. "칭찬과 격려는 구체적으로 하라. 사소한 것을 칭찬하라. 결과뿐 아니라 과정과 노력을 칭찬하라. 칭찬도 독이 될 수 있으니 주의하라. 칭찬할 때는 칭찬만 하라. 그 자리에서 즉시 하라. 칭찬은 되풀이 할수록 좋다."

그러나 칭찬에 인색한 코치들은 무슨 말을 해야 할지 막막할 때가 있다. 그리고 칭찬의 말을 했는데 오히려 분위기를 망치거나 악화시키는 경우도 있다. 따라서 지나친 칭찬을 피해야 한다. 상황에 맞지 않는 칭찬도 피해야 한다. 하브루타를 할 때 언어적인 칭찬법은 다음과 같다.

"좋은 의견이네요."

"훌륭합니다."

"탁월합니다."

"어떻게 그렇게 생각하셨어요?"

2017년 6월, 광주,전남지역 하브루타 세미나에서 토론하는 모습이다. 성경암송학교에서 주최하는 하브루타 세미나에는 전국의 목회자들과 교사는 물론 해외에서도 많이 참가한다.

둘째, 적극적인 행동으로 칭찬해야 한다.

중국 남북조시대에 유의경이 쓴 『世說新語』(세설신어)의 한 대목은 이런 점을 잘 말해준다. 왕미지는 환이란 사람이 피리를 잘 분다는 소리를 들었을 뿐, 만난 적이 없었다. 길을 가던 왕미지는 우연히 환이의 수레를 만나자 아랫사람을 보내어 한 곡 불어줄 것을 청했다. 환이 역시 벼슬이 꽤 높았음에도 불구하고 왕미지의 명성을 들어서 잘 아는지라 그 앞에서 내리 세 곡을 불었다. 그러고는 자리를 떠났다. 주객 사이에 한 마디 말도 오고 간 것이 없었다.

칭찬은 꼭 말로만 하는 것이 아니다. 무언의 행동으로도 얼마든지 칭찬할 수 있다. 오히려 칭찬이 담긴 행동은 말보다도 더 깊이 칭찬을 느끼게 한다. 진정한 칭찬은 오히려 말이 필요 없다. 백 마디의 좋은 말보다 믿음과 신뢰의 눈빛 한번을 보내는 게 좋을 때가 있다.

행동으로 하는 칭찬은 시기적절하게 사용할 수 있으며 즉각적으로 표현할 수 있는 장점을 지닌다. 실제로 행동으로 받은 칭찬을 더 깊이, 그리고 더 빠르게 받는다는 통계도 있다. 하브루타를 할 때 행동적인 칭찬법은 다음과 같다.

1. 엄지 올리기 : 창의적, 논리적으로 훌륭한 의견과 표현을 했을 때.
2. 박수치기 : 상대방의 의견에 적극적으로 공감할 때.
3. 미소짓기 : '잘 하고 있어요.'라고 격려해 줄 때.

2) 제스처 스킬(Gesture Skill)

신경외과 의사 '와일더 펜필드'가 만든 '신체 감각뇌도'를 보면, 두뇌 활동에 영향력이 큰 신체활동 부위는 손, 입술, 혀 순서라는 것을 알 수 있다. 하브루타를 할 때 제스처를 사용하는 것이 중요함을 설명하는 과학적 근거이다.

하브루타를 할 때 사용되는 손놀림, 몸짓, 얼굴 표정 등을 제스처라고 한다. 제스처는 말을 보다 정확하게 전달하려는 언어의 보조 활동으로, 듣는 사람에게 미치는 영향이 생각보다 훨씬 크다. 말을 할 때 사용되는 제스처는 말을 보다 정확하게 전달하려는 동작이라고 할 수 있다. 자기의 생각과 감정을 강력히 전하는 기술이기도 하다.

따라서 하브루타를 할 때 제스처 활용 방법을 잘 알고 효과적으로 사용하는 것이 좋다. 제스처를 활용해야 더욱 원활한 하브루타가 이루어진다. 기계적으로 반복되는 딱딱하고 부자연스러운 동작이 아닌 자연스러운 동작을 표현한다. 어색한 동작은 오히려 방해만 될 뿐이다.

제스처를 사용할 때 지나치게 몸을 앞으로 굽히거나 내미는 사람이 있다. 바르게 선 자세로 자연스럽게 제스처를 사용해야한다. 제스처가 자연스러워지려면 특히 손이 무의식적으로 움직여야한다. 그러기 위해서는 기본자세를 취할 때 손을 자유롭게 풀어놓는다. 그런 상태에서 하브루타의 진행에 맞게 몸을 움직이다 보면 굳이 의식하지 않아도 자연스럽게 된다. 그럼 어떻게 제스처를 효과적으로 사용할지 제스처 스킬을 소개하려고 한다.

첫째, 일어서서 하브루타를 하게 하라.

유대인들이 하브루타를 할 때 앉아서 하는 경우도 많지만, 거리나 공원에 서서 하브루타를 하는 모습을 종종 볼 때가 있다. 훨씬 자연스럽게 제스처를 사용하는 모습을 보게 된다. 만약 앉아있다면 제스처가 한결 제한될 것이다.

일어서게 되면 앉아있을 때보다 훨씬 자연스러운 대화를 할 수 있다. 의도하지 않더라도 자연스럽게 손과 몸을 움직일 수 있다. 경직된 분위기와 몸을 자연스럽게 사용할 수 있도록 하려면 자리에서 일어서게 하는 방법이 가장 좋다.

둘째, 의도적으로 손을 사용하게 하라

일어서서 하브루타를 할 때 몸을 활용하는 것에 익숙해지면 의도적으로 손을 사용하게 한다. 손을 사용하게 하는 것은 단지 몸을 사용하여 상대방을 설득하기 위한 방법이기도 하지만 두뇌활동을 왕성하게 하여 더 효과적으로 하브루타를 할 수 있게 한다.

손을 사용할 때는 가슴 위쪽으로 올려서 활용한다. 그 이유는 가슴 위로 손을 올리면서 몸의 긴장이 많이 완화되고 큰 움직임을 통해 두뇌활동이 왕성하게 이뤄진다. 손을 활발하게 사용하면 표현하고자 하는 것을 더 잘 표현할 수 있게 된다.

하브루타를 할 때 제스처를 적절하게 사용하면 호감도를 아주 쉽게 올릴 수 있다. 제스처는 하브루타를 더욱 풍성하고 강렬하게 만들기 때문이다. 호감도를 올릴 수 있는 특별한 효능 세 가지가 존재한다.

길에서 만나 자연스럽게 하브루타를 하는 유대인의 모습이다 하브루타는 처음 만나는 사람과도 자연스럽게 진행된다.

첫 번째, 제스처를 하면 말하는 사람의 긴장도가 낮아진다. 하브루타를 하는 상황을 상상해보라. 이때 차려 자세로 말하는 것과 손을 움직이면서 말하는 것 중 어느 쪽이 더 자연스러울까? 당연히 손을 움직이는 쪽이다.

몸을 움직이지 않고 어깨나 팔을 긴장된 상태로 계속 두면 우리 뇌는 위험한 상황이라는 인식을 하게 된다. 우리 뇌가 위험한 상황이라고 인지하면 그것을 회피할 것이냐, 도전할 것이냐를 판단하고 그에 따라 생체활동이 이루어진다.

만약 회피하면 안전한 상태로 몸을 피신해서 긴장을 푸는 생체활동이 이루어지고, 도전하면 그에 따른 적극적인 생체활동이 일어난다.

하브루타 상황에서 긴장하는 순간이 바로 '도전'이라고 판단하는 순간인데, 우리 몸은 위험상황에 대비하려고 심장 박동을 높이고 근조직으로 많은 산소를 운반한다. 그러면 상대적으로 뇌로 가는 혈류가 부족해져서 '멍'한 상태가 된다.

이때 우리 상태를 회복하는 방법이 아닌 바로 제스처를 활용하는 것이다. 근조직으로 간 산소를 활용해서 손을 움직이며 심호흡을 통해 안전한 상태라는 것을 뇌가 인지하도록 하는 것, 즉 하브루타를 해야 하는 상황에서 긴장을 푸는 과학적인 방법이다.

손의 제스처를 사용할 때 더 효과적인 하브루타가 이루어진다.

두 번째 효능은 할 말이 더 잘 생각나게 한다는 것이다. 하브루타를 하면서 말은 해야겠는데, 적당한 어휘가 떠오르지 않을 때가 있다. 이때 손을 움직이며 할 말을 생각해보라. 손을 움직이지 않을 때보다 더 빨리 적당한 단어가 떠오를 것이다. 손을 활발히 움직이는 행동은 뇌가 생각하고 있는 것을 형상화 해주고 언어 중추를 자극해 적당한 어휘를 떠올리게 한다. TV에 나오는 MC나 리포터 등 다양한 어휘를 구사하는 사람들이 말과 함께 잦은 손동작을 쓰는 것도 이런 이유 때문이다.

세 번째 효능은 표현력을 증대해 의미를 강조할 수 있게 한다는 것이다. 하브루타를 할 때 친구들과 놀이동산에서 롤러코스터를 탔던 이야기를 상대방에게 설명하는 상황을 상상해보라.

"위에서 아래로 내려오는데 심장이 쫄깃해지고 아찔하더라"하고 말을 하는데, 아무런 제스처를 사용하지 않는 것보다 손을 위로 높이 들어 올렸다가 아래로 빠르게 내리는 흉내를 내며 이야기하는 편이 듣는 사람으로 하여금 더 쉽게 상황을 상상하도록 만든다. 제스처 덕분에 말이 더 풍성해지고 더 재미있어지는 하브루타가 된다.

2 반응 스킬(Reactive Skill)

반응스킬은 능동적인 측면에서 창의적인 생각을 창조하면서 반응하는 스킬이다. 하브루타는 두 사람이 짝을 지어서 주제에 대한 토론을 하는 것이다. 한 사람은 들어야 하고, 한 사람은 말해야 하는 관계이다. 상대방의 주장을 듣는 과정에서 그냥 듣는 것이 아니라 '왜 그렇게 생각하는지, 나와는 어떤 의견이 다른지, 나라면 어떻게 할 것인지?' 자신의 또 다른 생각을 창조하면서 듣는다. 그래서 반응 스킬은 수동적인 측면에서 받아들이는 것이 아니라 능동적인 측면에서 창의적인 생각을 창조하면서 반응하는 스킬이다.

반응스킬에는 경청 스킬, 호기심 스킬, 열린 사고 스킬, 질문 스킬 등이 있다.

1) 경청 스킬(Listening Skill)

하브루타는 두 사람이 찬성과 반대 입장에서 자신의 주장에 대해 근거를 제시하여 상대방을 설득하는 과정이다. 상대방의 주장을 약화시켜 나의 주장을 관철시켜야 한다. 그러나 상대방의 주장을 약화시키기 위해 가장 먼저 필요한 것은 바로 경청이다. 경청을 잘해야만 상대방의 마음을 편안하게 하며 성공적인 하브루타를 할 수 있다. 왜냐하면, 상대방이 무엇을 얘기하는지 명확하게 알아야 그 주장을 약화시키고 내 주장을 설명할 수 있기 때문이다.

레이먼 스테일(Lyman K. Steil)에 의하면 듣기의 과정에는 4단계의 과정을 거친다고 했다. 먼저, 듣기(hearing), 해석(interpretation), 평가(evaluation,) 응답(responding)순으로 이어진다고 말했다.

조셉 데비토(Joseph A. DeVito)도 듣기의 과정을 수용(receiving), 이해(understanding), 기억(remembering), 평가(evaluation), 응답(responding)순의 과정으로 설명하고 있다.

프랑스 의학자 알프레 토마티(Alfred Tomatis)도 '사람이 듣는 것에는 두 가지의 듣기가 있는데 수동적 듣기와 능동적 듣기가 있다.'라고 말했다. 여기서 '수동적 듣기'(Hearing)는 귀에 들리는 소리를 무심히 흘려보내는 것이고, 능동적 듣기(listening)는 의식을 집중해 정보를 모은 뒤 분석해 뇌로 보내는 것이다.

이처럼 듣고 응답하는 과정을 거치는 것을 경청(傾聽), 즉 진짜 듣기라고 할 수 있다. 그러나 귀를 기울여 듣지 않은, 즉 가짜 듣기(응답이 일어나지 않는 경우)가 있다.

하브루타에 필요한 듣기는 바로 경청이다. 그래야만 상대방의 주장을 분석할 수 있고 그 분석을 토대로 성공적인 하브루타를 할 수 있기 때문이다. "그럼 어떻게 하면 경청을 잘 할 수 있을까?"

실천사항

1. 경청하려고 노력하라
2. 경청을 위해선 상대방이 하는 말이 나에게 도움이 되는 말이라고 생각하라
3. 상대방에게 배울 것이 있다고 생각하라
4. 연령, 성별, 위치와 상관없이 상대방을 존중하라

2) 호기심 스킬(Curiosity Skill)

하브루타는 상대방의 의견을 듣고 나의 의견을 제공하는 것만이 아니다. 질문하고, 대답하고, 토론하고, 논쟁하는 과정에서 정확하게 알고 있지 않은 내용이나 애매한 것이 있으면 추가적인 연구 및 조사를 해야 한다. 서로가 알고 있는 사실, 직관, 논리력으로 토론하는 하브루타는 기본과정에 불과하다. 그 다음 단계의 깊이 있는 하브루타를 위해선 논쟁을 멈추고, 상대방에게 양해를 구한 후 다시 만나서 다시 토론을 하는 것이다. 추가적인 연구 및 조사를 통해 알게 된 새로운 지식을 통해서 더 깊은 하브루타를 할 수 있다. 이 과정에서 궁극적인 답에 다가서는 것이 호기심(Curiosity)이다.

20세기초의 창조성이 뛰어난 대표적 지식인이었던 앨버트 아인슈타인((Albert Einstein)은 천재가 아니었다. 다만 호기심이 많았을 뿐이다. 아이슈타인 본인이 털어놓은 말이다. 어릴 때부터 남들이 무심히 지나친 밤하늘을 보며 왜 우주가 생겼는지, 왜 별이 빛나는지를 밤새 고민했다고 한다. 암기를 강요하는 당시 학교 분위기는 그의 호기심을 짓눌렀고 급기야 신경쇠약에 걸린다. 엉뚱한 질문 때문에 저능아 취급을 받았던 에디슨과 비슷한 사례다.

호기심과 질문, 그리고 창의와 혁신은 동전의 양면이다. 호기심은 질문으로 표출되고 이런 과정 속에서 번득이는 아이디어가 나온다. 혁신과 창의를 강조하면서 정작 그 뿌리인 호기심을 철저하게 말살하는 것이 한국교육 풍토다.

수업 시간에 간혹 이상한 질문이 나오면 공부 분위기 망친다고 핀잔을 받기 일쑤다. 새로움에 대한 호기심(네오필리아·Neophilia)은 인류를 성공으로 이끈 위대한 본능이다. 뜻도 모르고 달달 외우는 암기식 교육은 왕성한 창조 에너지를 고갈시킨다. 호기심을 더 큰 호기심으로 키우는 교육이 절실하다.

스위스의 심리학자이면서 유대인이었던 피아제((Jean Piaget)의 『인지발달이론』은 그의 세 자녀의 성장하는 과정을 유심히 관찰한 내용을 토대로 만들어낸 관찰의 산물이다. '호기심'에 의해 시작된 관찰은 세상을 바꾸는 위대한 발명, 발견을 하게 된다.

실천사항

첫째, 사물, 사람, 상황 등 모든 면에서 열린 사고를 하라.
둘째, '왜 이럴까?' 끊임없이 질문을 하라.
셋째, 사물, 사람, 상황을 호기심으로 관찰하라.
넷째, 일상적인 것도 낯설게 보라.
익숙하게 보는 순간, 더 이상의 흥미도, 호기심도 사라지는 것은 물론, 무관심해지며 학습자로의 능력을 상실하게 된다.
다섯째, 짝과의 호기심을 발동시키는 질문을 하라.

1) "궁금해서 그러는데요", "호기심이 나서 그러는데요." 등등
2) 마음속에 처음으로 떠오르는 질문을 던져보는 것이다.

그 질문이 상황에 맞지 않는 것 같아도 분명 유익한 상황으로 가는데 도움이 될 것이다.

3) 짝과 대화를 하는 중, 에너지의 변화를 느낄 때, 자세가 바뀌었을 때, 갑자기 웃을 때, 목소리 톤이 바뀔 때 그것에 관해서 물어 본다.

3) 열린 사고 스킬(Open Mind Skill)

열린 사고는 스킬인 동시에 능력이다. 반면 경직된 사고는 힘을 억압하며, 과거의 생각에 노예가 되어 경쟁력을 상실하게 한다. 열린 사고의 능력에 대한 한 예를 소개하고자 한다. 실제로 이 질문은 미국 한 회사의 신입사원 선발 최종면접에서 나온 질문이다.

"당신은 지금 비바람이 심하게 부는 폭풍우 속을 운전하고 있습니다. 그런데 도중에 버스 정류장에 있는 세 사람을 만났습니다. 한 사람은 생명이 위급한 할머니, 또 한 사람은 과거에 당신의 목숨을 구해준 생명의 은인, 나머지 한 사람은 당신이 꿈에 그리던 이상형입니다. 하지만 당신의 차에는 한 사람만 태울 수 있습니다. 당신이라면 어떻게 하시겠습니까?"

어차피 정답이 있는 문제는 아니다. 그러나 누구를 차에 태우느냐에 따라 그 사람의 우선순위가 무엇인지는 짐작할 수 있을 것이다. 생명이 위급한 할머니를 태우겠다는 사람은 긴급한 일에 우선순위를 두고 있으며, 정이 많은 사람일 것이다. 생명의 은인을 태우겠다는 사람은 인간관계를 중요하게 생각하는 사람일 것이다. 이상형을 태우겠다는 사람은 자신의 욕망과 목표에 충실한 사람일 것이다.

그런데 면접에서 우수한 평가를 받은 합격자의 답은 우리가 쉽게 생각할 수 있는 예상을 빗나갔다. 그는 자신의 생명의 은인에게 자동차 열쇠를 주어 할머니를 병원에 모시고 가게 한 다음 자신은 이상형과 함께 남아서 버스를 기다리겠다고 답했다.

이 사람은 한 번에 3가지를 모두 해결한 셈이다. 생명의 은인에게 폭풍우를 벗어나게 해줬으니 은혜를 갚은 셈이고, 위독한 할머니를 병원으로 모셔갔으니 또 다른 사람의 생명을 구한 것이다. 게다가 자신은 이상형과 함께 할 수 있는 시간을 만들었을 뿐 아니라 참신한 문제해결력으로 이상형에게 높은 점수도 받았을 것이다.

이 합격자의 답에서 많은 사람이 감탄하는 부분은 자신이 차에서 내렸다는 것이다. 보통 이 문제를 접할 때 사람들은 누구를 태울 것인가에만 집중한다. 그러나 자신까지 차에서 내린다고 생각하면 선택의 폭은 훨씬 넓어진다. 문제가 발생했을 때 기존의 방식으로만 답을 찾으려고 하면 해결책이 보이지 않을 때가 종종 있다. 그러나 입장을 바꿔보고, 생각의 출발점을 다르게 하면 전혀 다른 방식의 해답을 찾을 때가 있다. 그래서 어디서나 강조되는 것이 발상의 전환과 사고의 유연성일 것이다.

고전에서도 사고의 유연성을 강조하는 부분은 쉽게 찾아볼 수 있다. 논어(論語)에 '군자불기(君子不器)) 학즉불고(學則不固))'라는 구절이 있다. 문자 그대로 해석하면, "군자는 그릇이 아니며, 배움이 있으면 완고하지 않다"는 뜻이다. 그릇의 크기와 쓰임새에 한정되지 않고 그것을 넘어설 때 진정한 군자가 될 수 있으며, 학문에 의하여 지식과 식견을 넓혀 항상 너그럽고 유연한 정신 상태를 지니도록 해야 한다는 의미다.

이는 특히 많이 배운 사람들의 경우 남들보다 많이 알고 있다는 자만심과 오만에 가득 차서 다른 사람에게서 새로운 무언가를 더 배울 생각 자체도 없고 자신만이 옳다고 고집하는 것을 경계하라는 교훈도 주고 있다.

사람은 동일한 일을 반복하여 익숙해지면 열린 사고가 사라지고 자신도 모르는 사이 경직된 사고로 전환된다. 자신이 아는 방식이 최고라고 고집하게 된다. 이 세상에서 자신이 하는 방식이 최고라는 생각을 하게 된다면 더 이상의 방법은 없을 것이라 장담한다. 이것이 바로 사람이 가진 열린 사고를 닫게 하는 관문이다.

그런 사고는 열린 사고가 갖는 힘을 억압하는 것이다. 열린 사고가 갖는 힘을 계속 억압한다면 우리가 직면하고 있는 혼란스럽고 복잡한 상황에서 경쟁우위를 점할 가능성은 없어지고 최소한의 경쟁력마저 사라진다. 결국 망하게 된다.

기업이 망하는 이유는 무엇일까? 정부의 과도한 규제 때문일까? 그렇지 않다. 그렇다고 해서 외국과의 불공정한 거래 때문에 희생된 것도 아니고 합병의 제물이 되었기 때문도 아니다. 실패는 운명이 아니다.

기업이 망하는 이유는 아주 간단하면서도 심오하다. 그들의 사고가 상대의 사고에 제압당했기 때문이다. 따라서 상대가 번성할 때 비틀거린 것이다. 기업은 경직된 사고를 할 때 무너진다. 망하는 기업의 특징은 바로 경직된 사고의 희생자였던 것이다.

경직된 사고의 문제는 지금까지도 일반화되어 있다. 자신의 경직된 사고 때문에 생기는 폐해를 없애는 일이 왜 그토록 어려운 것일까? 그 이유는 다음과 같다.

* 열린 사고를 외면한다.
* 즉각적인 해결과 빠른 결말을 원한다.

* 사고하는 과정을 너그럽게 기다리지 못한다.
* 다른 사람, 특히 자신보다 젊거나 경험이 부족한 사람의 말을 인정하지 않는다.
* 자신이 현실적인 사람임을 자랑스러워한다.
* 현재 이 정도에 위치한 것만으로 만족해한다.
* 여전히 과거의 영광에 노예가 되어 있다.

열린 사고의 스킬은 매우 중요하다. 기존의 좋은 방식과 더불어 다양한 방법을 시도해보고 도전해볼 수 있는 분위기가 조성된다면 합격자의 정답처럼 훨씬 더 많은 사람들이 행복한 해결책을 찾아낼 수도 있기 때문이다.

그러기 위해서는 먼저 나 자신이 차에서 내릴 수 있는 발상의 전환을 하고 있는지 점검해 볼 일이다. 여전히 내 자리는 고수한 채, 내 방식과 생각만을 다른 사람들에게 강요하고 있는 것은 아닌지 경계도 하여야 할 것이다. 또한 작은 변화로 더 큰 만족을 줄 수 있는 열린 사고를 가지고 있는지도 고민해보아야 할 것이다.

하브루타에 임하는 자세 역시 열린 사고이다. 하브루타에서 열린 사고란 다른 사람의 말을 포용성 있게 받아들이는 자세를 의미한다. 유연한 사고를 의미한다. 하브루타는 두 사람이 논쟁을 하는 것이므로 열린 사고가 필요하다. 만약 열린 사고가 되어 있지 않으면 다른 사람의 말을 듣고 받아들일 준비가 되어 있지 않은 상태이기 때문에 상대방의 말을 듣지 않고 짐작하여 판단하는 어리석음을 범하게 된다.

열린 사고를 가진 사람은 자신의 마음을 문처럼 활짝 열고 새로운 아이디어가 완전히 들어 올 수 있도록 하는 사람이다. 하브루타의 성공을 위해선 겸손하게 짝의 입장을 받아들여야 한다. 그렇게 할 때 상상도 못할 좋은 결과를 얻게 될 것이다.

실천사항

1. 짝이 말을 시작하기 전, 그 말이 무조건 맞다고 생각하고 시작하라.
2. 짝이 말을 할 때 중간에 끼어들지 말라.
3. 자신의 의견보다 짝의 말에 집중하라.
4. 모르는 것을 창피하다고 생각지 말고 질문하라.
5. 말을 할 때, 짝을 말과 지식으로 제압하려는 교만한 마음을 버리라.

4) 질문스킬(Questioning Skill)

하브루타의 성공은 질문에 있다. 경청했다면, 효과적으로 질문할 수 있어야 한다. 더 높은 수준의 하브루타를 위해선 반드시 좋은 질문이 필요하다. 과연 그렇다면 어떻게 질문의 능력을 길러줄 수 있을까? 질문의 능력에 대한 사례를 소개하고자 한다.

'레오 버스카글리아'(Buscaglia, Leo)는 미국의 유명한 교육학자이다. 그가 어릴 때 그의 아버지는 가족을 부양하기 위해 멀리 떨어진 곳에 가서 일을 해야 했다. 아버지는 일주일에 한 번씩 집으로 돌아오면 항상 아이들에게 이렇게 질문했다고 한다.

"이번 주엔 뭘 배웠니?"

그 질문에 대답을 하기 위해 아이들은 무엇을 배웠는지를 한 번 더 생각해야 했다. 그 질문을 계기로 레오는 '배움'에 대해 자연스럽게 되새기는 습관을 익히게 되었다고 한다. 결국 미국을 대표하는 교육학자 레오 버스카글리아를 배출하게 된 것이다. 이처럼 부모의 좋은 질문은 자식들을 훌륭한 인생으로 만드는 데 큰 역할을 하게 된다. 그럼 좋은 질문은 무엇이고 질문의 스킬은 무엇일까?

첫째로, 물고기처럼 생각하는 어부, 입장을 바꿔서 질문하라.

학창시절, 우리 모두는 많은 시험을 치렀다. 그 속에서 답을 찾는 시험에 익숙해져왔고, 길들여져 온 게 사실이다. 답만을 찾기 위해 공부를 하다보면 오히려 답을 찾기 어려웠던 것이 사실이다. 그러나 조금만 뒤집어 생각해보면 어떨까? 출제자의 의도를 생각하고서, 문제를 내는 사람의 입장에서 공부를 하면 확실히 관점과 공부의 방법은 달라진다.

나는 고등학교 시절, 가난해서 참고서조차 구입할 수 없었다. 늘 '어떻게 하면 시험을 잘 치룰까?' 고민을 했다. 그러다가 생각해 낸 결론이 '내가 스스로 문제를 출제하고 모의시험을 치르자'는 것이었다. 내가 직접 문제집을 만들어보자는 생각을 했다. 결국 스스로 문제를 출제해서 시험지 유형과 똑같은 방식으로 유사시험지를 만들었다.

유사시험지를 만드는 것은 쉬운일이 아니었다. 학생이 출제범위 안에서 골고루 시험문제를 내는 것은 쉽지 않았다. 그 과목에 대한 전반적 이해가 없으면 질문을 출제하기가 어려웠다. 수업 시간에 선생님의 수업을 집중해서 들었고, 선생님이 중요하다고 하는 것은 하나도 빼먹지 않았고 최대한 비슷하게 만들어 보겠다고 밤을 새워 유사시험지를 만들어 냈다. 선생님들도 자신의 전공과목만 출제하는데 나는 전 과목의 유사시험지를 만들려 하려다보니 코피가 날 정도였다.

얼마 후에는 같은 반 아이들이 내가 만든 유사시험지를 보고 모의고사를 치르는 일까지 벌어졌다. 시험을 치른 후, 친구들은 자신들이 준비했던 것보다 훨씬 어려웠다고 하면서 재미있어 했다. 놀라운 것은 중간고사와 기말고사에서 내가 낸 문제와 똑같은 질문이 많았다는 사실이다. 결국 나에게 과목당 천원을 주고 유사시험지를 구입하여 시험을 대비하는 아이들이 늘어났다. 내 성적이 월등하게 좋아진 것은 당연한 일이었다. 그냥 책을 읽는 것과, 강의를 하기 위해 책을 읽는 것과는 확연히 다른 독서의 결과가 나타난다. 입장을 바꿔 질문을 해보는 것은 큰 의미가 있고, 효과 또한 매우 탁월하다.

둘째로, 질책하지 말고 질문하라.

우리는 질문을 할 때 '왜'라는 질문을 많이 한다. '왜'라는 질문은 결코 나쁜 것이 아니다. 앞장에서도 언급했지만, '왜'는 문제에 대한 총체적 질문이다. 하나부터 열까지 다 설명해줘야 하는 질문이다. 따라서 '왜'라는 질문은 상황을 잘 봐서 해야 할 질문이다. 상대방은 흥분하는 일이 생기고 문제가 발생할 수 있다.

사실 '왜'라는 질문이 정말 알고 싶어서 하는 질문이 아닌 대개 꾸중이나 혼낼 때, 비난할 때 많이 쓰인다는 것이다. 그러니 자연히 대답하는 사람 입장에서는 기분이 좋지 않을 수밖에 없을 것이다. 질책하기 위한 질문을 들을 경우, 사람들은 세 가지 중 한 가지 행동을 취하게 된다.

1) 듣고 흘려버린다.
2) 무시해버린다.
3) 변명한다.

이 세 가지 모두 좋지 않은 반응들이다. 당신은 어떤가? 그렇다면 듣는 사람이 기분 나쁘지 않게 대답하는 방법이 있을까? 물론 있다. 바로 '왜'를 '어떻게'나 '무엇'으로 바꾸면 같은 질문인데도 기분 나쁘지 않게 답할 수 있다는 것이다. 그 사례를 보자.

예문
"왜 이렇게 일이 늦어졌니?" → "일이 늦어진 원인이 무엇일까?"
"너는 왜 그렇게 밖에 못하니?" → "어떻게 저 친구는 저렇게 잘할까?"
"왜 만날 숙제를 밤에 하니? 도대체" → "낮에는 무엇이 숙제하기 어렵게 만들까?"

처음 영문법 어순이 힘들었던 시절을 생각해보라. 조금 불편할 수 있지만, 몇 번만 해보면 금방 익숙해진다. 좋은 질문도 연습하면 얼마든지 자연스럽게 할 수 있다. 질문에 자신이 없는 사람은 반드시 반복하면 좋은 질문자가 될 것이다.

셋째로, 긍정형의 미래질문을 하라.

"그걸 아는 사람이 그런단 말이야?"
개그콘서트에서 인기 있었던 코너이다. 처음에는 너무 유치하다고 느꼈지만, 여러 차례 보면서 "아, 그래서 저 사람들의 공감을 얻는구나!"라고 무릎을 칠 정도였다. "교과서에는 없는 것이 역시 개그콘서트에는 있구나."라는 생각을 했다.
잘못한 사람, 실수한 사람들은 자기 자신이 가장 잘 알고 있다. 스스로 자기 자신에게 혹독한 벌과 비난을 잔뜩 퍼붓고 있는 경우가 많다. 자신의 잘못된 부분을 시인하고 다음부터 안 그러리라 다짐하는데 상대는 바로 쏘아 붙인다. "그걸 아는 사람이 그런단 말이야?"

그런 얘기를 들은 사람의 마음은 어떨까? 정말 공부하려고 책상위에 앉는 찰나에 "너는 어째 만날 공부도 안하니?"라고 한다면, 그때 감정이 상하는 경험을 해보았는가? 자신의 단점을 반성하면서 다시 한 번 시도해보고자 말했음에도 불구하고, 부정형의 과거질문 즉, "그걸 아는 사람이 그래?"라고 또 지적하면 당연히 기분이 나쁠 수밖에 없다. 싸움이 일어나지 않는 것만 해도 다행이다. 해결책은 있다. 바로 상황을 '긍정형 미래질문'으로 바꾸는 것이다. 사례를 보자

A : B씨, 저번 시간에 경청에 대해 공부했는데, 실천 좀 해 보셨나요?

B : 생각보다 잘 안되더라고요. 집에서 얘기 잘 안 듣고 혼자만 말한다고 엄청 혼났어요.

A : (그걸 아는 사람이 그래요? 대신) 그래요? 어떨 때 듣기가 잘 안되든가요?

B : 글쎄요. 피곤해서 들어왔는데 아내는 하루 종일 아이들하고 시달리면서 힘들다고 하더군요. 사실 저도 힘들어서 대충 "응, 응 그랬어?"하고 말았거든요. 아내도 요즘 한참 힘들 텐데 좀만 더 잘 들어줄 걸. 후회는 되네요.

A : 그래요. 역시 B씨는 좋은 가장이시네요. 오늘 집에 들어가셔서 어떻게 속 깊은 남편의 모습을 보여주실지 생각해보는 것도 좋겠네요.

질문 중에 가장 강력한 질문은 나를 향한 질문이다. 일명, '자신을 위한 질문'이다. 자신을 위한 질문은 자신을 코칭해주기 때문에 셀프코칭이라고도 한다. 나의 목표 달성, 문제해결에 대한 혁신을 할 수 있도록 내 안의 나와 끊임없이 질문하고 대화하는 것이 매우 효과적이다.

스타니슬라프스키 레이(Stanislavsky lech)라는 유대인이 있었다. 나치에 의해 죽음의 수용소에 끌려가야 했는데, 수용소는 중노동과 학살만이 있는 곳이었다. 레이가 일하는 곳에서 얼마 떨어지지 않은 곳에는 시체더미가 있었는데, 가스실에서 살해당한 유대인들을 실어 날랐던 곳이었다. '머지않아 나도 저렇게 죽겠구나' 하며 절망하는 대신 레이는 절실한 질문을 자신 스스로에게 했다. '어떻게 하면 저것을 탈출에 이용할 수 있을까?'

레이는 끊임없이 그렇게 질문했고 드디어 하나의 답을 찾았다. 해가 진 뒤 아무도 보지 않을 때 시체더미에 합류했다. 시체 썩는 냄새를 견디며 죽은 척 했다. 자기 몸 위에 얹힌 시체의 무게를 버텨냈다.

마침내 트럭이 시체들을 싣고 시체 구덩이에 갖다 버림으로서 레이는 그날 밤 자유를 향해 달렸고 드디어 자유를 얻었다. 레이가 얻은 자유라는 열매는 '어떻게 하면 저것을 탈출에 이용할 수 있을까?'하는 절실한 질문에서 얻은 것이다. 그 질문이 없었다면 그 역시 일찌감치 죽었을 것이다.

하브루타는 질문에서 시작한다. 처음부터 좋은 질문을 하려고 하면 안 된다. 질문을 하다보면 더 좋은 질문을 할 수 있게 된다. 질문의 능력이 생기는 것이다. 많은 질문을 할수록 질문의 능력은 점점 날카로워지고 효율적이 된다.

따라서 하찮은 질문이라도 시도하는 것이 좋다. 처음부터 완벽한 질문을 하려고 하지 말고 어떠한 질문이라도 하라. 때로는 무모한 질문도 필요할 때가 있다. 그리고 좋은 질문을 위해 경청하도록 하라. 효과적인 질문을 하게 될 것이다.

유대인 학교에서 가장 좋은 학생은 좋은 질문을 하는 학생이다. 유대인 랍비이며 탈무드 저자인 마빈 토케이어는 "변변찮은 질문은 있을 수 있어도 나쁜 질문이란 없다."라고 말했다.

넷째로, 하브루타 질문의 단계를 파악하라

하브루타를 할 때에 필요한 질문의 단계가 있다. 질문의 단계를 숙달하는 것은 조금 어렵지만 실제로 적용해보면 질문에 대한 이해와 방법을 동시에 터득할 수 있다. 또 질문이 어느 단계에 와 있는지를 분석할 때 도움이 된다.

내용 하브루타 1: 가장 쉬운 질문은 단어의 뜻을 묻는 것이다.
내용 하브루타 2: 내용의 표현에 대하여 묻는 질문이다.
내용 하브루타 3: 느낌에 대한 질문이다.
심화 하브루타 4: 문장을 통해 유추하는 질문이다.
심화 하브루타 5: 비교하는 질문이다.
심화 하브루타 6: 짝에게 의견을 묻는 질문이다.

적용 하브루타 7: 짝에게 적용할 수 있는 질문이다.

적용 하브루타 8: 가정하여 묻는 질문이다.

메타 하브루타 9 : 결론적이고 종합적인 질문이다.

실천사항

1. 어떠한 질문이어도 좋으니 마음껏 질문하라.
2. 경청하면서 '왜 그렇게 생각하십니까?'라고 질문하라
3. 경청하면서 '어떻게 하면 될까요?'라고 질문하라.
4. 마인드맵(Mind Map)을 활용한 질문 연습을 하라.

3 창의적 표현스킬(Creative Skill)

창의적 표현스킬은 자신이 주장하는 바를 논리적인 근거를 바탕으로 명확하게 상대방에게 전달하고 상대방이 주장한 내용별로 조목조목 반론을 제기하여 자신의 주장을 하는 스킬이다.

말로 표현한다는 것은 '무엇을 말할 것인지를 생각해야 하고, 어떻게 논리적으로 표현을 할 것인지'를 생각해야 하는 과정이 선행되어야 한다. 생각이 없으면 말로 표현할 수 없다. 생각이 있다 하더라도 주장과 근거가 논리적이지 않으면 상대방을 설득시키지 못하게 된다.

그래서 창의적 표현스킬을 배양하는 것이 필요한 것이다. 창의적 표현스킬에는 지식세우기 스킬, 발표 스킬, 협상 스킬 등이 있다.

1) 지식세우기 스킬(Knowledge Building Skill)

하브루타는 많은 지식을 갖고 있고 그것을 현실 속에서 적용할 수 있는 방법을 잘 찾아내는 사람에게 훨씬 유리하다. 반대로 지식이 미흡한 사람에게는 풍부한 지식을 습득할 수 있는 학습방법이고, 현실에서 적용할 수 있는 창의적인 방법을 찾아낼 수 있는 방법이다. 따라서 하브루타를 위해서는 지식 만들기를 잘해야 한다. 그럼 지식을 잘 만들기 위해선 어떻게 해야 할까?

첫째, 문제가 무엇인지 명확하게 정의하라.

* 주제를 읽고 문제에 관한 기본적인 정보들로 무엇이 필요한지를 정의해야 한다.
* 문제에 대한 개념을 이해하기 위한 단계이다.
* 문제에 대한 개념을 명확하게 정의하면 효과적인 하브루타를 실시할 수 있으니 매우 중요한 단계이다.

둘째, 주제에 대해 서로 간에 동의할 수 있는 시간을 가지라.

* 하브루타는 두 사람이 논쟁을 하는 과정에서 주제에 대해 서로 다르게 이해하면 다음 단계 하브루타를 할 때 혼란이 생겨 깊이 있는 논쟁을 하는데 걸림돌이 된다.

* 이 단계에서는 서로 주제에 대해 이해한 점을 이야기하고 동의하는지 확인한다. 만약 동의하지 않는 내용이 있으면 토론을 통해 서로가 이해하는 수준으로 간다.

셋째, 주제에 대해 세밀하게 분석하라.

* 서로 동의했다 하더라도 주제의 내용에 대해 이해가 부족한 단어의 의미, 문장의 의미, 등 전체적으로 주제가 제시하는 것이 무엇인지 분석한다.
* 분석을 하는 과정에서 두 사람은 주제에 대해 깊이 빠지게 되고, 이것은 하브루타를 잘 할 수 있는 탄탄한 토대를 만들어 준다.

넷째, 주제의 전체에서 문제의 본질을 파악하라.

* 이렇게 주제를 명확히 하고 서로 동의하고 분석하는 과정을 통해 문제의 본질이 무엇인지 한 발짝 더 다가가게 된다.
* 이 과정을 통해 얻는 이해는 처음 이해하던 것과는 매우 다르다. 더 명확하고 깊게 이해할 수 있다.

2) 발표 스킬(Presentation Skill)

하브루타는 상대방의 의견을 잘 경청하는 것도 중요하지만, 더 중요한 것은 자신의 생각을 상대방에게 주장하여 설득하는 과정이다. 그래서 자신이 알고 있는 것을 어떻게 표현하느냐 하는것과 메시지를 정확하게 표현하는 것이 중요한 것이다. 그럼 효과적인 발표 스킬은 어떻게 하면 기를 수 있을까?

그 전에, 전 세계에서 프레젠테이션을 가장 잘하는 경영 컨설팅 회사 맥킨지의 발표 기술을 소개하고자 한다. 진 젤라즈니(Gene Zelazny)가 집필한『맥킨지, 발표의 기술』에 나오는 내용이다. 전체를 다 소개할 수 없지만 가장 중요한 2단계『프레젠테이션을 설계하라』의 내용을 소개하고자 한다. 하브루타를 하는데 상당 부분 도움을 받을 수 있는 부분이 될 것이다.

첫째, 메시지를 결정하라

이것은 시간이 1분밖에 없다면 프레젠테이션을 어떻게 요약하겠는가? 관련된 사항이다. 저자는 만약 자신에게 1분을 주고 프레젠테이션을 더 큰 성공으로 이끌 수 있는 단 하나의 제안을 내 놓으라고 한다면 다음과 같이 제안하겠다고 한다.

"오늘 저에게 시간이 1분밖에 주어지지 않았다면, 이 프레젠테이션을 다음과 같이 요약하겠습니다."라는 말로 프레젠테이션을 시작한 후, 당신의 메시지를 말하라. "그리고 다행스럽게도 여러분은 제게 4시간을 할애해 주셨기 때문에 앞으로 3시간 59분 동안 여러분에게 모든 사항을 말씀드리겠습니다."라고 서두를 마무리 하라고 한다. 준비된 모습이 엿보이는 것 같다.

둘째, 줄거리를 정교하게 짜라

1) 서론을 작성하라

서론은 청중의 마음에 불을 지펴 그 자리에 있고자 하는 열의를 자극해야 하며, 앞으로 어떤 진행이 일어날지 예상하게 만들어야 한다. 흐름과 어조에 대해 확인하기 위해 서론을 미리 써보는 것도 좋은 생각인데. 저자는 서론 작성 시 PIP(Purpose-Importance-Preview) 공식을 활용한다고 한다.

2) 결말을 계획하라

서론과 마찬가지로 결말은 청중의 관심이 최고조로 달하는 부분이기에 저자는 효과적인 결말을 위해 다음의 방법을 추천한다.

(1) 프레젠테이션에서 강조한 사항들을 요약하라
(2) 당신의 제안을 다시 한 번 명쾌하게 설명하라
(3) 실천프로그램을 제시하라
(4) 제안을 실현하기 위한 동의와 책임을 요구하라
(5) 프레젠테이션 중 서로 승낙한 사항들을 요약하라.

3) 스토리보드를 작성한다.

스토리보드는 프레젠테이션의 흐름을 상세히 계획하도록 해준다. 각 차트를 다음 차트에 연결시켜, 청중을 제시된 개념의 순서에 따라 내가 제안하는 행동을 취하도록 유도하는 것이다. 저자가 제안하는 스토리보드의 실행방법은 다음과 같다.

(1) 결정한 줄거리 순서에 따라 프레젠테이션의 개요를 작성한다.
(2) 그 개요에 따라 비주얼이 어디에서 필요하고 그것들이 어떻게 보일 것인지 결정하라.
(3) 비주얼을 만들어라
(4) 흐름을 점검하라
(5) 무엇을 이용할지 염두에 두고 최종자료에 들어갈 모든 애니메이션 기법을 기록하라
(6) 일단 최적의 비주얼 수와 순서를 확정했으면 각각의 비주얼로 돌아가라. 한 비주얼에서 다음 비주얼로 넘어갈 때 무슨 말을 할 것인지를 생각하고 각 페이지 하단에 넘어가는 말을 표시하라.

하나의 프레젠테이션을 위해서도 이렇게 심혈을 기울일 뿐 아니라 최고의 스킬을 적절하게 사용하고 있다. 최고가 된다는 것은 이런 스킬과 함께 정성이 필요하다.

과연 그렇다면 우리의 하브루타에는 어떤 스킬이 필요할까? 하브루타는 일반 프레젠테이션처럼 도구나 시스템을 이용하지 않지만, 대신 우리의 신체를 적절하게 이용하는 것이 효과적이다. 놀라운 것은 효과는 상상

보다 훨씬 좋다는 사실이다. 그럼 하브루타의 발표 스킬에는 어떤 표현이 있을까?

첫째, 지루하지 않게 다양한 제스처(Gesture)를 활용하라.

하브루타는 논쟁을 하는 것이므로 흥미로운 이야기, 재미있는 유머, 근거가 없는 이야기를 하는 것이 아니다. 그러므로 때론 매우 피곤하고 지루하기 쉽다. 피곤하고 지루하다는 것은 나의 주장에 대해 진지하게 경청하지 않는 것을 의미한다.

그런 상황에서는 말로만 하는 것보다 다양한 제스처를 사용하는 것도 도움이 된다. 유대인 학교인 예시바(Yeshiba)에서는 하브루타를 할 때 일어서서 하거나, 두 손을 위 아래로 움직이거나, 몸을 앞뒤로 움직이거나, 상대방의 눈을 뻔히 바라보면서 진행하게 한다. 이렇게 하는 이유는 자신이 주장하는 바를 상대방에게 더 효과적으로 전달하기 위함이다.

몸을 활용하는 제스처를 사용하는 것은 나의 주장을 보다 강렬하게 표현하는 방법이면서 상대방을 지루하지 않게 하여 나의 주장을 잘 경청하도록 하는 효과가 있다. 제스처는 지속적으로 연습을 하면 더욱 자연스러워지고 몸에 익숙해진다.

둘째, 목소리의 강약, 속도를 조절하여 강조할 때를 표현하라.

상대방에게 자신의 주장을 효과적으로 전달하는 방법 중에는 바로 목소리의 강약과 속도 조절이 필요하다. 확실하게 주장하는 내용에 대해선 오히려 천천히 큰소리로 말하는 것이 효과적이다. 내가 말하고 싶은 바를 정확히 말하는 연습에 목소리의 강약, 속도도 반드시 연습해야 한다.

셋째, 주장하는 바를 짧고 명확하게 표현하라.

사람들은 자신이 강조하는 부분을 길고 지루하게 표현하는 특징이 있다. 중요하기 때문에 한 번 더 말하려고 하고, 더 강조하려고 길게 설명하려고 한다. 그러나 이런 방법은 효과적이지 못한 잔소리가 될 수 있다. 잔소리를 좋아하는 사람은 아무도 없다.

하브루타의 격언 중에는 "길면 길수록 당신의 주장은 약해질 것이고 짧으면 짧을수록 강하게 될 것이다"는 말이 있다. 이 말은 강력한 주장일수록 짧고 명확하게 하라는 것이다. 상대방의 집중력은 생각만큼 길지 않다. 그런 사람에게 오랫동안 강조하면 오히려 역효과만 날 뿐이다. 사람이 자신이 알고 있거나 주장하고자 하는 바를 표현할 때 길게 설명한다는 것은 그 내용을 정확하게 이해하지 못했다는 의미이다. 만약 그 의미를 명확하게 이해하고 있다면 짧고 명확하게 설명할 수 있게 된다.

설교자의 설교가 길다는 것도 이와 무관하지 않다. 나쁜 설교자는 자신이 시간을 들여 준비한 내용을 모두 소개하려고 한다. 청중이 듣던, 듣지 않던 자신이 준비한 것을 다 쏟아내려고 한다. 그것은 바로 자신이 하는 설교의 내용을 자신의 것으로 숙지하지 못했다는 증거다.

반면 짧고 명확한 설교는 영향력이 많다. 대형교회를 이끄는 설교자의 특징은 설교가 짧고 명확한 것이 특징이다. 그 이유는 자신이 먼저 설교의 내용을 완전히 숙지했기 때문에 짧고 명확하게 묘사할 수 있는 것이다. 그런 설교를 듣는 사람들은 머리가 시원하다. 그리고 또 듣고 싶다는 생각을 하게 되어 그 교회에 출석하게 된다. 결국 그러한 결과는 대형교회를 세우고 유지하는데 큰 도움이 된다.

우리의 속담에 '말이 많으면 쓸 말이 없다'라는 말처럼, 어떤 문제에 대해 말을 많이 하게 되면 내용이 모호해지는 경향이 있다. 결국 모호성을 띄게 되는 말은 상대방을 혼동하게 하며, 혼란스럽게 하여 화자(話者)의 정확한 메시지 전달에 저해 요인이 된다.

'말을 하다가 보면 삼천포로 빠진다'라는 말에서도 보듯이 말이 지나치게 많아져 꼬리를 물고 나아가 결국에는 자신이 처음 의도한 메시지가 무엇인가를 망각하는 단계에 이르는 것이다. 따라서 말은 보다 줄여서 하는 것이 효과적으로 자신의 의도와 뜻을 포함하고 있는 메시지를 보다 정확하고 명확하게 전달하는 방법이 되는 것이다.

넷째, 말을 구분, 분류, 단락 지어 말하라.

하브루타를 할 때 보면 어떤 사람의 말을 들으면 말이 횡설수설 되는 경향을 우리는 때때로 경험하게 된다. 이는 말의 내용상 구분 짓기가 되어 있지 않기 때문이다. 글을 읽고 내용 파악을 하기 위해서는 문단을 나누어 보듯이, 말 또한 하는 사람의 입장에서 사전에 단락을 구분하여 행한다면 듣는 상대방이 보다 분명하게 들을 수 있을 것이다.

다섯째, 논리적으로 말하라

사실상 말을 조리 있게 한다는 뜻의 가장 근접된 개념은 바로 '논리적'으로 말을 하는 것이다. 하지만 논리적으로 말하는 방법이 실제로 이루어지기란 매우 힘든 점이 있다. 말을 논리적으로 구성하기 위해서는 자신의 메시지를 구조화시켜야하는 문제가 다르기 때문이다.

여기서 메시지의 구조화라는 것을 살펴보면, 가장 먼저 자신이 어떤 문제에 대하여 개념을 가지고 있어야 하고, 그 개념이 다른 개념과의 관계를 진술문 형태로 나열되어 명제화 되어 나타나는 것을 우리는 흔히 메시지라고 한다.

예를 들어, '사랑은 눈물의 씨앗이다.' 라는 메시지가 있다고 하자. 바로 사랑이라는 문제에 대한 자신의 메시지가 '눈물의 씨앗'이라면 이것을 논리적으로 설명해야 사람들은 이해하고 감정까지 통하면 공감하게 되는 것이다.

즉, 왜 눈물의 씨앗이라고 생각하는지를 설명해야하는 것이다. 이것을 설명하는 데는 사후 이유로써 설명하는 방법도 있을 것이고, 사전 논증적으로 설명하는 방법도 있을 것이다. 즉, 연역적(미괄식)이든지, 귀납적(두괄식)이든, 자신의 메시지를 구조화 할 필요가 있는 것이다.

그런데 하브루타를 할 때 이러한 논리만으로 모든 문제를 해결하는 것이 아니라, 상대방의 성향과 분류에 따라 보다 설득력을 갖추기 위해서는 논거로서 등장하는 예화(例話), 일반적인 사실, 전문가의 말, 사회과학적 조사연구에 의한 통계자료 등이 따르게 된다.

우호적인 상대방에게는 논거는 불필요한 문제이다. 하지만 자신의 논리로도 수긍하지 않는 상대방이 있다면 논거는 반드시 따라야 하는 것이다. 이처럼 자신의 말을 가장 간단하게나마 논리적으로 설명하려 한다면 이러한 구조를 가져야하고, 이는 바로 논리적으로 말을 이끌어 가는 정수라 하겠다.

3) 협상 스킬(Negotiation Skill)

하브루타는 협상과 흡사하다. 협상이란 두 사람이 협상테이블에 앉아 서로를 설득해 결과를 내는 것이다. 예를 들면, A라는 사람은 설득을 통해 B가 자신의 뜻에 동의하도록 하고, B라는 사람도 설득을 통해 A가 자신의 뜻에 동의하도록 하려고 한다. 이런 면이 바로 전형적인 협상의 모습이다. 협상에서 이기는 10가지 스킬이 있다. 그 내용을 살펴보면 다음과 같다.

- 내가 원하는 게 무엇인지 구체적으로 파악한다.
- 실질적 의사결정자를 찾는다.
- 상대방의 입장보다 이해에 초점을 맞춘다.
- 상대방의 기분을 파악한다.
- 애매모호한 표현은 하지 않는다.
- 협상 장소는 익숙한 장소가 좋다
- 처음에는 일상적인 대화로 분위기를 좋게 만든다.
- 단답형 대답과 질문을 피한다.
- 앵무새기법을 활용한다. 즉, 나에게 유리한 부분만 복창한다.
- 양보의 선을 정한다.

이렇듯 협상은 철저하게 이기기 위한 계산을 가지고 하는 것이다. 자신이 손해 보지 않는 선에서 양보를 생각하지만, 협상 자체는 이기기 위한 것이다. 상대방을 배려하고 기분을 파악하지만 협상의 목적은 이기는 것이다.

하브루타는 협상과 비슷하지만 중요한 차이가 있다. 협상은 누군가가 이기고, 또는 지게 되지만 하브루타는 이기고 지는 것이 아니라 공동의 목표에 도달하는 것이다. 하브루타는 한 편의 설득에 동의하는 것이 아닌 공동의 답에 도달하게 되는 것이 다른 점이다.

협상은 디베이트(Debate)와 같다. 디베이트는 자신의 논리로 남을 설득하는 것을 의미한다. 엄격한 토론의 규칙이 있으며 일종의 학구적 토론이라고 할 수 있다. 디베이트의 특징은 찬반이 분명하게 갈리는 주제를 선정해서 토론하는 것이다. 비판적 사고를 근간으로 한 논거를 수집한다. 그리고 상대측에 대해 논리적으로 대응을 하는 것이다. 디베이트의 목표는 명확한 논리를 바탕으로 상대를 이기는 것이다.

하브루타의 특징은 함께 답을 찾으면 둘 다 이기는 것이지만, 답을 찾지 못하면 둘 다 지는 것이다. 이를 위해 꼭 필요한 것이 바로 논쟁과 함께 협의이다. 논쟁만으로 끝낸다면 공동의 답에 도달할 수 없을 것이 분명하다. 논쟁이 있더라도 최종적으로 협의를 잘 이끌어내야만 공동의 답에 도달하게 될 것이다. 그럼 어떻게 하면 협상 스킬을 기를 수 있을까?

첫째, 상대방의 논리적이고 합리적인 주장에 대해 인정하라.

협상에는 항상 타협이 존재한다. '내가 원하는 것의 반(半)을 얻었어.' 또는 '내가 원하는 것의 반 정도밖에 얻지 못했어.' 이것은 컵에 물이 반이나 채워져 있다고 보느냐, 또는 반이나 비어 있다고 보는 것과 같다. 협상이 끝나면 양쪽 모두 "더 잘할 수도 있었어. 만족할 수 없어"라고 말한다. 경영이나 소송에서 이런 상황을 좋은 협상이라고 한다.

하브루타도 협상이자 소송과정과 동일하다. 따라서 협상을 하지 않으면 그 다음 단계로 나아갈 수 없다. 만약 상대방의 논리적이고 합리적인 주장에 동의하지 않으면 하브루타는 더 이상 진행되기 어렵다. 그것은 쓸데없는 고집을 부리는 것과 같고 자기주장만 옳다고 하는 비논리적인 자세이다. 그런 사람과는 더 이상의 하브루타가 어렵다.

하브루타는 자신의 주장을 상대방에게 강력하게 설득시키는 것이지만 동시에 상대방의 주장에 귀를 기울여야 하고, 그 주장이 논리적이고 합리적일 때 인정하는 자세가 중요하다. 상대방의 주장을 인정함으로서 나의 지식의 깊이를 넓히고 새로운 시각을 가질 수 있는 기회를 얻게 된다.

둘째, 정교하게 증명할 수 있는 추가정보를 제공하라.

협상을 잘하는 사람의 특징은 근거가 명확하고 증명이 분명하다. 협상을 잘 하는 방법은 분명한 근거를 제시하는 것이다. 통계지표, 설문조사 내용, 과학적 근거 등 다양한 증거자료를 제시하여 상대방이 수용할 수밖에 없게 만든다. 그냥 자신의 주장으로 일관하거나 근거 없는 소식을 인용하는 것은 협상에서 패배하는 원인이 된다.

셋째, 다른 상황에 적용될 수 있는지를 설명한다.

협상을 잘 하기 위해선 다른 상황들에서 예시를 가져올 수 있어야 하고, 다른 상황이 이 상황에 어떻게 적용될 수 있는지를 설명할 수 있어야 한다. 이것을 가리켜 정보의 전이(Transfer of information)라고 한다.

이것은 좋은 협상도구가 될 수 있다. 성공적으로 하브루타를 하기 위해선 좋은 협상가가 되어야 한다. 좋은 협상가는 문제를 다각도에서 바라보며 단기적, 또는 장기적으로 문제를 바라 보는 시각을 가진 사람이다. 이 모든 과정이 바로 하브루타에서 답을 찾아가는 과정과 동일하다. 유대인 랍비들이 좋은 협상가라는 것은 잘 알려진 사실이다.

함께 읽으면 좋은 책들

헤츠키 아리엘리의 탈무드 하브루타 러닝(헤츠키 아리엘리, 김진자 共著/ 국재인재개발센터)
하브루타 질문수업(DR하브루타연구회 著/경향BP)
자녀들에게 꼭 필요한 하브루타 330절 말씀(박종신 著/ 성경암송학교)

07
하브루타 원리적 요소 7단계

법정에서 벌어지는 재판의 현장을 생각하자

하브루타의 원리적 요소 7단계를 이해하려면, 법정에서 벌어지는 재판의 현장을 연상하면 된다. 검사는 기소를 위해 사건의 내용을 진술한다. 변호사가 그 진술에 전혀 동의하지 않는 표정으로 사건의 내용에 대해 질문한다. 질문을 받은 검사는 변호사의 질문에 또박또박 대답한다.

그러나 그 대답에 만족하지 않은 변호사는 검사가 대답했던 내용에 문제를 제기하면서 반박하기 시작한다. 반박을 받은 검사는 자신의 주장을 입증하기 위해 증거를 대고 증명하려고 한다. 그러는 사이 검사와 변호사 사이에는 갈등이 발생한다.

법정에서 검사와 변호사가 공방하고 있다

갈등(葛藤)이란 말의 뜻은, 칡과 등나무라는 뜻으로, 칡과 등나무가 서로 복잡하게 얽히는 것과 같이 개인이나 집단 사이에 의지나 처지, 이해관계 따위가 달라 서로 적대시하거나 충돌을 일으킴을 이르는 말이다.
그러나 재판에서 갈등은 끝이 아니다. 검사와 변호사는 서로 간의 주장을 무력화시키는데 치열하게 싸우지만 결국 합의에 이르게 된다. 서로 간의 이해관계가 다르지만 하나의 진실을 찾아가는데 합의하게 된다. 이것이 바로 법정에서 흔히 볼 수 있는 모습들이다.
하브루타의 원리는 재판의 원리와 비슷하다. 판사의 역할을 제외한다면 검사의 진술이나 변호사의 질문 및 반박은 치열한 하브루타의 모습과 거의 흡사하다. 한 쪽이 검사의 역할이라고 한다면, 다른 한쪽은 변호사의 역할을 맡는다. 그리고 서로 원수라도 된 것 같이 공방을 주고받는다. 마치 싸우는 모습처럼 비춰지기도 한다.

진술과 반박을 반복하는 이유

과연 그렇다면 왜 검사와 변호사는 진술과 반박을 거듭하면서 반대의견을 낼까? 왜 하브루타는 검사와 변호사가 법정에서 서로를 공방하듯 진술과 반박을 거듭하는 이유는 무엇일까?
그것은 바로 진의(眞意) 또는 진실을 밝히기 위한 과정이다.
하브루타 역시 혼자서는 도저히 밝힐 수 없는 진의와 진실을 쌍방 간에 진술하고 반박하는 과정을 통해 그 말씀의 진의(眞意)를 밝히기 위함이다. 즉, 쌍방 간의 공방을 통해 하나의 진실, 말씀의 진의를 찾아가기 위한 과정인 것이다. 유대인은 하브루타를 통해 하나님의 사명인 빛을 발견하는데 총력을 기울인다.

하브루타가 쌍방 간의 공방을 통해 하나의 진실, 말씀의 진의를 찾는 것은 재판과정과 흡사하지만, 더 나아가 말씀의 진의를 찾는 것은 물론 그 말씀을 오늘에 적용하여 실천 가능하도록 만드는 것은 재판보다 심오하다. 하브루타는 치열한 토론에서 끝나는 것이 아니라 그 토론을 오늘에 적용시켜 실천 가능하도록 만드는 능력이 있다.

하나님의 말씀은 심오하다. 사람의 지혜로 쉽게 깨달을 수 있는 것이 아니다. 신학을 공부하고 많은 지식을 쌓아도 하나님의 비밀을 이해할 수 없다. 유대인들은 이런 사실을 일찍 깨달았다. 아무리 탁월한 식견과 지식을 갖고 있어도 하나님의 말씀의 비밀을 깨닫기에는 역부족이라는 사실이다. 예수님은 하나님의 말씀에 대한 사람들의 이해에 대해 이렇게 말씀하셨다.

이사야의 예언이 그들에게 이루어졌으니 일렀으되 너희가 듣기는 들어도 깨닫지 못할 것이요 보기는 보아도 알지 못하리라(마 13:14)

이는 그들로 보기는 보아도 알지 못하며 듣기는 들어도 깨닫지 못하게 하여 돌이켜 죄 사함을 얻지 못하게 하려 함이라 하시고(막 4:12)

하나님의 말씀에는 신비(神秘)가 있다. 많은 사람들이 하나님의 말씀의 비밀을 쉽게 깨닫는 것처럼 생각하지만, 하나님의 말씀은 그렇게 쉽게 깨달아 알 수 있는 것이 아니다. 하나님의 말씀은 감추어져 있다. 하나님의 말씀의 신비는 쉽게 깨달아 알 수 있는 것이 아니다. 성경은 보기는 보아도 알지 못하고, 듣기는 들어도 깨닫지 못하도록 비밀로 구성되어 있다고 말씀하신다.

유대인들은 자신의 해석에 항상 오류가 있을 수 있음을 인정하며 다른 사람들의 해석을 참조하고 해답을 찾아나가는 일에 매우 진지하다.

따라서 설교자의 입장에서 볼 때 자신의 성경해석에 오류가 있을 수 있다는 사실을 인정하는 자세가 필요하다. 설교자도 동일한 사람이기에 아무리 신학을 공부하고 성경에 대한 지식이 많아도 성경해석에 오류가 있을 수밖에 없다는 것이다. 사람의 지혜로는 깊고 오묘한 하나님의 말씀을 다 이해할 수 없다.

이런 과정에서 설교자들은 자신의 성경해석이 검증과정을 거쳐야 한다. 당연히 설교자의 입장에서는 자신의 성경해석에 오류가 없다고 주장하겠지만 오류는 반드시 존재한다. 아무리 완벽한 사람이라도 성경을 해석하는 과정에는 오류가 발생할 수밖에 없다. 말씀의 의미를 올바로 깨달았다고 주장하지만 그것은 설교자의 희망사항일 뿐이다. 따라서 설교는 검증이 필요하다. 검증 없이 선포된 설교에 오류가 있다면 그것은 더 큰 문제가 될 것이다. 가장 좋은 방안은 설교자의 성경해석에 하브루타를 적용할 것을 추천하는 바이다.

하브루타는 검증이다

하브루타는 검증이다. 자신이 옳다고 주장하는 것을 그대로 받아들이는 것이 아니다. 검사의 진술을 그대로 받아들이는 법정은 없다. 검사 자신은 자신의 진술을 옳다고 여기고 진술하지만 짝인 변호사는 또박또박 검사의 진술을 반박한다. 그런 과정을 통해 검사와 변호사는 하나의 진실을 찾아가는 것이다. 검사의 진술이 법정에서 그대로 채택되는 것이 없도록 하는 것은 검증을 받아야 하기 때문이다.

지금 많은 설교자들의 설교가 문제가 되는 이유는 검증 과정이 없기 때문이다. 그래서 어떤 설교를 들어보면 잘못된 내용들이 그대로 들어난다. 그럼에도 일체의 검증 과정 없이 그대로 청중들에게 전달되어진다. 결과 설교자들의 설교는 점점 신뢰를 잃어가게 된다. 만약 하브루타로 설교를 검증하게 되면 엄청난 오류들이 쏟아져 나올 것이 분명하다.

하브루타는 원리적 요소 7단계로 구성되어 있다. 이것은 검증과 함께 사실을 밝히기 위한 최소한의 과정이다. 유대인들이 하브루타를 통해 7단계의 과정을 거치는 것은 시간이 남아돌아서 하는 것이 아니다. 말싸움을 하기 위함도 아니다. 적이 아닌 친구가 되어 서로의 진술을 검증하고 그 검증을 바탕으로 적용과 실천이 가능한 진리를 찾아가기 위한 것이다. 그럼 7단계를 구체적으로 살펴보기로 하자.

1. 진술(Testimony)

진술자(말하는 사람)가 사실적으로 이야기하는 것이다. 주어진 본문에 대해 사실적이고, 전체적으로 설명하는 것이다. 본문의 내용이 무엇을 말하는 것인지를 설명하는 첫 단계이다. 전체적인 이해의 관점에서 자신이 이해하고 생각한 본문의 내용을 서술하면 된다.

2. 질문(Question)

진술자의 설명을 듣고 동의할 것은 동의한다. 주장한 본문의 내용 중에 동의할 것을 동의해주는 것은 짝에 대한 최소한의 예의이다. 그러나 짝이 주장한 내용에서 자신의 생각과 다른 것, 잘못 해석한 것에 대해선 동의해선 안 된다. 자신이 동의하지 못하는 것, 잘못 해석되었다고 생각하는 것에 대해 날카롭게 질문한다. 여기서 주의해야 할 것은 두루뭉술하게 질문해서는 안 된다는 것이다. 짝이 날카롭다고 느낄 정도로 질문해야 한다.

3. 대답(Reply)

질문을 받은 진술자는 짝이 질문한 내용에 대해 설명을 하거나 증거를 댄다. 자신이 진술한 내용에 대한 질문이기 때문에 진술자는 차근차근 '내가 왜 이렇게 생각하는지', '근거는 무엇인지'에 대해 소상하게 설명한다.

이때는 전체적인 내용을 다 설명하는 것이 아니라 짝이 질문한 질문의 내용에 대해서만 대답을 해야 한다. 물론 전체적인 본문의 내용과 상관이 있을 때 포괄적 설명이 가능하지만, 여기서의 대답은 짝의 질문에 대한 대답이다. 그렇지 않으면 다른 주제로 빠지는 오류를 범하기 쉽다. 항상 주제를 벗어나는 결정적인 순간이 바로 3단계임을 기억해야 한다.

4. 반박(Rebuttal)

진술자의 대답에 대해 반박하거나 반대의견을 제시하는 단계이다. 반박이란 그 의견에 동의하지 않고 싸우는 것을 말한다. 진술자는 짝의 질문에 대해 성심성의껏 대답을 했는데 짝은 진술자의 대답에 만족하지 않고 반박이나 반대의견을 제시한다. 여기서 반박이나 반대의견은 날카로울수록 좋다.

이 단계에서 주의해야 할 점은 쌍방 간에 감정을 절제하고 인신비방을 금해야 한다는 것이다. 자신의 의견에 반박이나 반대의견이 생길 때 좋아할 사람은 없다. 그럼에도 감정을 조절하고 관리하는 능력을 키워야 한다. 절대로 흥분해서는 안 된다. 흥분하면 패배하는 것이므로 자신의 감정을 잘 관리해야 한다.

하브루타는 이 단계에서 감성지능의 계발을 훈련하게 된다. 감성지능이란 자신의 감정을 통제하고 관리하는 능력이다. 이 능력을 계발해야만 하브루타가 가능할 뿐만 아니라 냉정하고 차분한 대응논리를 갖게 된다. 유대인들이 감성지능이 뛰어난 이유는 하브루타를 통해 냉정한 대응논리를 계발하고 훈련했기 때문이다.

5. 증거(Evidence)

진술자의 짝이 자신의 대답에 반박과 반대의견을 제시하자, 구체적이고 논리적인 증거를 대고 증명을 하게 된다. 이 단계에서 진술자는 통계자료나 설문자료, 그 외 자신의 진술을 뒷받침할 만한 모든 자료들을 총동원하여 증거를 제시해야 한다. 입증이 가능한 자료들을 최대한 찾아내는 것을 통해 스스로의 학습법을 계발하게 되는 것이다.

진술자는 짝이 지적한 반박내용과 반대의견을 철저히 분석하여 증거자료를 찾아내어 자신의 주장을 뒷받침한다. 만약 오늘 이 시간에 입증할 만한 자료를 구하지 못했다면 증거를 확보하기 위해 짝에게 시간적 양해를 구한다. 그리고 추후 약속을 정해 다시 만나 하브루타를 이어가기로 한다.

6 갈등(Conflict)

진술자가 증거를 댄 것들에 대해 사실이나 진실이 아닌 것을 현명하게 찾아내어 지적한다. 진술자가 증거로 제출한 통계자료, 설문조사 자료를 비롯한 증거자료에 대해 이의와 오류를 지적한다. 또 피상적이고 두루뭉술한 부분에 대해 지적하여 구체적이고 실천 가능한 논리에 대해 치열하게 논쟁한다.

이때 논리가 치열하고 날카로울수록 하브루타가 잘 되어 가는 것이다. 이런 단계를 통해 고등사고력이 계발되는 것이다. 이 때 역시 자신의 감정을 통제하고 관리하는 능력이 필요하다. 동시에 짝에 대한 예의를 잊지 말아야 한다.

7. 해결(Resolution)

어느 정도 치열한 토론이 진행된 다음에 합의를 하게 된다. 서로 간에 결론을 내리게 된다. 진술자나 짝과 함께 해답과 해결책을 찾고 바람직한 방향을 모색하면서 마무리하게 된다. 이때는 구체적인 실천사항을 쌍방 간에 제시해야 한다. 그리고 주어진 본문을 오늘에 적용하여 실현 가능한 방법들을 찾아 제시한다. 하브루타의 목적은 주어진 본문의 논쟁이 아닌, 논쟁을 통해 오늘에 적용하여 실천하게 하는 것이다. 그러나 해결책을 찾을 수 없을 때는 무승부가 되며 열린 토론으로 마무리하게 된다.

하브루타 적용사례

2016년 1월, 오산 성경암송학교에서 열린 하브루타 세미나에서 있었던 일이다. 서울 새생명교회 담임목사인 홍돈표 목사님의 아내인 김영미 사모님이 참석하셨다. 홍 목사님은 사모님을 세미나 장소인 오산까지 데려다 주고 본인은 서울로 올라가셨다.

2박3일의 세미나가 끝나고 집으로 돌아간 김영미 사모님은 목사님의 설교를 듣고, 그 설교가 하브루타 1단계에 머물러 있다는 사실을 알게 되었다. 이전에는 몰랐는데 하브루타 세미나를 수료한 후에 분석해보니 남편 목사님의 설교와 대화의 수준이 초기단계인 1단계에 머물러 있다는 사실을 깨닫고 남편인 홍 목사님에게 하브루타 세미나에 참석할 것을 권유했다.

하브루타 세미나는 1년에 2번, 상반기와 하반기에 열리고 있다. 김영미 사모님은 나에게 요청해 상반기 중에 하브루타 세미나를 열어줄 것을 강력하게 요청했다. 그 요청이 하도 간절해서 2월 8일부터 10일까지 구정명절 기간에 하브루타 앵콜 세미나가 개최했다. 결국 앵콜세미나를 통해 홍돈표 목사님을 비롯한 많은 분들이 하브루타 세미나에 참석하게 되었다. 그 후 홍 목사님의 설교가 완전히 달라졌고, 홍 목사님이 시무하는 새생명교회가 말씀으로 새로워지는 기적을 체험하게 되었다.

결론

하브루타의 원리적 7단계의 관점에서 본다면, 안타깝게도 많은 설교자들의 설교가 하브루타의 1단계에 멈춰져 있다는 사실을 알게 된다. 주어진 본문에 검증도 없고, 논리도 부족하고, 증거제시도 없고, 해석에 오류가 있는 1단계에 멈춰진 상태로 청중에게 전달되는 경우가 많다. 따라서 설교자는 하브루타를 통해 설교를 해석하고, 검증하고, 적용할 수 있어야 한다.

함께 읽으면 좋은 책들

생각의 근육 하브루타(김금선, 염연경 共著/ 매일경제신문사)
자녀들에게 꼭 필요한 하브루타 330절 말씀(박종신 著/ 성경암송학교)
자녀교육혁명 하브루타(전성수 著/ 두란노)

08
하브루타 실습

하브루타의 방법

하브루타의 핵심은 질문이다. 가능한 많이 질문하게 하는 것을 통해 학생의 질문을 정립하게 된다. 많이 질문을 하다보면, 어느 질문이 효과적인지, 옳은 질문인지, 더 좋은 질문은 없는지, 다르게 질문할 수는 없는지 스스로 질문을 정립해간다. 다소 어렵다고 느낄 수 있는 내용도 쉬운 용어로 질문하면 효과적이다. 좋은 질문은 하브루타의 성공을 이끄는 비결이다. 만약 효과적인 질문이 생각나지 않을 땐 탈무드의 질문의 유형을 살펴 질문을 재생산하는 것이 좋다.

하브루타는 1:1의 원칙을 고수하지만, 앞에 있는 교사가 하브루타를 이끌어 줄 수 있다. 이 과정에서 교사는 정답을 가르쳐 주지 않는다. 학생이 틀린 답을 말해도 정답을 가르쳐 주지 않는 것이 하브루타이다. 스스로 답을 찾아가는 것이 하브루타이다.

이를 위해서 하브루타를 하기 전에 충분한 내용의 숙지가 있어야 한다. 하브루타를 하는 동안 모르는 내용은 그냥 넘어가지 말고, 책을 보거나 연구를 계속 하는 등 스스로 공부하게 하는 것이 하브루타의 이유이다. 모든 일상 속에서 하브루타를 하되 하브루타를 위한 시간을 정기적으로 정할 필요가 있다. 하브루타를 위한 시간과 본문을 정해 놓고 하브루타를 하는 것이 좋다. 많은 내용을 가지고 하는 것보단 한 내용을 깊이 있게 하는 것이 좋다. 짝이 구체적인 근거를 제시했을 때는 칭찬하는 자세가 필요하다. 이는 짝을 존중하는 하브루타 스킬이다.

하브루타를 할 때에는 짝의 눈을 바라보아야 하고, 짝이 말을 할 때는 중간에 끊거나 개입해서는 안 된다. 경청의 자세가 필요하다. 하브루타 내내 짝의 입장과 주장을 존중하는 자세를 갖춰야 한다. 짝의 의견에 반박하거나 반대해야 하지만 최대한 예의를 갖춰 짝의 마음이 상하지 않게 하는 것도 중요한 스킬이다. 가능한 편안한 자세를 갖되 짝이 불편해하거나 마음이 상하지 않도록 예의를 갖추어야 한다.

하브루타는 뭔가를 외우고 알게 하는 것보다 학생의 뇌를 자극하여 창의적인 사고를 키우는데 목적이 있다. 그럼에도 창의적인 사고는 충분한 학습이 기본이 되어야 한다. 이를 위해 성경암송과 탈무드를 공부해야 하고 다방면의 충분한 독서를 요구한다. 그럼 구체적으로 하브루타를 시작해보자!

2017년 1월, 강화도 성경암송학교에서 열린 하브루타 세미나에서 참가자들이 실습하는 모습이다. 옆으로 앉아 하브루타를 하는 모습이 이상적이다

1. 둘씩, 둘씩 짝을 짓는다.

하브루타의 원칙은 1:1이다.

두 사람이 서로 짝이 되어 질문하고, 대답하고, 토론하고 논쟁하는 것이 하브루타이다.

먼저 자리를 잘 잡는 것이 중요하다. 자리에 앉을 때는 마주보는 것보다 옆으로 같이 앉는 것이 좋다. 삼각형의 모습으로 오른쪽과 왼쪽에는 사람이 위치하고 두 사람의 전면에는 주어진 본문을 놓는다.

하브루타를 할 때 의무적으로 마주보고 앉으려 하는 경향이 있다. 서로 마주보는 것도 좋지만 더 원활한 하브루타를 위해선 서로 같은 방향을 바라볼 수 있도록 옆으로 같이 앉는 것이 좋다. 앞에 놓인 본문을 같이 보기 위해서 같은 방향을 바라보는 것이 이상적인 자세이다.

실습할 때는 가능한 짝을 바꾸어 여러 사람과 하브루타를 하도록 한다.

익숙한 사람과 하브루타를 하는 것도 좋지만 낯선 사람과의 하브루타를 시도하는 것이 좋다. 그 이유는 다양한 사람을 통해 다양한 의견과 정보를 얻을 수 있는 장점이 있기 때문이다.

2. 가능한 가장 편안한 자세를 갖는다.

원활한 하브루타를 위해선 가능한 가장 편안한 자세를 취하는 것이 좋다. 그래야만 대화에 대한 아이디어가 풍성해지고 긴장되거나 경직되지 않게 된다.

여기서 '가능한'이라는 말을 삽입한 것은, 편안한 자세를 갖되 짝이 상식적으로 허용하는 선, 즉 예의를 갖추는 선에서 자세를 취하는 것이다. 하브루타를 할 때의 기본적 자세는 짝을 존중하는 것이다.

질문하고, 대답하고 논쟁하는 가운데에서도 짝을 존중하는 마음과 자세를 잃지 않도록 주의해야 한다. 편안하되 지나치지 않은 자세가 짝을 배려하는 마음일 것이다.

3. 함께 기도하는 시간을 갖는다.

하브루타를 통해 하나님의 말씀으로 질문하고 대답하고 토론하게 되는 과정에서 성령님의 인도하심을 구하는 기도를 한다.

그날 공부할 본문 말씀을 읽기 전에 기도로 성령님의 인도를 구하고 마음을 차분하게 정리하는 시간을 갖는다.

4. 상대방을 눈을 바라보면서 시작한다.

하브루타를 할 때 짝의 눈을 바라보아야 한다.

짝의 눈을 바라보지 않고 시선을 다른 곳에 돌리거나 눈을 내리깔지 말아야 한다. 시선을 외면하는 것은 예의에 벗어나는 행동이다.

짝의 눈을 바라보지 않고 시선을 다른 곳에 돌리면 짝은 내가 거짓말을 하거나 하브루타에 대한 의지가 없다고 받아들여 깊은 하브루타가 지속되기 어렵다.

처음에 좀 어색하더라도 눈을 바라보라. 점점 자연스러워지고 짝과 더 가까워지는 결과를 가져올 것이다.

5. 서로 간단하게 자신을 소개하며 근황을 이야기한다. (20분)

처음 만나는 사람에게는 예의바르게 자신을 소개하는 것이 필요하다. 이것이 짝을 존중하는 자세이다. 자신을 소개할 때 이름, 자신의 직업, 그리고 간단한 일상적 대화를 나눈다.

그러나 처음 만나는 사람이 아닌 익숙한 사람에게는 자신의 근황 이야기로 시작하는 것이 좋다. 자신에게 어떤 일이 일어났는지 이야기한다. 소중한 사람을 잃은 사람이 자신의 슬픔이나 최근 주위에서 일어났던 일들을 이야기하는 시간이다.

이때 적당한 위트와 유머를 곁들이는 것이 좋다. 위트와 유머가 곁들여지면 짝이 편안해지고 금방 친해져서 하브루타가 원활하게 이루어지기 때문이다. 위트나 유머만큼 마음의 문을 여는 것이 없다.

단, 인사와 일상적 대화가 지나치게 길면 안 된다. 인사나 일상적 대화가 길어져 하브루타에 들어가지도 못하고 잡담으로 끝나는 경우도 적지 않기 때문이다. 적절한 시간으로는 약 20분을 전후하는 것이 좋다. 하브루타에는 시간적 제한이 없지만, 하브루타를 위해 주어진 시간은 제한이 있기 때문이다. 간단하게 자신을 소개한 후 곧바로 하브루타에 들어갈 준비를 한다.

6. 주어진 본문을 펴고 하브루타의 원리에 따라 본문을 읽는다. (10분)

본문을 읽을 때는 짝1이 먼저 읽고, 그 다음에 짝2가 같은 본문을 읽는다. 본문 읽기의 원리는 본문을 반복하여 읽는 것이다.

반복하여 읽으면 본문의 의미를 쉽게 발견할 수 있다. 몇 번을 읽어도 논제를 찾기 힘들다면 짝에게 동의를 구하고 이해가 될 때까지 반복해서 읽도록 양해를 구한다.

본문을 읽을 때는 천천히 읽고, 가능한 손가락을 짚어가며 단어 하나, 하나를 주의 깊게 읽어나간다.

손가락으로 글씨 하나를 놓치지 않으려는 모습

유대인들은 성경을 읽을 때 손가락으로 읽는다.'는 말이 있다. 본문을 읽을 때 많이 읽는 것도 좋지만, 주의 깊게 읽어나가면서 논제를 찾는 훈련이 필요하다.

7. 하브루타를 실시한다. (30분~50분)

1:1로 본문 내용에 대해서 하브루타 원리적 7단계에 의해 하브루타를 시작한다. 함께 이야기를 나눌 수 있도록 미리 준비된 질문을 사용하는 것이 좋다. 그러나 주어진 질문 외에 더 좋은 질문을 만들 수 있다면 자신이 만든 질문을 사용하는 것이 좋다.

그러나 모든 질문들은 그저 짝이 이야기를 시작할 수 있게 해주는 도구일 뿐이기 때문에 처음부터 옳은 답을 찾을 필요는 없다. 그냥 읽은 본문에서 무슨 일이 있었는지에 대해서 짝과 함께 이야기한다. 이렇게 두 사람이 성경을 탐구하듯 공부를 진행해 나가는 것이다. 누가 맞고 누가 틀렸는지에 논쟁하는 것이 아니라 서로의 의견을 받아들여 본문의 내용을 심도 있게 이해하는 것이다.

8. 하브루타를 한 내용을 발표한다. (30분)

짝과 함께 나눈 하브루타 내용을 발표하는 시간이다. 짝과 하브루타를 한 내용 중 중요한 내용을 전체 참가자들에게 발표해 공유하는 시간이다. 동일한 본문을 가지고 하브루타를 했는데 다른 사람은 어떤 의견을 냈는지 들어보는 시간이다.

이 시간이 무척 의미 있는 이유는 다른 사람들의 의견을 들을 수 있기 때문이다. 동일한 본문 말씀을 가지고 각 조들이 하브루타를 했는데, 발표를 통해 각각 다양한 해석과 깊은 통찰력에 놀라게 될 것이다. 같은 본문을 가지고 하브루타를 했는데 다양한 해석이 도출되는 것을 보면서 성경의 말씀은 불변하지만 그 성경에 대한 해석과 적용은 다르다는 사실에 놀라게 될 것이다.

이 시간에는 발표하는 사람이나 듣는 사람 모두 성경본문을 이해하는 좋은 방법인 하브루타의 놀라운 경험에 대해 이야기한다. 이것은 향후 성경 하브루타에 대한 의욕을 불러 일으키게 되고 그 내용을 바탕으로 어떻게 삶에 적용하는지를 깨닫게 되는 시간이다.

9. 쉬우르를 통해 그날의 하브루타를 정리해본다.

일반적인 하브루타 수업에서 학생들의 토론이 끝나면 발표 후에 쉬우르를 하게 된다. 쉬우르란 전체 하브루타를 의미한다. 가정에서 아버지와 자녀들 사이에 토론이 끝난 후 쉬우르의 시간을 갖기도 한다. 그러나 대부분의 경우는 교사가 전체 학생과 질문과 대답, 그리고 토론과 발표를 통해 학생들이 빠트린 내용에 대한 질문을 던지거나 좀 더 심화된 생각을 이끌어낼 때 쉬우르를 하게 된다.

쉬우르는 질문을 해서 학생들의 사고를 자극하고 학생들에게서 답이 나올 수 있도록 이끌어주는 것이다. 학생들이 뽑은 질문, 학생들이 해결하지 못한 질문을 듣고 다시 질문하여 학생들이 자유롭게 생각한 것을 이야기하도록 이끌어준다. 또 학생들이 반드시 알아야 하는 내용들에 대해 질문하여 학생들이 말을 하면서 정리할 수 있도록 도와준다. 즉, 쉬우르는 학생 전체와 교사가 질문 중심으로 전체적으로 정리하는 것을 말한다.

10. 자신의 감정을 절제, 또 절제한다.

사람들은 일반적으로 자신의 의견이 반박을 당하거나 공격을 당할 때 마음이 상하고 언짢아지게 된다.

그러나 짝의 반박이나 다른 의견을 인신공격이나 내 말을 무시하는 것으로 생각해선 안 된다. 짝은 하브루타의 범위 내에서 내가 주장하는 논리를 반박하거나 공격하는 것이다. 따라서 반박이나 공격이 있을 때 흥분하지 않도록 자신을 잘 컨트롤하려고 노력해야 한다.

하브루타는 이렇게 감정조절 훈련을 포함한다.

앞으로 수없이 많이 부딪힐 언쟁에 대비한 감정조절 훈련은 매유 유용하다. 유대인 변호사들이 법정에서 수많은 논쟁 속에서도 흥분하지 않고 자신의 감정을 절제하며 냉정할 정도로 차분하게 변론해서 승소하는 모습을 본다. 자신의 주장을 효과적으로 전달하기 위해선 자신의 감정을 절제하는 훈련을 해야 한다.

함께 읽으면 좋은 책들

애들아 하브루타로 수업하자(이성일 著/ 맘에드림)
내가 알고 있는 걸 당신도 알게 된다면(칼 필레머 著/ ORANDO)
하브루타 Q&A(이일우 著/ 피스미디어)

09
하브루타 결과

토라 리쉬마

2017년, 강화도 별립산 3,000평의 학교부지 위에 기독교 대안학교인 '테필린국제학교'(TIS)를 세우고 초, 중, 고등과정의 신입생을 모집했다. 성경암송과 테필린, 다양한 분야의 독서를 하고, 하브루타 학습법을 적용하는 한국형 예쉬바이다. 동시에 '토라 리쉬마'를 통한 최고의 공부, 즐거운 공부를 소망하는 마음으로 학교의 문을 열었다.

'토라 리쉬마'란 먼저 '공부 자체가 재미있어 즐기는 공부를 한다'는 의미이다. 억지로 공부하는 것이 아닌 즐거워서 스스로 공부한다는 것이다. 공부를 위한 공부, 순수한 목적으로 공부의 목적을 실현하는 교육이다. 명문대학에 진학하기 위함도 아니고, 영재를 만들기 위함도 아니고, 탁월한 리더를 양성하기 위함이 아니고, 명예를 얻기 위함도 아닌 '공부를 위한 공부', '성경을 위한 성경'을 공부하기 위함이었다. 유대인의 최고의 학습기관인 예쉬바를 모델로 삼아 기독교 대안학교를 세우기 위함이었다. 나는 한국형 예쉬바를 세우기 위해 오랫동안 기도하고 준비해왔다. 한글과 영어로 성경암송의 텍스트를 준비하고, 테필린복음을 선포하게 하고, 다양한 분야의 독서를 위해 책을 엄선해왔다. 그리고 자신이 공부한 내용을 하브루타의 질문과 대답, 그리고 토론을 통해 답을 찾아가길 소망했다. 물론 성경과 독서를 중심으로 하는 교육이 교과과정을 완전히 배격하는 것처럼 보일 수 있지만, 정규적인 커리큘럼에 의무과목으로 되어있지 않을 뿐 교과과정을 배제하는 것은 아니었다. 더 즐겁고, 더 순수한 목적의 공부를 위한 프로그램을 준비해왔다.

한국형 예쉬바 아카데미를 구상했던 테필린국제학교

그러나 입학을 앞둔 부모들의 생각은 달랐다. 그들은 이 학교에 보내는 목적으로 오로지 미국 또는 한국의 명문대학의 진학에 관심이 있었고, 시험 결과에 민감했고, 영어를 잘하는 영재를 만드는 것 등 결과에만 관심이 있었다. 부모들에게 '토라 리쉬마'의 학습 자세를 설명하자 곧바로 얼굴이 굳어졌다. 한국교육의 입장에서는 꿈꾸기도 힘든 이야기로 받아들였다. 결국 타협하지 않기 위해 학교의 문을 닫게 되었다. 지금도 잘된 결정이라고 생각하지만 늘 아쉬운 마음이 있다.

세계적 학습법 하브루타

하브루타는 공인된 세계 최고의 학습법이다. 하브루타 학습법의 결과는 실제적이고 탁월하다. 하브루타의 민족인 유대인들이 얻는 결과는 상당히 많다. 하브루타 학습법은 그것이 개인적이든, 사회적이든, 국가적이든 탁월한 결과가 나타난다.

전 세계에 수많은 학습법이 있지만 일찍이 하브루타 학습법만큼의 결과를 거둔 학습법은 없다. 하브루타는 세계 최고의 임상의 결과를 가지고 있다. 하브루타 학습법은 수많은 인재들을 양성해냈다. 하브루타 학습법은 세계적인 정치가, 학자, 경제가, 의학자, 문화예술가, 법률가, 예술가 등을 배출해냈다.

하브루타의 학습법은 매우 독특하면서도 단순하다. 유대인들은 가족 간의 애착을 매우 중요하게 여긴다. 함께 하브루타를 하고 안식일을 함께 지내는 동안 가족 간의 유대관계와 애착은 점점 깊어진다. 세계에서 세대 차이와 세대 간의 갈등이 없는 민족은 유대인뿐이다. 유대인들은 세대 차이가 없을뿐더러 할아버지와 손자, 아버지와 아들의 관계가 매우 좋다. 그것은 바로 하브루타를 통해서만 얻을 수 있는 결과라고 할 수 있다.

티쿤 올람(Tikkun olam)

유대인들은 하브루타를 통해 분명한 정체성(Identity)과 가치관을 갖는 데 주력한다. 가족 간의 유대 관계를 우선으로 여기지만 그럼에도 개인의 정체성과 가치관이 분명하다. 두루뭉술하지 않고 자신의 견해를 명확하게 밝히는 능력이 있다.

유대인의 스케일을 볼 수 있는 유명한 문구가 있다. 바로 '티쿤 올람'(Tikkun Olam)이다. '세상을 치유한다'라는 문구이다. 유대인들은 가족 간의 유대 관계를 우선으로 여기지만 동시에 세상을 치유하는 비전을 갖고 있는 민족이다.

유대인들은 세상을 치유한다는 비전을 위해 하브루타를 통해 실력을 키우고 지혜를 추구한다. 그리고 그들은 토라를 생활 속에서 실천하는 것을 삶의 목표로 한다. 바로 이것이 하브루타를 통해 자연스럽게 얻어진 결과라 할 수 있다. 그럼 하브루타의 실제적인 결과는 무엇일까?

1. 공부가 즐거워진다.

하브루타는 공부를 즐겁게 만들어준다. 짝과의 질문과 대답, 그리고 토론을 하는 과정에서 지루할 틈이 없다. 스스로 생각하고, 자신의 의견을 표현할 뿐만 아니라 자신이 생각하지 못한 창의적인 것도 뇌가 생각해내는 능력을 체험하면서 공부, 즉 배움을 즐기게 된다.

유대인의 하브루타 공부를 '토라 리쉬마'(Torah Lishmah)라고 한다. '토라 리쉬마'란, '토라 자체를 위한 토라'(for the sake of Torah)라는 뜻이다. 토라 리쉬마는 즐거운 공부를 의미한다. 순수한 목적의 공부를 의미한다.

하브루타의 가장 큰 결과는 즐겁게 공부하기 때문에 행복하다는 것이다. 그 행복은 고스란히 학습에 대한 결과로 연결되어 더 깊이, 더 열심히 공부하고자 하는 동기를 부여한다. 순수한 목적으로 공부해야만 깊고 넓은 공부로 들어갈 수 있기 때문이다.

무엇보다 19세기 예쉬바의 가장 탁월했던 교장 랍비 하임(Rabbi Chaim 1749-1821)은 토라 리쉬마에 대해 이렇게 말한다.

첫째, 토라의 율법자체와 그 준수가 가장 중요한 공부이다.
둘째, 순수한 동기와 목적의 공부, 즉 어떤 다른 돈과 명예를 위한 목적의 공부가 아닌, 토라 자체가 보상이 되는 공부가 되어야 한다.
셋째, 공부는 즐기는 공부가 되어야 한다.
공자도 "머리만 좋은 사람은 노력하는 사람을 이길 수 없고 노력하는 사람은 즐기는 사람을 이길 수 없다"고 말했듯이, 공부를 즐기는 사람만큼 최고의 공부를 하는 사람은 없다는 뜻이다.

모든 것이 다 그렇다. 억지로 해서 되는 것은 10% 미만이다. 물론 학업에 대한 중요성을 소개하고 독려하는 것은 타당하지만 즐겁게 공부하는 것, 그래서 하루의 일과가 너무 짧게 느껴지게 하는 학습법, 그것이 바로 하브루타의 토라 리쉬마이다.

토라 리쉬마의 결과는 놀랍다. 좋은 대학에 진학하는 목적, 명예를 얻기 위한 목적, 영재가 되기 위한 목적을 가지고 공부한 사람보다 훨씬 좋은 결과를 얻게 된다는 것이다. 유대인들이 이를 증명하고 있다.

2. 창의력이 향상된다.

어떻게 하면 잠자고 있는 뇌를 깨울까? 좋은 방법이 바로 하브루타이다. 하브루타는 끊임없이 뇌가 활동할 수 있도록 짝에 의해서 도전받고, 스스로 도전하기 때문이다.

우리가 의식하고 있는 것은 5%에 불과하고 무의식이 95%에 달한다고 한다. 우리의 의식을 10%이상으로 끌어올린 사람을 우리는 천재(天才)라고 한다. 우리의 무의식을 의식으로 끌어올리는데 탁월한 결과가 있는 것이 바로 하브루타이다.

평범한 사람을 천재로 만들 수 있는 방법은 오직 하브루타이다. 사람에게 상상력, 창의력은 엄청나게 잠재되어 있다. 잠재된 창의력과 상상력을 하브루타를 통해 계발할 수 있고 향상시킬 수 있다.

유대인들은 어렸을 때부터 '여호와'라는 하나님의 존재를 그림으로 그리는 상상력을 통해 창의력을 키운다. '어린이의 생각은 하늘의 구름처럼 떠 다녀야 한다'는 게 유대인들의 오랜 믿음이다. '유대인 두 명이 모이면 세 가지 의견이 나온다.'는 말이 있다. 그만큼 유대인들은 논쟁과 토론을 통해 다양한 해결 방안을 찾는다. 유대인 교육이란 바로 논쟁과 토론을 중시하는 교육이다.

창의력은 기존 사고의 틀을 깨는 자유롭고 독창적인 생각을 말한다. 창의력을 키우기 위해서는 눈에 보이지 않는 추상적인 것을 생각하고 상상해보는 훈련이 중요하다. 어렸을 때부터 독서와 토론, 자유로운 사고와 왕성한 지적 호기심을 통해 상상의 나래를 마음껏 펴는 유대인들의 창의력이 향상되는 것은 당연하다. 여기서 생긴 창의력은 모든 분야에서 다양하게 활용하게 된다.

3. 경청능력이 향상된다.

경청(傾聽)은 능력이다. 나를 비롯한 많은 사람들이 경청이 능력인지 잘 모른다. 그럼에도 경청은 능력 중 능력이다. 경청은 사람의 마음을 사로잡는 능력이다. '말 한 마디가 천 냥 빚을 갚는다.'는 말이 있다. 사람들은 이 격언의 의미가 말을 잘 하는 것을 강조하는 것으로 생각한다.

그러나 그렇지 않다. 채무자가 무슨 말이 많겠는가. 채무자는 묵묵히 채권자의 독촉을 경청해야 한다. 경청하다가 결정적인 순간에 효과적인 말 한 마디로 빚을 탕감 받게 된다는 격언이다. 인류 역사상 가장 지혜가 탁월했던 솔로몬 왕은 이렇게 말씀한다. "경우에 합당한 말은 아로새긴 은 쟁반에 금 사과니라"(잠 25:11)

목회자들이나 앞에서 다른 사람을 가르치는 사람들의 특징은 경청을 잘 하지 못한다는 것이다. 좋은 상담가는 경청을 잘 하는 사람인 것을 우리 모두는 알고 있다. 그러나 실제로 경험해보면 목회자, 교수, 교사들은 경청하기보다는 자기주장에 목말라있다. 자기 이야기를 하려고 혈안이 된 사람처럼 쉬지 않고 말한다. 그러나 기억하라. 좋은 목회자, 좋은 교수, 좋은 교사는 말을 잘하는 사람이 아닌 경청이 뛰어난 사람이라는 사실이다.

하브루타를 하는 사람들도 자신의 주장만 하려고 한다. 하브루타가 자기주장을 하는 것이라 생각하기 때문이다. 그렇지 않다. 하브루타는 자신의 주장이 50%라면, 최소 50% 이상은 들어야 한다. 그래야만 원만한 하브루타가 이루어지기 때문이다. 뿐만 아니라 하브루타에서 짝을 설득하는 능력은 말이 적은 사람, 즉 경청을 잘한 사람에게서 나타난다는 보고서를 접할 수 있다.

사람들은 듣기를 잘 못한다. 그래서 경청을 능력이라고 하는 이유이다. 말하기를 좋아하는 사람은 많아도, 듣기를 좋아하는 사람은 많지 않다. 입이 하나이고, 귀는 두 개인데, 주로 입을 더 많이 사용한다. 그런데 정말 중요한 건 들어주기이다. 들어주는 것이 능력이다.

애인에서 부부가 되면 가장 먼저 사라지는 것이, 남자가 여자의 말에 관심이 없어지는 것이다. 애인의 말은 엄청 잘 들어주다가, 아내의 말은 잘 안 듣는다. 그래서 결혼을 연애의 무덤이라고 한다. 그런데 가정의 행복은 들어주기에서 시작한다. 들어주는 것이 능력이다.

하브루타를 통해 경청을 연습하게 되면 시간이 지날수록 상대방의 의견을 존중하게 되어 배려하는 사람이 된다. 경청 능력이란 '테크닉'이라기보다는 '마음가짐'의 문제이다. 액티브 리스닝(Active Listening)이란 상대방의 불만이나 개인적인 문제를 단지 들어주는 데 그치는 것이 아니다. 적극적 경청법은 듣는 사람의 '마음가짐'에 근거를 두지 않으면 안 된다. 마음가짐이 적극적 경청법의 본래의 의미에 어긋나면 그것은 단순히 기교에 그치고 마는 것이기 때문이다. 가령 그런 기교를 아무리 잘 부렸다 하더라도 그것은 서먹서먹한 것이 되고 말기 때문에 상대방이 금방 눈치 채고 만다. 상대방이 가지고 있는 본질적인 가치를 마음속으로부터 인식하고 상대방의 권리와 자율성을 존중한다는 마음가짐이 바닥에 깔려 있지 않으면 훌륭한 경청자가 될 수 없다.

적극적 경청법은 인간에게 내면적 변화를 일으키게 할 수 있을 정도로 중대한 새로운 방법이다. 듣는다는 것을 일반적으로 수동적인 것이라고 생각하고 있으나 실제로 이를 시행해 본 결과나 연구 성과에 나타난 것을 보면 듣는다는 것이 인간의 내면적 변화나 집단에 있어서의 인간의 성장에 큰 결과를 미친다는 것을 알 수 있다.

적극적 경청은 어떠한 결과를 낳을 것인가? 상대가 말하는 것을 주의 깊게 들어주면 역으로 상대방도 자신이 말하고 있는 것을 주의 깊게 듣게 되며 자신의 마음이나 생각을 될 수 있는 대로 정확히 표현하려고 노력하게 된다.

적극적으로 경청한다는 것은 듣는 쪽에서도 내면적 변화를 일으키게 된다는 중요한 결과를 낳게 된다. 적극적으로 들으면 어떤 방법을 쓰는 것보다도 많은 것을 알게 되는 것은 물론이고 상대와의 사이에 보다 깊고 적극적인 관계가 이루어지게 되는 것이다. 그리고 듣는 사람의 마음 자세도 더욱 건설적인 방향으로 변모해 나가게 된다. 즉 적극적으로 경청한다는 것은 듣는 쪽에서나 상대방에 있어서나 다 같이 인간적인 성장을 촉진하게 되는 것이다.

적극적으로 경청하면 어떤 변화를 기대할 수 있을까. 이것은 어려운 문제이다. 적극적으로 듣는다는 것은 상대를 무리하게 변화시킨다는 것은 아니다. 여기서 "변하느냐 변하지 않느냐" 하는 것은 상대방에 달려 있다. 즉 어떻게 변화하느냐 하는 것은 상대방의 개성과 그로부터 나오는 창조성에 의하게 된다.

또한 적극적인 경청을 통해 자기 자신이나 상대방에 대한 태도가 달라질 뿐만 아니라 사물을 들여다보는 방법과 인생관에도 변화가 온다는 것이 조사에서 명확히 나타났다. 이처럼 적극적인 경청을 받게 되면 누구든지 감정적으로 원숙해지고 자기 경험에 눈을 뜨게 되어 자기방위적인 태도를 버리게 된다. 하브루타에서 경청이 가장 중요한 이유이다.

4. 발표력이 향상된다.

2010년, 서울에서 G20 정상회담이 끝나고, 당시 미국 대통령이던 오바마가 기자회견을 열었다. 그리고 한국기자들에게 질문할 수 있는 기회를 준다고 했다. G20 정상회담의 훌륭한 개최국이 된 한국에게 호혜를 베풀기 위함이었다.

문제는 아무도 질문하지 않았다는 것이다. 한국에서 발표력이 가장 뛰어난 언론계에 종사하는 기자들이었지만 오바마가 준 질문의 기회에 아무도 손을 들지 않았다. 만약 오바마에게 손을 들어 질문했다면 그 질문이 전 세계에 생중계되는 상황이었다. 그것은 기자의 한 사람으로서, 한국인으로서 자신의 가치를 전 세계에 높일 수 있는 절호의 기회였다.

그러나 누구도 손을 들지 않았고 어색한 침묵만이 흘렀다. 오바마 대통령이 한 번 더 요청하면서 한국어로 말하면 영어로 통역을 해주겠으니 편안하게 질문하라고 했다. 그럼에도 한국기자들은 가만히 있었다. 아무도 질문하지 않았다. 또 다시 침묵이 흘렀다.

오바마의 질문요청에 아무도 질문하지 않은 한국기자들. 그날 오바마는 여러 차례 한국기자들에게 기회를 줬지만 결국, 모든 기회는 중국기자인 루이청강에게로 돌아갔다. 우리가 생면부지의 루이청강 기자의 이름을 알게 된 것은 그가 오바마에게 질문을 했기 때문에 그의 이름을 기억하게 된 것이다.

기자들에게 질문의 기회를 주겠다고 하면서 그의 요청을 거절한다. 그러자 중국기자는 한국기자들에게 대신 질문해도 되는지 묻는다. 오바마 대통령이 한 번 더 한국기자에게 질문하라고 이야기하지만 아무도 질문하지 않았다. 결국 중국기자인 루이청강에게 질문의 기회가 돌아갔다. 여기서 드는 생각이 있다. 왜 한국기자들은 질문하지 않았을까? 왜 가만히 있었던 걸까? 그리고 중국기자는 왜 거절을 당하면서도 오바마에게 질문하려고 했을까? 이것은 한국기자들이 질문을 할 줄 몰랐기 때문이다. 우리는 주어진 답을 찾는 일에는 관심이 많지만 질문이 중요한지를 잘 모른다. 좋은 질문 하나는 그 사람의 인생도 바꿀 수 있는 능력이 있다. 중국기자는 이 기자회견이 전 세계에 중계되고 있는 것을 알았고, 자신과 자신이 속한 CCTV의 가치를 만방에 드높일 기회를 잡으려 했다. 그는 그의 목적을 달성했다. 우리는 생면부지의 '루이청강'이라는 기자를 알게 되었고, 그는 이 기회를 통해 자신을 전 세계에 알리는 중요한 기회를 잡았다.

그런데 왜 한국기자들이 가만히 있었다고 생각하는가? 영어를 못해서? 영어를 못해서 가만히 있었고 말을 하는 사람이 있지만 그것 역시 변명에 불과하다. 기자(記者)로서 나라를 대표할만한 우수한 인재라면, 초등학교부터 대학졸업 때까지 10년 이상 영어공부에 매달렸다면, 이런 기회에 영어를 사용하는 것이 절호의 기회였다. 그러나 누구도 질문하지 못했고, 토플, 토익학원에 엄청난 시간과 돈을 들여 투자했던 영어 한마디를 사용조차 하지 못했다.

이것이 바로 한국 교육의 문제이다. 한국교육은 정답을 찾는 교육만 강조한다. 토론이 자유로운 교육이 아니다. 정답이 없는 질문 앞에, 정답이 아닐까봐 초조해하고 어떠한 것도 말하지 못하는 교육의 영향이다. 혹시라도 틀린 말을 하면 주위에서 뭐라고 할까봐 아무 말도 하지 못한다. 가만히 있는 것이 정답이라고 생각하는 잘못된 교육이다.

그리고 가장 중요한건, 정답이 정해져 있다고 생각하기 때문에 정답 외에는 관심이 없다. 이것이 한국교육에 있어서 가장 큰 문제이다. 정답만을 추구해가는, 정답이 아닌, 토론이 되어야하고 나의 생각을 이야기 할 수 있는 교육이 되어야하는데, 그런 교육이 되지 않기 때문에 한국기자들이 가만히 있었던 것이다.

이제 한국은 하브루타를 도입해야 한다. 변화의 시기인 21세기에서 가장 큰 변화는 교육의 변화이어야 한다. 반드시 하브루타를 도입하여 질문할 수 있는 사람으로 교육해야 한다. 대답할 수 있는 사람으로 교육해야 한다. 토론하고 논쟁하면서 함께 답을 만들어 가는 사람으로 교육해야 한다.

하브루타는 둘이서 짝을 지어 대화하는 방식으로 진행된다. 짝이 이야기를 하고 나면 반드시 나의 생각을 표현해야 한다. 아무리 내성적인 사람이라도 자신의 차례가 오면 이야기를 할 수밖에 없다.

하브루타를 지속적으로 한 사람은 표현하는 연습을 많이 하기 때문에 발표력이 향상된다. '잘 하는 것은 자주하기 때문에 잘하는 것'이라는 말이 있다. 자주 연습을 하게 되면 잘하게 된다. 뿐만 아니라 자신감이 붙게 되면 긴장되어 표현하고 싶어도 할 수 없었던 의사표현을 자유롭게 할 수 있게 된다. 하브루타를 하게 되면 절호의 기회를 결코 놓치지 않는 사람이 될 것이다.

5. 의사소통능력이 향상된다.

앞에서는 경청의 능력과 함께 발표력에 대해 이야기했다. 그런데 이것을 종합하는 기능이 있다. 이것이 바로 의사소통능력이다. 경청을 잘하는 것도 중요하고, 발표를 잘하는 것도 중요하지만 가장 중요한 것은 의사소통을 하는 것이다. 경청이나 발표는 모두 의사소통을 위해 존재하는 것이다. 따라서 의사소통능력을 키워야 한다.

하브루타는 둘이서 토론을 하는 과정에서 의사소통이 탁월하게 향상되는 효과가 있다. 의사소통(意思疏通)이란, 의사와 소통이 합해진 것을 말한다. 누구와 만났을 때 의사소통이 된다는 것은 곧 대화가 이루어진 다는 것으로, 각자의 생각이나 뜻이 서로 통한다는 것이다. 살면서 매 순간 누군가와 의사소통을 해야 하기 때문에 제대로 된 의사소통이 없 으면 같이 무언가를 할 수 없게 된다.

의사소통이 되지 않으면, 화가 나거나, 싸우게 되거나, 답답함을 느끼 게 된다. 이것만큼 힘들고 어려운 것이 없다. '저 사람하고는 말이 안 통 해!', '저 사람은 사오정이야'라고 할 때 그것은 말만 통하지 않는 것이 아 니라 생각과 뜻이 일치되지 않으며 함께 일할 수 없는 상태에 이르는 것 을 의미한다.

의사소통을 잘 하는 능력을 '의사소통능력'이라고 한다. 의사소통능력 이란 인간이 특정 상황에서 메시지를 전달하고 해석하며 인간 상호간 에 의미를 타협하게 해 주는 능력이다. 즉 언제 어디에서 어떻게 말해야 하는지 아는 능력이다. 어떤 배경에서, 말해도 좋은 대상과 아닌 대상은 누구인지, 말을 해야 할 때와 침묵을 지켜야 할 때, 누구에게 말을 해야 하는지, 신분과 역할이 다른 사람에게 말을 어떻게 해야 하는지, 여러 가 지 상황에서 적절한 비언어적 행동은 무엇인지, 대화에서 전환으로 취 해지는 관계는 무엇인지, 정보를 요구하고 주는 방법, 간청하는 방법, 협 조나 협동을 제공하거나 거절하는 방법 등 간단히 말해서 언어 사용과 특정한 사회적 배경에서 의사소통 차원에 관련 있는 모든 것에 대한 지 식과 기대를 포함하는 것이다.

따라서 의사소통능력이 있는 것은 상대와 경쟁하여 이기거나 버틸 수 있는 힘, 즉 경쟁력을 갖게 되는 것이다. 개인에게 의사소통능력이 있으면 개인적 경쟁력이, 회사에게 의사소통능력이 있으면 회사의 경쟁력이, 국가에 의사소통능력이 있으면 국가적 경쟁력을 갖게 된다. 전쟁을 포함하여 유사시에도 가장 필요한 것은 의사소통능력이다.

더 나아가 원활한 의사소통능력은 성공적인 사람, 행복한 사람, 자기 주도적인 삶을 살아가는데 매우 중요한 능력이 된다. 앞으로 이 세상을 주도하는 사람은 의사소통능력이 뛰어난 사람이다. 단순히 말을 잘하는 것을 떠나 논리정연하게, 지식적으로, 상대방을 배려하며, 따뜻한 말을 통해 생각과 뜻을 전달할 수 있는 사람이 지금까지 세상을 지배해왔고, 앞으로도 지배하게 될 것이다.

의사소통능력을 향상시키는 학습법이 바로 하브루타이다. 하브루타는 말만 잘하는 학습법이 아니다. 하브루타는 짝과 함께 여러 가지 상황에서 적절한 비언어적 행동은 무엇인지, 대화에서 전환으로 취해지는 관계는 무엇인지, 정보를 요구하고 주는 방법, 간청하는 방법, 협조나 협동을 제공하거나 거절하는 방법, 본문의 진의를 밝히는 방법 등을 훈련하는 학습법이다.

함께 읽으면 좋은 책들

교실이 살아 있는 질문수업(양경윤 著/ 즐거운학교)
성경암송이 해답이다(박종신 著/ 성경암송학교)
유대인 하브루타 경제교육(전성수, 양동일 共著/ 매일경제신문사)

10
실전 하브루타

본 내용은 하브루타를 훈련하기 위한 실전 하브루타입니다.
약 4개월 분량 16개의 본문이 있습니다.
매주 1개씩 진행한다면 4개월 동안 하브루타를 훈련할 수 있을 것입니다.

진도를 나가는 것도 좋지만,
한 본문을 완전하게 정립하여 내 것으로 만들기까지 하브루타를 반복하는 것도 좋습니다.

하브루타를 돕기 위한 기본질문 7개를 적절하게 사용하시면 됩니다.
그러나 더 효과적인 질문이 할 수 있다면, 좋은 질문을 만들어 하브루타를 하기를 권합니다.
성령님께서 이 말씀을 깨닫게 해주시기 위해 기도하시기 바랍니다.

참고로, 이 말씀은 『15분의 기적 테필린복음』의 본문과 질문에서 인용했습니다.

●●● 실전 하브루타 1 ●●●

초대교회의 모습은 어떠했습니까?

> 42 그들이 사도의 가르침을 받아 서로 교제하고 떡을 떼며 오로지 기도하기를 힘쓰니라
> 43 사람마다 두려워하는데 사도들로 말미암아 기사와 표적이 많이 나타나니
> 44 믿는 사람이 다 함께 있어 모든 물건을 서로 통용하고
> 45 또 재산과 소유를 팔아 각 사람의 필요를 따라 나눠 주며
> 46 날마다 마음을 같이하여 성전에 모이기를 힘쓰고 집에서 떡을 떼며 기쁨과 순전한 마음으로 음식을 먹고
> 47 하나님을 찬미하며 또 온 백성에게 칭송을 받으니 주께서 구원 받는 사람을 날마다 더하게 하시니라(사도행전 2:42-47)

1. 이 말씀의 내용을 자세히 설명하시오.

2. 42절 '사도의 가르침을 받아 서로 교제하고 떡을 떼며 오로지 기도하기를 힘쓰니라'는 초대교회의 모습을 단적으로 보여주는 모습입니다. 오늘의 한국교회가 적용할 초대교회의 모습은 무엇인지, 그리고 왜 적용해야 하는지 그 필요성이 있는지 설명하시오.

3. 43-44절에서 '모든 물건을 통용하고 재산과 소유를 팔아 각 사람의 필요에 따라 나눠 주며'라고 했는데, 오늘의 교회가 적용할 수 있는 점과

그렇지 못한 점을 설명하시오. 그리고 적용할 수 없다면 왜 적용할 수 없는지 설명하시오.

4. 46절 상반절에 '날마다 마음을 같이하여 성전에 모이기를 힘쓰고'라는 의미는 무엇입니까? 그들은 성전에 모여서 무엇을 했습니까?

5. 46절 하반절에 '집에서 떡을 떼며 기쁨과 순전한 마음으로 음식을 먹고'라는 말씀이 있는데 이 모임은 유대인들의 전통적인 가족모임이었습니까? 아니면 오늘날 한국교회가 적용하고 있는 셀교회, 목장교회, 가정교회처럼 외부인을 초청하여 음식을 나누면서 교제하는 모임입니까? 본문과 유대인 가정 전통을 비교하여 말씀하시오.

6. 초대교회는 하나님을 찬미하고 온 백성에게 칭송을 받았을 때 구원받는 사람의 수를 날마다 더하게 하셨다고 합니다. 그럼 한국교회가 초대교회에 반드시 배워야 할 점은 무엇입니까?

7. 이 말씀을 통한 깨달음을 설명하시오.

●●● 실전 하브루타 2 ●●●

다 거두지 말고 다 따지 말아야 하는 이유는 무엇입니까?

> 9 너희가 너희의 땅에서 곡식을 거둘 때에 너는 밭모퉁이까지 다 거두지 말고 네 떨어진 이삭도 줍지 말며
> 10 네 포도원의 열매를 다 따지 말며 네 포도원에 떨어진 열매도 줍지 말고 가난한 사람과 거류민을 위하여 버려두라 나는 너희의 하나님 여호와이니라(레위기 19:9-10)

1. 이 말씀의 내용을 자세히 설명하시오.

2. 곡식을 거두거나 포도원의 열매를 딸 때 하나님은 어떻게 하라고 하셨습니까?

3. 이 말씀은 구약에 있는 말씀이고, 현실적으로 농사를 짓거나 과수원을 하는 사람들이 우리 주변에 많지 않습니다. 그럼에도 이 말씀에 순종해야 하며, 순종한다면 지금 이 시대에 이 말씀을 어떻게 적용할 수 있는지 설명하시오.

4. 이 말씀은 가난한 사람, 외국인 노동자 같이 사회적으로 소외된 약자를 위한 말씀으로 여겨집니다. 그런데 이런 사람들을 도우려면 밭모퉁이, 포도원의 열매를 다 따지 않는 것 같이 적지 않은 손해를 감수해

야 하는데, 신구약 66권을 하나님의 말씀으로 믿는 한국의 크리스천들이 이 말씀에 순종하여 어떻게 손해를 감수하고 있는지 설명하시오.

5. 당신은 이 말씀에 적용하여 실천하고 있습니까? 실천하신다면 어떻게 실천하고 있는지 말씀해 주세요. 또 현재 실천하지 않는다면 이 말씀에 순종하여 실천할 용의가 있는지, 있다면 실천할지 설명하시오.

6. 이 말씀은 하나님께서 자신의 이름을 걸고 하시는 말씀입니다. 그 정도로 중요한 말씀으로 여겨집니다. 또 이 말씀은 가난한 자와 거류민을 위한 말씀이기 보다는 그 말씀에 순종하는 사람을 위한 말씀으로 여겨집니다. 이 말씀을 어떻게 오늘에 적용하시겠습니까?

7. 이 말씀을 통한 깨달음을 설명하시오.

●●● 실전 하브루타 3 ●●●

행함이 없는 믿음이 죽은 믿음인 이유는 무엇입니까?

> 14 내 형제들아 만일 사람이 믿음이 있노라 하고 행함이 없으면 무슨 유익이 있으리요 그 믿음이 능히 자기를 구원하겠느냐
> 15 만일 형제나 자매가 헐벗고 일용할 양식이 없는데
> 16 너희 중에 누구든지 그에게 이르되 평안히 가라, 덥게 하라, 배부르게 하라 하며 그 몸에 쓸 것을 주지 아니하면 무슨 유익이 있으리요
> 17 이와 같이 행함이 없는 믿음은 그 자체가 죽은 것이라(야고보서 2:14-17)

1. 이 말씀의 내용을 자세히 설명하시오

2. 구원은 행함으로 얻는 것이 아니라 믿음으로 얻는 것입니다. 그러나 그 믿음을 측정할 수 있는 근거는 행함입니다. 그렇다면 당신은 행함으로 어떻게 믿음을 입증하시겠습니까?

3. 15절의 말씀에 '형제나 자매'라는 말씀으로 보아 온 인류가 아닌 내 주위의 사람, 같은 교회 식구들, 또는 혈육이라고 여겨집니다. 당신은 당신 주위에 있는 형제나 자매를 위해 어떤 행함을 실천하고 있는지 설명하시오.

4. 크리스천들의 립서비스(lip service)가 사회적 신뢰를 잃게 하고 있습니다. 적지 않는 분들이 '크리스천들이 말은 잘하지만 실천이 없다'고 말을 하는데 그 이유가 무엇이라고 생각하십니까?

5. 사람은 누구나 자신이 한 말에 대해 책임을 져야 합니다. 다른 사람이 요구한 것이 아니라 자신이 한 말이기 때문입니다. 특별히 크리스천은 더욱 말에 책임을 져야 한다고 생각합니다. 혹시 단 한 번이라도 자신의 말에 책임지지 못해 다른 사람들을 실망시킨 적이 있다면 말씀하시오.

6. 행함이 없다는 것은 단순히 행함이 없는 것으로 끝나는 것이 아닌 '죽은 믿음의 상태'라고 야고보 사도는 말씀합니다. 죽은 믿음이란 구원받지 못한 것이고 하나님 나라에 들어갈 수도 없습니다. 죽은 믿음과 함께 당신의 믿음의 상태를 설명하시오.

7. 이 말씀을 통한 깨달음을 설명하시오.

●●● 실전 하브루타 4 ●●●

그리스도인의 사역의 자세는 무엇입니까?

> 1 그러므로 그리스도 안에 무슨 권면이나 사랑의 무슨 위로나 성령의 무슨 교제나 긍휼이나 자비가 있거든
> 2 마음을 같이하여 같은 사랑을 가지고 뜻을 합하며 한마음을 품어
> 3 아무 일에든지 다툼이나 허영으로 하지 말고 오직 겸손한 마음으로 각각 자기보다 남을 낫게 여기고
> 4 각각 자기 일을 돌볼뿐더러 또한 각각 다른 사람들의 일을 돌보아 나의 기쁨을 충만하게 하라(빌립보서 2:1-4)

1. 이 말씀의 내용을 자세히 설명하시오

2. 우리가 그리스도 안에서 행해야 하는 모든 일(권면, 위로, 성령의 교제, 긍휼이나 자비)을 할 때 가져야 할 마음의 자세를 실천 가능하게 설명하시오.

3. 우리는 '하나가 되게 해주세요.'라는 기도로 하나 됨을 대신하려고 합니다. 그러나 성경은 우리에게 마음을 같이하고, 같은 사랑을 가지고, 뜻을 합하여 한마음을 품으라고 하면서 크리스천인 우리의 의무로 규정합니다. 당신은 하나 됨을 위해 어떤 실천을 하십니까?

4. 성경은 우리에게 '겸손하라'고 말씀합니다. 물론 우리는 겉으로는 겸손한 것처럼 행동할 수 있습니다. 그러나 속으로는 여전히 교만할 수 있습니다. 당신은 당신보다 못하다고 여겨지는 사람을 나보다 낫게 여기고 진정으로 겸손하게 대하고 있는지 말씀하시오.

5. 다 그런 것은 아니지만, 대형교회나 유명한 목회자가 사역하는 교회에 다니는 사람들 중에는 교회에 대한 자부심을 넘어 상당히 교만하게 행동하며 작은 교회에 출석하는 사람을 무시하는 경우가 있습니다. 서울대 입학시험에 합격한 것 같이 교회 입교시험에 합격한 것도 아닌데 교만한 이유는 무엇이라고 생각하십니까?

6. 자기 일을 돌보는 것도 힘든데 다른 사람의 일을 돌보는 것은 매우 어려운 일입니다. 그런데 성경은 당신이 다른 사람의 일을 돌보라고 합니다. 당신은 이 말씀에 전적으로 순종하고 있습니까? 사례가 있다면 설명해 주세요.

7. 이 말씀을 통한 깨달음을 설명하시오.

●●● 실전 하브루타 5 ●●●

왜 십일조를 해야 합니까?

> 8 사람이 어찌 하나님의 것을 도둑질하겠느냐 그러나 너희는 나의 것을 도둑질하고도 말하기를 우리가 어떻게 주의 것을 도둑질하였나이까 하는도다 이는 곧 십일조와 봉헌물이라
> 9 너희 곧 온 나라가 나의 것을 도둑질하였으므로 너희가 저주를 받았느니라
> 10 만군의 여호와가 이르노라 너희의 온전한 십일조를 창고에 들여 나의 집에 양식이 있게 하고 그것으로 나를 시험하여 내가 하늘 문을 열고 너희에게 복을 쌓을 곳이 없도록 붓지 아니하나 보라
> (말라기 3:8-10)

1. 이 말씀의 내용을 자세히 설명하시오.

2. 십일조에 대한 명령의 말씀입니다. 십일조의 이행명령은 구약의 말씀이나 율법을 떠나 모든 재물이 하나님의 것(학 2:8)임을 선언하는 말씀입니다. 당신은 모든 재물의 주인이 하나님이심을 진정으로 고백하며 온전한 십일조생활을 하고 있습니까?

3. 십일조와 봉헌을 하지 않는 것을 하나님의 것을 도둑질하는 것이라고 분명하게 말씀합니다. 십일조와 봉헌의 진정한 의미가 무엇인지 설명하

십시오.

4. 하나님은 온전한 십일조를 드려 나의 집에 양식이 있게 하라고 하셨습니다. 여기서 온전한 십일조의 기준(레 27:30, 민 18:21-29)은 무엇입니까?

5. 하나님의 것을 도둑질한 사람이 저주를 받았다면, 하나님께 온전한 십일조를 드리는 사람에게 어떤 약속을 주셨습니까?

6. 당신은 온전한 십일조를 드리고 있습니까? 당신은 십일조에 대해 어떤 간증이 있습니다. 그 간증을 나누어 주십시오.

7. 이 말씀을 통한 깨달음을 설명하시오.

●●● 실전 하브루타 6 ●●●

소금과 빛의 목표는 무엇입니까?

> 13 너희는 세상의 소금이니 소금이 만일 그 맛을 잃으면 무엇으로 짜게 하리요 후에는 아무 쓸 데 없어 다만 밖에 버려져 사람에게 밟힐 뿐이니라
> 14 너희는 세상의 빛이라 산 위에 있는 동네가 숨겨지지 못할 것이요
> 15 사람이 등불을 켜서 말 아래에 두지 아니하고 등경 위에 두나니 이러므로 집 안 모든 사람에게 비치느니라
> 16 이같이 너희 빛이 사람 앞에 비치게 하여 그들로 너희 착한 행실을 보고 하늘에 계신 너희 아버지께 영광을 돌리게 하라(마태복음 5:13-16)

1. 이 말씀의 내용을 자세히 설명하시오.

2. 어느 장로님이 대표기도 시간에 "빛이 되게 해 주시옵소서. 소금이 되게 해주시옵소서."라고 기도하시는 것을 본 적이 있습니다. 사실 예수님은 우리에게 세상의 소금이 되고, 세상의 빛이 되라고 하신 적이 없습니다. 그냥 "너희는 세상의 소금이다", "너희는 세상의 빛이다"라고 하셨는데, 혹시 우리는 왜 그 역할을 슬쩍 예수님께 전가하면서 책임을 회피하고 있지 않은지 말해보시오,

3. 우리에게 '세상의 소금'이라고 하셨는데 소금의 역할은 무엇입니까? 그리고 당신이라도 크리스천으로서 소금의 역할을 다하고 있다면 세상은 부패하지 않을 텐데 지금 세상은 여전히 부패하고 있습니다. 부패의 책임이 당신에게 있지 않은지 설명하시오.

4. 우리에게 '세상의 빛'이라고 하셨는데 빛의 역할이 무엇입니까? 그리고 당신이 크리스천으로서 빛의 역할을 다하고 있다면 세상은 어둡지 않을 텐데 지금 세상은 매우 어둡습니다. 세상의 어두움의 책임이 당신에게 있지 않은지 설명하시오.

5. 세상의 소금과 세상의 빛의 역할을 통해 하늘에 계신 하나님께 영광을 돌리게 하는 방법은 무엇인지 설명하시오?

6. 당신은 세상 속에서 소금과 빛으로 살아가면서 하나님께 영광을 돌리게 한 적이 있습니까? 그렇다면 간증을 들려주십시오.

7. 이 말씀을 통한 깨달음을 설명하시오.

●●● 실전 하브루타 7 ●●●

평탄과 형통의 길을 어떻게 얻습니까?

> 7 오직 강하고 극히 담대하여 나의 종 모세가 네게 명령한 그 율법을 다 지켜 행하고 우로나 좌로나 치우치지 말라 그리하면 어디로 가든지 형통하리니
> 8 이 율법책을 네 입에서 떠나지 말게 하며 주야로 그것을 묵상하여 그 안에 기록된 대로 다 지켜 행하라 그리하면 네 길이 평탄하게 될 것이며 네가 형통하리라(여호수아 1:7~8)

1. 이 말씀의 내용을 자세히 설명하시오.

2. '우로나 좌로나 치우치지 말라'는 말씀의 의미는 무엇이며, 당신은 신앙적, 정치적, 신념적으로 우로나 좌로나 치우치고 있지 않은지 설명하시오.

3. '이 율법책을 네 입에서 떠나지 말게 하라'는 말씀의 의미는 무엇이며, 당신이 그렇게 실천하고 있다면 어떻게 실천하고 있는지 설명하시오.

4. '하나님의 말씀을 밤낮으로 묵상하라'고 하셨는데, 밤낮으로 묵상하는 것은 어떤 것이며, 당신이 그대로 실천하고 있다면 어떻게 실천하고 있는지 설명하시오.

5. 하나님의 말씀을 입에서 떠나지 않게 하고, 주야로 묵상하는 이유는 그 말씀을 오늘에 적용해서 실천하기 하기 위함입니다. 당신은 하나님의 말씀을 어떻게 지켜 행하고 있습니까?

6. 이 말씀은 우리가 많이 암송하는 말씀으로 많은 사람들이 사랑하는 말씀입니다. 그러나 새로운 지도자가 된 여호수아에게 주신 명령으로는 실제의 삶과 괴리가 있어 보이는데 어떻게 생각하시며 그 이유는 무엇입니까?

7. 이 말씀을 통한 깨달음을 설명하시오.

●●●● 실전 하브루타 8 ●●●●

당신은 복 있는 사람입니까? 복 없는 사람입니까?

> 1 복 있는 사람은 악인들의 꾀를 따르지 아니하며 죄인들의 길에 서지 아니하며 오만한 자들의 자리에 앉지 아니하고
> 2 오직 여호와의 율법을 즐거워하여 그의 율법을 주야로 묵상하는도다
> 3 그는 시냇가에 심은 나무가 철을 따라 열매를 맺으며 그 잎사귀가 마르지 아니함 같으니 그가 하는 모든 일이 다 형통하리로다(시편 1:1-3)

1. 이 말씀의 내용을 자세히 설명하시오.

2. '복 있는 사람은 악인들의 꾀를 따르지 아니한다'라고 했는데 악인들의 꾀란 도대체 어떤 꾀를 의미합니까?

3. '복 있는 사람은 죄인들의 길에 서지 아니한다'라고 했는데 죄인들의 길이란 도대체 어떤 길을 의미합니까?

4. '복 있는 사람은 오만한 자들의 자리에 앉지 아니한다'라고 했는데 오만한 자들의 자리란 도대체 어떤 자리를 의미합니까?

5. 복 있는 사람이 하는 일이란, 고작 여호와의 율법을 즐거워하고 그의 율법을 주야로 묵상하는 것인데, 이 말씀에 순종하는 것만으로 열매를 맺고, 잎사귀가 마르지 않고, 하는 모든 일이 형통할 수 있다고 생각하십니까?

6. 결과적으로 볼 때, 당신은 복 있는 사람입니까? 복 없는 사람입니까?

7. 이 말씀을 통한 깨달음을 설명하시오.

실전 하브루타 9

영적예배를 드리고 있습니까?

> 1 그러므로 형제들아 내가 하나님의 모든 자비하심으로 너희를 권하노니 너희 몸을 하나님이 기뻐하시는 거룩한 산 제물로 드리라 이는 너희가 드릴 영적 예배니라
> 2 너희는 이 세대를 본받지 말고 오직 마음을 새롭게 함으로 변화를 받아 하나님의 선하시고 기뻐하시고 온전하신 뜻이 무엇인지 분별하도록 하라(로마서 12:1-2)

1. 이 말씀의 내용을 자세히 설명하시오.

2. 우리의 몸을 하나님이 기뻐하시는 거룩한 산 제물로 드리라고 했는데, 어떤 의미이며 어떻게 거룩한 산 제물로 드릴 수 있는지 설명하시오.

3. 영적 예배를 어떻게 드릴 수 있습니까?

4. 영적 예배와 이 세대를 본받지 않고, 마음을 새롭게 하는 것, 그리고 변화를 받는 것은 어떤 상관관계가 있는지 설명하시오.

5. 하나님의 뜻을 분별하는 기준은 무엇입니까? 하나님의 선하시고, 기뻐하시고 온전하신 뜻의 기준은 참 좋은데, 선하신 기준, 기뻐하시는

기준, 온전하신 기준을 어디서 어떻게 찾을 수 있는지 설명하시오.

6. 사람들은 종종 자신의 의사를 합리화하기 위해 '하나님의 뜻'을 남용하기도 합니다. 또 하나님께서 자신에게 특별계시를 통해 이렇게 말씀하셨다고 하면서 '하나님의 뜻'을 운운합니다. 도대체 성경에서 말씀하는 뜻은 무엇인지 하나님의 뜻을 설명하시오.

7. 이 말씀을 통한 깨달음을 설명하시오.

●●● 실전 하브루타 10 ●●●

좁은 문을 선택하셨습니까?(1)

> 13 좁은 문으로 들어가라 멸망으로 인도하는 문은 크고 그 길이 넓어 그리로 들어가는 자가 많고
> 14 생명으로 인도하는 문은 좁고 길이 협착하여 찾는 자가 적음이라
> 15 거짓 선지자들을 삼가라 양의 옷을 입고 너희에게 나아오나 속에는 노략질하는 이리라
> 16 그들의 열매로 그들을 알지니 가시나무에서 포도를, 또는 엉겅퀴에서 무화과를 따겠느냐
> 17 이와 같이 좋은 나무마다 아름다운 열매를 맺고 못된 나무가 나쁜 열매를 맺나니
> 18 좋은 나무가 나쁜 열매를 맺을 수 없고 못된 나무가 아름다운 열매를 맺을 수 없느니라
> 19 아름다운 열매를 맺지 아니하는 나무마다 찍혀 불에 던져지느니라
> 20 이러므로 그들의 열매로 그들을 알리라 (마태복음 7:13-20)

1. 이 말씀의 내용을 자세히 설명하시오.

2. 좁은 문과 넓은 문은 어떤 문을 말하는 것이며, 왜 좁은 문은 찾는 이가 적고 넓은 문은 들어가는 사람이 많습니까?

3. 예수님은 '멸망으로 인도하는 문은 크고 그 길이 넓어 그리로 들어가는

사람이 많다.'고 하셨는데, 마태복음 7장의 전체 문맥을 보면 이 부류는 교회 밖의 사람을 의미하는 것이 아닌 교회 안의 사람으로 이해됩니다. 과연 그렇다면 이 부류는 어떤 사람들이며, 왜 넓은 길로 가는 것입니까?

4. 예수님은 '생명으로 인도하는 문은 좁고 길이 협착하여 찾는 이가 적다'라고 하셨는데, 이 말씀은 천국, 곧 하나님의 나라에 들어가는 사람이 적다는 것입니까? 좁은 문을 찾는 사람은 어떤 사람들이며, 왜 좁은 길로 가는 것입니까?

5. 성경이 '많다'라고 하면 정말 많은 것입니다. 예수님은 넓은 문을 향해 가는 사람이 정말 많다고 하십니다. 그러나 당신은 좁은 문으로 들어가야 합니다. 정말 당신은 좁은 문을 향해 걸어가고 있습니까? 과연 그렇다면, 좁은 문이 어떤 길인지 설명하시오

6. 좁은 문과 넓은 문을 언급하시던 예수님이 갑자기 '거짓 선지자'들을 말씀하십니다. 과연 그렇다면 천국에 들어가는 문과 거짓 선지자와는 어떤 관계가 있습니까? 그리고 거짓 선지자들은 양의 옷을 입었지만 속에는 이리의 속셈으로 다가오는데 어떻게 분별할 수 있습니까? 거짓 선지자들의 분별기준과 그들로 인한 영향력을 설명하시오.

7. 이 말씀을 통한 깨달음을 설명하시오.

실전 하브루타 11

좁은 문을 선택하셨습니까?(2)

> 21 나더러 주여 주여 하는 자마다 다 천국에 들어갈 것이 아니요 다만 하늘에 계신 내 아버지의 뜻대로 행하는 자라야 들어가리라
> 22 그 날에 많은 사람이 나더러 이르되 주여 주여 우리가 주의 이름으로 선지자 노릇 하며 주의 이름으로 귀신을 쫓아 내며 주의 이름으로 많은 권능을 행하지 아니하였나이까 하리니
> 23 그 때에 내가 그들에게 밝히 말하되 내가 너희를 도무지 알지 못하니 불법을 행하는 자들아 내게서 떠나가라 하리라(마태복음 7:21-23)

1. 이 말씀의 내용을 자세히 설명하시오.

2. 예수님을 향해 '주여 주여'하는 사람마다 다 천국에 들어갈 것이 아니라고 했습니다. 그런데 로마서 10:13절에 보면 "누구든지 주의 이름을 부르는 자는 구원을 받으리라"고 합니다. 두 말씀이 상반되는 것 같은데 그 이유를 설명하시오.

3. 천국에 들어가는 조건에 대해 마태복음 7장을 통해 자세히 설명하시오.

4. 22절에, '그날에 많은 사람이'라고 하십니다. 여기서 그날은 어떤 날을

의미하는 것이며, 많은 사람은 어떤 사람을 의미합니까? 교회에서 주로 어떤 역할을 맡은 사람들로 생각하는지 설명하십시오.

5. 복수형으로, 많은 사람들이라고 하는 사람들이 '주의 이름으로 선지자 노릇하며', '주의 이름으로 귀신을 쫓아내며', '주의 이름으로 많은 권능을 행하지 아니하였나이까'라고 자신을 변호합니다. 주의 이름을 사용하는 것으로 봐서 대단히 독실한 크리스쳔 같습니다. 그런데 왜 이들은 지옥에 가야 합니까?

6. 이 사람들에게 내린 판결은 매우 엄중합니다. 예수님은 왜 그들에게 '내가 너희를 도무지 알지 못하니 불법을 행한 사람들'이라고 판결합니다. 왜 그런 판결을 받아야 하는지, 그리고 그 판결의 결과로 그들은 어떤 형벌을 받게 되는지 설명하시오.

7. 이 말씀을 통한 깨달음을 설명하시오.

●●●● 실전하브루타 12 ●●●●

기뻐하고 감사하십니까?(1)

> 4 주 안에서 항상 기뻐하라 내가 다시 말하노니 기뻐하라
> 5 너희 관용을 모든 사람에게 알게 하라 주께서 가까우시니라
> 6 아무 것도 염려하지 말고 다만 모든 일에 기도와 간구로, 너희 구할 것을 감사함으로 하나님께 아뢰라
> 7 그리하면 모든 지각에 뛰어난 하나님의 평강이 그리스도 예수 안에서 너희 마음과 생각을 지키시리라(빌립보서 4:4-7)

1. 이 말씀의 내용을 자세히 설명하시오.

2. 반복하여 '기뻐하라'고 말씀하십니다. 우리는 기쁜 일이 있을 때 누가 시키지 않아도 기뻐합니다. 그런데 이 말씀은 기쁘지 않을 때도 기뻐하라고 하시는 것 같습니다. 과연 기쁘지 않을 때도 기뻐할 수 있으며, 왜, 그리고 어떻게 기뻐해야 하는지 설명하시오.

3. 관용이란 무엇이며, 이것을 왜 모든 사람에게 알게 하라고 하셨습니까? 그리고 주께서 가깝다는 말씀은 이 말씀과 어떤 관계가 있습니까?

4. 아무 것도 염려하지 말고 기도와 간구를 하라고 하셨습니다. 기도와 간구를 하기만 하면 아무 것도 염려하지 않을 수 있는지 설명하시오.

5. 구할 것을 놓고 기도와 간구를 하라고 하셨습니다. 아직 응답 전인데 왜 감사해야 합니까? 감사함의 이유를 설명하시오.

6. 어떤 기도제목을 놓고 기도와 간구를 드렸습니다. 그렇다면 하나님께서 기도한 것에 대한 응답을 주셔야 하는데, 7절을 보면, '모든 지각에 뛰어난 하나님의 평강이 그리스도 예수 안에서 너희 마음과 생각을 지키시리라'고 말씀합니다. 이 말씀은 어떤 의미입니까?

7. 이 말씀을 통한 깨달음을 설명하시오.

실전 하브루타 13

기뻐하고 감사하십니까?(2)

> 17 비록 무화과나무가 무성하지 못하며 포도나무에 열매가 없으며 감람나무에 소출이 없으며 밭에 먹을 것이 없으며 우리에 양이 없으며 외양간에 소가 없을지라도
> 18 나는 여호와로 말미암아 즐거워하며 나의 구원의 하나님으로 말미암아 기뻐하리로다(합개 3:17-18)

1. 이 말씀의 내용을 자세히 설명하시오.

2. 이 말씀에는 사람이 살아가는데 최악의 상황이 기록되어 있습니다. 당신이 알고 있는, 혹 주변에 있는 분들이 겪은 최악의 상황이 있다면 설명하시오.

3. 이 말씀은 찬양으로 소개되고 있는 말씀입니다. 많은 사람들이 이 말씀의 찬양을 좋아하지만 실제적인 삶의 모습은 그렇지 않은 경우가 많습니다. 왜 이 말씀과 우리의 삶에는 괴리가 있을까요?

4. 당신은 이런 최악의 상황에서 어떻게 반응하십니까? 진정으로 기뻐할 수 있습니까? 과연 그렇다면 당신이 겪은 최악의 상황에서 어떻게 반응했는지 말해보시오.

5. 과연 그렇다면, 최악의 상태에서도 기뻐할 수 있었던 근거는 무엇입니까?

6. 만약 아직도 최악의 상황에서 기뻐하지 못하고 있다면 그 이유는 무엇입니까? 진정 하나님으로 말미암아 기뻐할 수 없는지요? 당신은 어떻습니까?

7. 이 말씀을 통한 깨달음을 설명하시오.

●●●● 실전 하브루타 14 ●●●

일체의 비결을 배우셨습니까?

> 11 내가 궁핍하므로 말하는 것이 아니니라 어떠한 형편에든지 나는 자족하기를 배웠노니
> 12 나는 비천에 처할 줄도 알고 풍부에 처할 줄도 알아 모든 일 곧 배부름과 배고픔과 풍부와 궁핍에도 처할 줄 아는 일체의 비결을 배웠노라
> 13 내게 능력 주시는 자 안에서 내가 모든 것을 할 수 있느니라
> (빌립보서 4:11-13)

1. 이 말씀의 내용을 자세히 설명하시오.

2. 사도바울은 어떠한 형편에든지 자족하기를 배웠다고 합니다. '배웠다'는 것은 원래부터 가지고 있던 것이 아닌 배움이나 노력을 통해 얻은 것을 말합니다. 사도바울은 어떻게 자족하기를 배웠으며, 왜 자족하기를 배웠을까요?

3. 사도바울은 비천에 처할 줄도 알고, 풍부에도 처할 줄도 안다고 했습니다. 비천에 처할 줄을 아는 것, 풍부에 처할 줄 아는 것이란 도대체 무엇을 안다는 것입니까?

4. 사도바울에게 비천과 풍부의 삶이란, '배부름 vs 배고픔', '풍부 vs 궁핍'의 양극화로 대조됩니다. 이런 양극화 상황을 극복할 '일체의 비결'이란 도대체 무엇을 말하는 것일까요?

5. 당신에게 이런 일체의 비결이 있습니까? 그리고 일체의 비결은 누구에게 받고, 어떻게 습득할 수 있습니까?

6. 사람들이 즐겨 사용하는 말씀이 "내게 능력 주시는 자 안에서 내가 모든 것을 할 수 있느니라"는 말씀입니다. 긍정적 사고를 주장하는 사람들은 이 말씀을 슈퍼맨의 파워 정도로 이해합니다. 이 능력은 어떤 능력인지 설명하시기 바랍니다.

7. 이 말씀을 통한 깨달음을 설명하시오.

실전 하브루타 15

부족함이 없는 이유는 무엇입니까?

> 1 여호와는 나의 목자시니 내게 부족함이 없으리로다
> 2 그가 나를 푸른 풀밭에 누이시며 쉴 만한 물 가로 인도하시는도다
> 3 내 영혼을 소생시키시고 자기 이름을 위하여 의의 길로 인도하시는도다
> 4 내가 사망의 음침한 골짜기로 다닐지라도 해를 두려워하지 않을 것은 주께서 나와 함께 하심이라 주의 지팡이와 막대기가 나를 안위하시나이다
> 5 주께서 내 원수의 목전에서 내게 상을 차려 주시고 기름을 내 머리에 부으셨으니 내 잔이 넘치나이다
> 6 내 평생에 선하심과 인자하심이 반드시 나를 따르리니 내가 여호와의 집에 영원히 살리로다 (시편 23:1~6)

1. 이 말씀의 내용을 자세히 설명하시오.

2. 시편 23편 1-6절의 말씀은 크리스천들이 가장 사랑하는 말씀입니다. 이 말씀을 암송하십니까? 암송해 보십시오.

3. 이 말씀은 크리스천들이 사랑하고 암송하는 말씀이지만, 사실 이 말씀을 믿지 않는 경우가 많습니다. 정말 한 치의 거짓 없이 당신의 삶에는 부족함이 없습니까?

4. 2-3절 '그가 나를 푸른 풀밭에 누이시며 쉴 만한 물 가로 인도하시는도다 내 영혼을 소생시키시고 자기 이름을 위하여 의의 길로 인도하시는도다'라고 시편기자는 고백합니다. 그렇다면 당신은 당신의 삶에서 어떤 인도함을 받고 있는지를 설명하시오.

5. 4절에 '사망의 음침한 골짜기'는 어떤 상황을 말하는 것입니까? 그리고 그 상황에서도 당신은 전혀 두려움이 없습니까?

6. 5절에 '주께서 내 원수의 목전에서 내게 상을 차려 주시고 기름을 내 머리에 부으셨으니 내 잔이 넘치나이다'라고 했는데 이 상황은 어떤 상황입니까? 그리고 이런 상황을 겪어 보았다면 그 상황에 대해 설명하시오.

7. 이 말씀을 통한 깨달음을 설명하시오.

실전 하브루타 16

아직도 젖을 먹고 있습니까?

> 12 때가 오래 되었으므로 너희가 마땅히 선생이 되었을 터인데 너희가 다시 하나님의 말씀의 초보에 대하여 누구에게서 가르침을 받아야 할 처지이니 단단한 음식은 못 먹고 젖이나 먹어야 할 자가 되었도다
> 13 이는 젖을 먹는 자마다 어린 아이니 의의 말씀을 경험하지 못한 자요
> 14 단단한 음식은 장성한 자의 것이니 그들은 지각을 사용함으로 연단을 받아 선악을 분별하는 자들이니라 (히브리서 5:12-14)

1. 이 말씀의 내용을 자세히 설명하시오.

2. 사람은 물론이고 동물이나 식물도 시간이 지나면 당연히 성장합니다. 죽었거나 기형적인 경우를 제외하곤 모두 성장합니다. 믿음도 그렇습니다. 시간이 지나면서 믿음이 성장해 장성한 믿음이 됩니다. 당신의 믿음이 장성한 믿음인지 어떻게 증명하십니까?

3. 마땅히 선생이 되어야 할 시간이 흘렀음에도 여전히 하나님의 말씀에 초보에 머물러 있어서 가르침을 받아야 하는 처지란 도대체 어떤 처지를 말하는 것입니까?

4. 성장하는데 반드시 음식이 필요합니다. 어린아이는 젖을, 장성한 사람은 단단한 음식을 먹습니다. 여기서 젖은 어떤 음식이고, 단단한 음식은 어떤 음식인지 설명하시오.

5. 젖은 영적으로 의의 말씀을 경험하지 못한 사람이 먹는다고 했습니다. 고전 3:2절에도 '내가 너희를 젖으로 먹이고 밥으로 아니하였노니 이는 너희가 감당하지 못하였음이거니와 지금도 못하리라'고 했습니다. 젖을 먹어야 하는 사람은 어떤 사람을 의미합니까?

6. 단단한 음식은 영적으로 장성한 사람의 것이라고 했습니다. 장성한 사람의 특징은 무엇입니까? 또 젖을 떼고 단단한 음식을 먹는 장성한 사람이 되려면 어떻게 해야 합니까?

7. 이 말씀을 통한 깨달음을 설명하시오.

하브루타 훈련센터
Havruta Training Center

하브루타 훈련센터의 예상모습
이곳에서 수많은 사람들이 하브루타를 훈련받는 장소이길 소망해본다.

한국교회와 한국교육을 살릴 방법은 학습법을 바꾸는 것입니다. 현존하는 학습법 중에 가장 탁월한 교육은 하브루타 학습법입니다. 하브루타 학습법은 가정과 교회에서, 그리고 학교에서 적용할 수 있는 최고의 학습법이 될 것입니다.

이를 위한 하브루타 훈련센터가 필요합니다. 한국 어디에서나 접근이 가능하고 오로지 정해진 시간 동안 하브루타 학습법을 훈련받고 돌아갈 수 있는 훈련센터가 필요합니다. 최소한의 건축비로 검소하면서도 쓸모 있게 하브루타 훈련센터를 건립하려고 합니다. 부지구입과 건축을 위해 기도해 주십시오.

하브루타 훈련센터 후원계좌
국민은행 468601-04-176579 성경암송학교

하브루타 훈련세미나
Havruta Training Seminar

단체로 하브루타를 하는 유대인의 모습

환영합니다.
한국교회와 한국교육, 그리고 자녀를 살리는 하브루타 훈련세미나에 초대합니다.
유대인들의 탁월함은 질문과 대화, 그리고 토론으로 이어지는 하브루타 학습법에 있습니다. 이것은 성경으로 시작하여 정치, 경제, 사회, 문화, 철학, 교육, 예술, 영화 등 전 영역으로 확대됩니다.
하브루타는 단순한 학습법이 아니라 자녀들을 살리며, 한국교회를 회복시키며, 한국교육을 정상화시키는 능력이 됩니다. 하브루타는 자녀들의 신앙회복과 부모와 자녀 간의 친밀감과 가정 중심의 화목을 이끌어냅니다.
교회에서 적용하면 교회가 새로워집니다. 교회학교부터 장년에 이르기까지 하나님의 말씀을 본문으로 삼고 질문하고, 대답하고, 토론하는 과정을 통해 하나님의 말씀의 진의를 깨닫게 하며 적용하고 실천하게 됩니다. 교회는 새로워질 것이며 부흥의 원동력이 될 것입니다.
하브루타 훈련세미나는 정기적으로 열리며 또 지역별로 순회하며 열리기도 합니다. 하브루타 훈련세미나에 오셔서 훈련받고 돌아가십시오.

세미나일시 : 매월 홈페이지(www.amsong.kr)를 통해 공고
세미나장소 : 매월 홈페이지(www.amsong.kr)를 통해 공고
세미나대상 : 목회자, 교사, 부모, 학생 누구나
세미나과정 : 2박3일 과정
세미나내용 : 1. 하브루타는 무엇인가? 2. 왜 하브루타를 해야 하는가? 3. 이렇게 하브루타를 하라
  4. 하브루타의 스킬 및 원리적 7단계 5. 하브루타 실습 등등
세미나특전 : 1. 하브루타 훈련세미나 과정을 이수한 분에게는 하브루타 전문강사 자격증을 수여합니다.
  2. 전국 및 해외세미나의 강사로 참여할 수 있습니다.

세미나신청 : 홈페이지 www.amsong.kr / 010-3018-0693